产 品 合 格 证　　　检 查 员

江苏凤凰新华印务集团有限公司

凡印装错误请向本厂生产质量部调换

地址：江苏省南京市新港开发区尧新大道 399 号

邮政编码 210038　生产质量部电话：025-68037417

6

国家出版基金项目
NATIONAL PUBLICATION FOUNDATION

主 编 徐 海

副主编 钱兴奇

缪小咏 著

江苏出版史

A
HISTORY
OF
JIANGSU
PUBLISHING

明代卷

江苏人民出版社

图书在版编目(CIP)数据

江苏出版史.明代卷/缪小咏著.—南京:江苏
人民出版社,2023.5
ISBN 978-7-214-27517-2

Ⅰ.①江… Ⅱ.①缪… Ⅲ.①出版事业-文化史-江
苏-明代 Ⅳ.①G239.275.3

中国版本图书馆 CIP 数据核字(2022)第 166793 号

书　　　名	江苏出版史·明代卷
著　　　者	缪小咏
封 面 题 签	徐　海
策 划 编 辑	卞清波
责 任 编 辑	刘凤华
装 帧 设 计	周伟伟
责 任 监 制	王　娟
出 版 发 行	江苏人民出版社
地　　　址	南京市湖南路 1 号 A 楼,邮编:210009
照　　　排	江苏凤凰制版有限公司
印　　　刷	江苏凤凰新华印务集团有限公司
开　　　本	652 毫米×960 毫米　1/16
印　　　张	17.25　插页 4
字　　　数	248 千字
版　　　次	2023 年 5 月第 1 版
印　　　次	2023 年 5 月第 1 次印刷
标 准 书 号	ISBN 978-7-214-27517-2
定　　　价	78.00 元

(江苏人民出版社图书凡印装错误可向承印厂调换)

前　言

　　出版是人类文明传承的重要载体之一,出版史因此也是人类文明历史的重要组成部分。在中国文明历史研究的版图之中,出版史占有相当之地位。近年来,出版史研究领域的确涌现一大批新的成果,尤其出现一些颇有分量的著作。其中,由中国出版科学研究所组织编写的 9 卷本《中国出版通史》堪称集大成式的力作。该书全面梳理和揭示了中国出版事业的源流、变迁和发展脉络,深刻总结了中国出版事业发生、发展和演变的规律,充分展示了中华民族对世界文明所作出的伟大贡献。此外,万安伦《中外出版史》在充分吸收和继承前人已有成果的基础上,大量使用新材料、新观点,将中外出版史分为开启文明的硬质出版、以柔克刚的软质出版、有容乃大的虚拟出版三个出版阶段,并引入硬质出版、软质出版、虚拟出版等概念,既具有开阔视野,也体现出较强的学术创新性。

　　江苏自古就是全国出版的一块高地。在古代,江苏出版业在全国居于极其重要的地位,产生过非常重大的影响。尤其在明清时期,文化底蕴深厚、城市经济繁荣的江苏地区出现了极为发达的刻书业。这既是江苏古代文明发展的成果,也对江苏文明的进一步发展提供了文化基础。现代出版事业兴起于民国,江苏作为民国时期政治、文化活动非常活跃的地区,在出版方面也发生了很多重大事件和重大变化。1949 年,随着中华人民共和国的成立,出版业的发展迎来全新发展时期。当然,其后也历经坎坷、曲折、折腾甚至倒退;1978 年改革开放后,我国出版业的发展进入了一个高速发展的新阶段。在这过程中,江苏出版成绩斐然,表现突出,为我们社会主义出版强国建设持续作出非同寻常的积极贡献,受到中央有关领导、国家有关部门和省委省政府的高度肯定,我本人也见证并参与了这段时间大部分的重要活动。

令人遗憾的是,迄今为止,系统介绍江苏出版历史的著作还付之阙如。以严谨的学术态度和科学的研究方法,全面系统地阐述先秦至今江苏地区出版活动的发展全貌,填补迄今没有一部著作集中反映江苏地区出版活动历史的空白,不但具有较高的学术创新价值,更对今日江苏出版战线干部职工增进文化自信,从而为未来全国出版作出更多更好贡献,具有极强的现实意义和深远的历史意义。

本书的写作与编辑出版,正是出于这样的问题意识。2013年,时任江苏省新闻出版局局长周琪同志向我提出这一选题构想,正戳中我的"痒"处,我热切予以响应。当时,我正在江苏人民出版社担任总经理。很快,由我牵头,江苏人民出版社组成《江苏出版史》项目小组,时任社领导府建明、编辑卞清波等人共同参与。我们一起起草了选题立项书及写作大纲,在得到周琪局长认可后,又专门向高斯、蒋迪安、王於良、李景端、缪咏禾等老领导、老社长、老专家,以及黄海宁、张辉冠、钱兴奇、何民胜等一批资深的出版专家请教,形成了具有可操作性的《江苏出版史》工作方案。

《江苏出版史》在编写之初的想法是,以严谨的学术态度和科学的研究方法,全面系统地阐述先秦以来江苏地区出版活动的发展全貌,包括发生在江苏地区的出版大事、诞生于江苏地区的精品著作,也包括活跃在江苏地区的一代又一代出版人;最初想要实现的目的是,这套书既会为我们展示江苏这片土地上文化的多彩和出版的魅力,也会推动全国出版史及相关领域的研究进一步走向深化。

在多方协助下,我们找到了对江苏地区编辑出版历史素有研究的几位专家,召开多次选题会、立项会以及统稿会,最终组成由苏州大学文学院教授黄镇伟、江苏省方志办研究室原主任缪小咏、常熟理工学院教授曹培根、南京师范大学图书馆研究员袁华、江苏省出版工作者协会编审钱兴奇,以及凤凰出版传媒股份有限公司出版部副编审陈欣组成的创作团队。国内知名的出版史专家缪咏禾先生欣然担任本书学术顾问。其中钱兴奇编审不但自始至终地与我和府建明参与整体构想、全部会议和文稿统筹等工作，在选择作者、确定风格和提供资料方面也作出了重要贡献。陈欣副编审是我后来邀请参与当代卷撰写的。他曾长期在原省新闻出版局工作，对相当一段时期我省出版的宏观状况和政策变化十分熟悉，除撰写了当代卷第五章外，还与我一起承担了该卷的统稿工作。他不顾新冠肺炎感染，坚持不辍地写作，让我为之感动。卞清波、史雪莲耐心细心，无怨无悔，坚定坚守，可赞可敬。

根据我们对江苏地区出版历史的整体认知，《江苏出版史》共分先秦至宋元卷、明代卷、清代卷、民国卷及当代卷（1949—2008）五卷，其创作分工情况如下：

《江苏出版史·先秦至宋元卷》，作者黄镇伟

《江苏出版史·明代卷》，作者缪小咏

《江苏出版史·清代卷》，作者曹培根

《江苏出版史·民国卷》，作者袁华

《江苏出版史·当代卷（1949—2008）》，作者钱兴奇、陈欣

各位作者的一大共识，是在历史叙事的同时，力求学术创新、力求有所发明。学术思想方面，在继承前人研究成果的基础上，全面把握中国出版史特点，以江苏地区出版典型案例的文化样本来进行剖析研究，以此展示中国出版文化的丰富多样性，挖掘江苏地区出版文化特点及其当代价值。研究方法方面，注重广泛搜集各类相关文献，包括研究专著、论文和史料，并注意搜集没有公布过的第一手材料；注重运用历史学、社会学、目录学、版本学、考据学、校勘学、谱牒学等专业理论及方法，结合政治史、思想史、文化史等专门史研究，综合开展有关专题研究。

作为第一部以江苏地区出版活动为记录和研究对象的通史性著作，我们深度聚焦古代以来江苏地区的出版活动，试图描述其主要历程，评述其中重大事件，总结其规律，分析出版活动与江苏地区文化、经济社会发展之间的关系，努力体现江苏出版史的全貌，凸显江苏出版史的脉络，形成体系化、学理性的认知，以对今后全国的出版及思想文化活动提供镜鉴与参考。但在创作过程中，我们也感到困难与挑战多多，颇有"筚路

蓝缕,以启山林"之慨。因此,在实际推进过程中,我们也本着做"务实的理想主义者"精神,不断完善写作策略、优化实施路径,既要求全书具有相对统一的规模体例、前后接续的叙事线索,也允许各自提出富有特色的问题,论有所据,成一家之言。

"千淘万漉虽辛苦,吹尽狂沙始到金。"经过长达近10年的"联合攻关",《江苏出版史》从豪迈的愿景,变为坚韧的携手前行,如今终于成为沉甸甸的心智结晶。本套书见证了时光的有情与无情:说有情,是因为只要我们不放弃,只要我们无休止地付出,她总会给我们回报;说无情,是因为她无法等待、不容拖沓,时光流逝绝不回头,为本著作作出很大贡献的几位恩师、前辈和领导,包括近十年前辞世的高斯老局长、五年前去世的王於良老局长以及刚刚过去的疫情峰值时期辞世的缪咏禾总顾问都无法见到她的问世。

《江苏出版史》并不完美,而且我们知道其不完美之处,但囿于能力和精力,一时也无法使之变得更完美。纵观出版史,出版本身,或许就是"遗憾"的艺术吧。我们诚恳接受读者的批评,并期待在今后适当的时机,将她不断完善。

徐 海

2023 年 3 月 1 日

目　录

概　论

　　明初定都应天府，称南京，又称京师。现在的江苏、上海、安徽等地都直属京师，是明朝中央政府的直辖区，所以称为"直隶"。永乐十九年（1421），明成祖迁都北京，南京成了"留都"，不再称"京师"，所辖地区仍包括现在的江苏、上海和安徽，称"南直隶"。

一、江苏是明代的出版重镇

　　明太祖朱元璋定都应天之初，全国还没有统一。洪武元年（1368），他平定福建、山东、山西，攻克元大都，逐走元顺帝。之后数年，他向西北和西南进军，陆续平定陕、晋、冀、甘、湖广、两广等地，直到洪武十五年（1382）平定云南，才完成了统一全国的大业。

　　明太祖对文化事业的重视和建设，从明朝建立之前就已经开始。建立前三（1365），设国子学；前一年（1367），置翰林院；洪武二年（1369），开馆编《元史》；洪武三年（1370），开科取士。之后，陆续编纂了大量"制书"，如《祖训录》《昭鉴录》《大诰》等，时称"帝皇之书"，昭告皇室成员和臣民。永乐帝登基不久，就在南京集中两千多人，纂修了大型类书《永乐大典》，后来又编了三部"大全"，成为明代意识形态的最高典籍。永乐年间，他两次下诏令全国各地编纂地方志。

　　永乐十九年（1421），明朝迁都北京，实行两京制，南京仍有六部等建制，出版机构国子监也有南北两个。由于南京国子监拥有重要的出版资源,加上江苏丰厚的经济文化基础,出版重镇仍在南直隶地区,家刻、坊刻等实绩也居全国之首。终明之世,全国出版中心一直在南方江浙一带。这种政治中心和出版中心不在同一个地方的状况,是由多种原因造成的。

二、明代江苏出版业概况

《全明分省分县刻书考》是迄今为止著录明代出版图书最详尽的书目,共著录明代出版单位 4 690 家,图书 8 260 种(不含地方志)。其中,江苏的出版单位 1 372 家,占 29.3%,图书 2 814 种,占 30.4%。

先看明代江苏官刻图书的情况。明朝初期首都定在南京,在前期 53 年间,南京出版了许多重要的政书。这些国家级的出版活动,虽然不是江苏一省之事,但发生在江苏境内,渊源有自,滥觞所及,影响江苏出版业至大。

与江苏官刻图书相比,地方志一类图书尤为繁荣,不单各府州县都遵皇命编刊了方志,有些府州县还一再续修,甚至续修达七八次之多。私志、小志、专志也纷纷出版,蔚为大观。

江苏境内人文荟萃,城市、农村中有宿儒名士、致仕官员和隐逸之士,其中有不少醉心于图书出版的人士,阐述自己的经解、史观,编纂自己或先祖的诗文、奏议、杂记,是他们重要的人生追求。再加上刊刻图书较为便利,家刻图书因此盛行。明朝前中后期,江苏家刻都很发达。家刻图书的主持者大多有深厚学养,相应出现了许多精品图书。家刻发达是江苏出版业的突出现象。

江苏境内坊刻也很多,集中在南京、苏州两地,其他府州县也有一些。江苏坊刻的年代大多在嘉靖以后,这说明江苏的坊刻是在明后期才繁荣起来的。坊刻单位大多以姓氏为纽带集结在一起,形成"一条街""聚书地",具有出版集团的性质,出书品种往往也相近。通常一家书坊刻书种数并不多,平均每家书坊只有三四种而已,但有的书坊刻书有数十种或上百种。

明代图书的复制工艺仍是雕版印刷术，抄本退至辅助地位。在雕版刻书领域，有两项重大的改革获得成功，一是书籍用字从楷体字演进为宋体字，使雕版图书写和刻的速度大为提高；二是图书装订从蝴蝶装、包背装演进为方册线装，节省一半以上的材料和人工，而且牢固不易散失。这两项改革大大提高了雕版线装书印制工艺的效率。江苏在这两项改革过程中，发挥了重要的前导作用。

江苏出版人想要突破已经应用数百年的雕版印刷术，改用活字印书的试验取得很大成功，实绩累累。但由于整个时代工艺水平的限制等种种原因，活字印书最终没有成为明代出版工艺的主流。一直到清代后期，近代印刷工业快速发展，才实现了活字印书的普及。

彩色印刷术的探索也有类似情况。明末虽然已出现多色印刷品，有使用"饾版""拱花"工艺的图画书，有文字套印的图书，但其仍然是手工雕版的技法，人工耗费巨大，"一书而费数书之资"，这类图书后来发展成为精细工艺的欣赏品。现代工艺的彩色印刷一直到清末才实现。

明代江苏图书销售业也有了可观的新发展。工价和品种的南北差别催生了图书的集散地——聚书地；城市中出现了图书一条街，聚集在一起的书店有数十家甚至上百家；遇有科举考试等重要文化活动时，还有临时的棚屋和书摊。安徽、福建的大书商纷纷在南京、苏州设立分店。水网密布地区的书船往来成为江苏出版业的特色，"书船客"活跃于藏书家、作者、书坊之间，成为出版事业的活动家。

三、明代江苏著名的出版家

明代江苏地区的南京、苏州等地，有文化底蕴深厚的世家望族，有致仕回乡阅历丰富的名宦宿儒，有远见卓识结成党社的名士，还有道行高超的名医高僧，他们投身于出版事业，成为一批颇有成就的出版家，群星灿烂，各有特点。

最突出的是常熟人毛晋（1599—1659），他刊印了大量图书，共计有600种之多，其他坊刻和家刻都无法与之相比。其所刊图书几乎囊括了传统典籍中的精品重典，而且毛氏图书"走天下"，发行到全国各地，甚至远销海外。为了出版这些图书，毛氏投入全部身家，表现出可贵的敬业精神。关于毛氏在出版业的定位，学界有家刻、坊刻之争，因其兼有这两者的优点。

苏州人冯梦龙（1574—1646）是另外一种类型的出版家。他迎合市民阶层需求通俗读物的新潮流，大量收集民间通俗读物的原始资料，编纂刊刻或与出版商合作，出版了大量通俗图书，几乎包括市民读物的所有品种，计有50多种，影响深远。

无锡的华燧（1439—1513）和安国（1481—1534）是明中后期重要的出版家，他们不约而同地进行活字印刷术的尝试，均获得成功，留下了大量活字印书存世。

侨居南京的胡正言（1584—1674）进行彩色印刷的探索，他开创的"饾版"和"拱花"两种工艺一直流传至今，具有特殊的艺术魅力，成为宝贵的非物质文化遗产。

明代的出版界还活跃着一批具有卓见独识的官吏。编纂《永乐大典》时，出现了解缙（1369—1415）这样能总揽全局的编纂者。明后期，更有一批不凡的名臣，南京的焦竑（1540—1620）曾因为主持南畿考试时识拔了有异见之士而获罪，他自己也写作了不少有新见的图书，还主持出版了"掀翻天地"的李贽的《藏书》和《焚书》。十府巡抚张国维（1595—1646）常驻苏州，他自己著有极具价值的《吴中水利全书》，还帮助出版《皇明经世文编》《农政全书》这两部重要著作，又将"井中奇书"《心史》刊行。徐光启（1562—1633）和利玛窦（Matteo Ricci，1552—1610）合作翻译的图书则发挥了沟通中西文化的作用。中西文化的碰撞，在世界文化史上闪现了灿烂的光芒。

四、出版编辑理论与经验

在大量出版实践的基础上，明代江苏孕育产生了出版编辑理论，积累了一定的出版经验。

"风动草偃"的比喻,形象地说明了政治图书对巩固政权的巨大作用;"国可亡,史不可亡"的箴言,痛切地指出史书关乎国之存亡的道理;"资政致治"的分析则概括了志书的重要价值。

对民歌、白话小说等通俗文学的肯定、评价、收集和编纂出版,伴随着人性的觉醒、人生真谛的寻求,以及新的伦理道德的倡导。

针对江苏地区特点编辑出版的水利图书、园艺图书和医学图书,都是对科学实证精神的肯定。

在图书编辑学方面,更积累了许多嘉惠后世的宝贵经验。例如,集中全国精英编纂大型类书的经验;政治社团倡导向全国征稿编辑经世文编的做法;各种特色的别集;林林总总的总集;或以精取胜或以全为贵、取向独特的丛书;等等。

五、明代江苏出版业迈向近代化

出版史学界认为,明朝 276 年可以正德为界,分为前、后两期,大约各占一半。前期还是古典格局,与宋元相似;后期则有较大变化,向着近代化迈进。另有些学者认为,在这两个时期之间,可以把正德、嘉靖、隆庆三朝划分出来,作为中期,可称为过渡期、沉潜期、酝酿期,其特点是有许多新因素出现,蓄积生发,渐次展现,但是还没有形成气候。

这两种分期的方法没有原则上的分歧,都可以用来界分明代江苏的出版情况。前期,官刻比较发达,家刻略有一些,坊刻极为稀少;到了后期,情况则发生了改变:

——从读者来看,除官员、士绅等上层人士外,市民阶层兴起,成为新的读者群,他们的生活需要和意识形态有不少新的特点;

——从出版单位来说,坊刻大量兴起,江苏的坊刻图书绝大多数在万历以后才有出版记录;

——图书品种的结构也发生了变化,传统品种之外,小说、戏剧、日用常识等通俗读物占了很大比例;

——图书的流通方式由政府颁发为主,转变为市场销售为主,各种市场运销的方式都趋于成熟；

——出版理念也有了新发展，竞争意识、版权意识都渐次成熟，"翻刻千里必究"的出版警语在不少出版物上出现，出版业成为一种成熟的产业。

这一切，说明了出版业近代化的时代已经到来。

第一章　明代官方出版活动

　　明朝定都南京期间,有三个部门分别管理出版事务:翰林院,负责当朝国史和重大项目的编撰;国子监,负责历代经史重典的纂修和刊印;司礼监经厂,负责皇室图书和佛道经藏的刊印。遇有重大的编纂任务时,往往成立临时的专门机构,指派大臣担任总纂,调集人员,开馆设局,克日完成,效率很高,书成后颁发有关各部。

　　明朝前期出版业的特点是为巩固皇权的统治服务,具有强烈的政治色彩。

　　洪武帝在其在位的31年间出版了大量图书。有的书目把这些书称为"圣制"或"制书",放在四部之首。郎瑛《七修类稿》把洪武帝亲自主持编纂的图书编成《洪武书目》,共30多种。这些图书包括法典、礼制、舆地等类,还有大量训导皇子、诸王、后妃、内戚、宦官、文臣、武将、臣民的"帝皇之书",朱元璋亲自编撰的四部《大诰》为其代表。

　　永乐帝的主要出版活动是在南京进行的。永乐帝登基的第一年,就下令编纂大型类书,第二年书成,但他不满意,认为太单薄,于是命姚广孝为负责人,调集了两千多人,编制成了两万多卷的《永乐大典》。永乐帝在南京期间完成了"三大全"的编修,以及佛藏、道藏、藏文佛藏的刊印。他还在永乐十年(1412)、十六年(1418)两次颁发《修志凡例》,要求全国十三行省和一千多个府州县,都必须纂修志书。全国各地莫不遵照执行,按时完成。

　　这些是明朝定都南京53年间的出版业绩,对整个明代都产生了一定的影响。

第一节　国家出版机构的设立

现代的出版活动由编辑、复制、发行三个要素构成,这三方面的工作,可以由一个机构承担,也可以由几个机构合作,各自分司一部分工作。古代的出版活动往往是各部门分别负责某一方面业务,合起来完成图书编印工作。明代,由翰林院、国子监、司礼监经厂三个部门分司出版的业务。

明朝建立之前,逐步确立了与出版相关的机构和制度:1364 年,"置起居注"①,逐日记载皇帝的行动和言论;1365 年,"置国子学",收集各种出版资源;1366 年,"求遗书",为出版事业准备最重要的条件;1367 年,"置翰林院",储备人才。这些措施为明朝建立后出版事业的开展提供了条件,打下了坚实的基础。

一、翰林院

翰林院的官员设置和品秩有过几次变更。洪武十八年(1385)最终确定的编制是学士一人,正五品;侍读学士、侍讲学士各二人,其下还有侍读、侍讲、五经博士、典籍、侍书、待诏、孔目、史书修撰、编检讨、庶吉士等,统称"翰林"。翰林们的官秩虽然不高,但他们"职代王言",是"近侍清贵之官",翰林院是"储才之所",不少高官出身翰林。

翰林院所做的编撰之事有以下四个方面:

1. 编修实录。跟随皇帝行止,记录皇帝言行,包括"日历"(每天的大事记)、宝训、玉牒等。

2. 修史。修前朝的史书,如《元史》《宋元通鉴纲目》等,也负责修本朝的国史。

3. 修书。撰修以皇帝名义编纂的书,如《昭鉴录》《稽制录》等,"纂述之事,迨无虚日"。

---

① 本段引文均见[清]张廷玉等编:《明史》卷一,北京:中华书局,1995 年。

4. 辑订经传文字。如《书传会选》、三部《大全》等。

在以上四项任务中,以编修《实录》最为重要,《实录》是编修国史的基础,以《起居注》为原始材料。史官们跟随皇帝左右,随班记事记言,皇帝的行动记成"日历",言论记成"宝训"。一天所记的材料,放在一个柜子里,每月一小柜,每年一大柜,存放在东阁。每年年底,由礼部、都察院、翰林院三方会同收到大柜里保存。皇帝去世后,继任者就任命大臣负责纂修《实录》,修成后抄成正副两本,分藏在不同地方,底稿则由史官会同司礼监在太液池焚毁。《实录》虽说是纂修国史之用,但由于各种原因,历代都没有修成当朝的国史,大多是留到下一个朝代,才撰修成"前朝史书"。①

明朝历代的《实录》,从太祖开始,到熹宗为止,共 15 朝,13 部,3 045 卷。② 万历时,修国史,抄出《实录》,结果国史没有修成,《实录》却流传到了民间。

明朝迁都北京后,翰林院编修图书的活动也转移到了北京。南京虽然还有一个翰林院,但编制只有两人,不再有编书的记载了。

翰林院只负责编书,或者主编,或者和有关部门合编,编成之后刊刻和颁发等后续工作,并不属于其工作范畴。

此外,翰林院所编纂的图书没有编过书目。

二、国子监

国子监又称国学、太学,是培养高级人才的机构。进入国子监学习,要有举人、贡生、官生、功勋臣子弟等资格,也收外国学生。明前期国子监地址在今南京鸡鸣寺东侧。

国子监最高负责人是祭酒,从四品,此外还有司业、五经博士、助教、典籍等官员。

国子监成为出版事业的重要机构,是因其集中了许多重要的出版资源,如徐达攻克北京时获得的元朝政府的图书版片、图书、《实录》等;从

---

① 本段所引材料均见[明]黄佐:《翰林记》,《四库全书》本。
② [清]黄虞稷:《千顷堂书目》,上海:上海古籍出版社,2001 年。

杭州西湖书院运来的宋元书版,大多是经史重典;从集庆路儒学等地集中到南京的图书版片等。

图书的版片是雕版印刷时代最重要的出版资源,有了版片,只要补充缺失,备齐纸张、黑墨,就可以印书。南京国子监所获的版片大部分比较完整,缺失不多。例如,来自集庆路儒学的 21 种书的版片,原数应该有 26 052 片,缺失 1 386 片,所缺约占 5％,其中篇幅最多的《新唐书》,应该有 4 881 片,实有 4 796 片,只缺少 85 片,只要稍事补刻,就可以再印。因此,南京国子监把工作重点放在补版重印上。据记载,南监曾大规模补版刻书 7 次,最早的一次在洪武年间,最后一次在天启年间,可以说,整个明代南监一直在忙这件事。① 由此,在我国的图书版本中,就产生了一种延续达六七百年的“宋元明三朝递修本”,显示了雕版印刷术强大的生命力。到了明代后期,南监也刻了不少新版书,最重要的十七史,全部重刻了一遍。

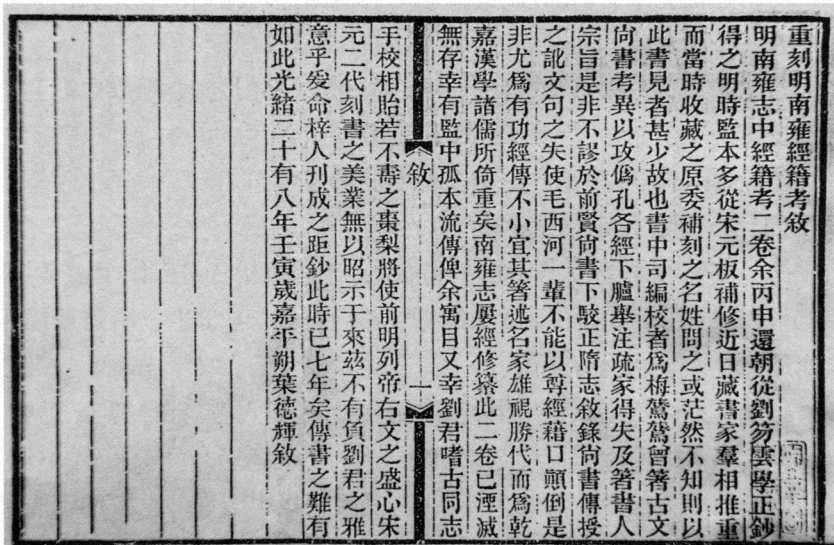

图 1-1　三朝递修本《南雍志·经籍考》

---

① 曹之:《中国古籍版本学》,武汉:武汉大学出版社,1992 年,第 259—261 页。

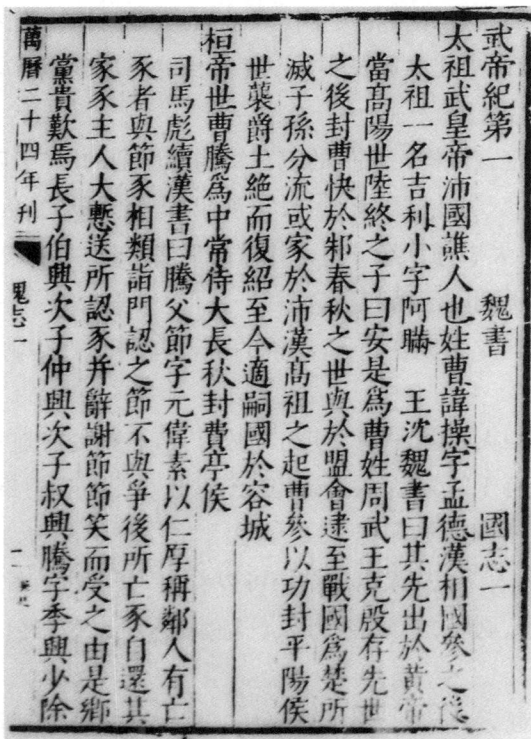

图1-2　三朝递修本《三国志》

　　据《南雍志·经籍考》统计,南京国子监共收藏版片302种7 948卷170 264张,内容以制书、经籍、史书、类书为主。

　　国子监刊印的图书质量很好,补版的递修本能保持原书面貌,新刻本则很重视学术价值,编校质量都属上乘。国子监负责人往往亲自参与审订、校勘工作,学员们则无偿参加校勘,作为学业的一部分,有些学员甚至承担刻字的工作。万历二十三年(1595)刊刻的《隋书》,参与校刊且署名的有司业、监丞、博士、助教、学录、典簿、典籍等有官衔的12人。

　　过去曾认为,南京国子监刻印图书经费不足,其实不然。政府常把不法寺院的罚款、工部工程结余的"羡余银"、赃官的"罚没款"划给国子监,还有官员、士人捐款,有时皇帝还特地批准由工部拨给专款。这些做法都表明了政府的重视与支持。

永乐迁都后,有了南、北两个国子监,都出版图书,但因为南监家底丰厚,所以南监出书比北监要多。

三、司礼监经厂

司礼监是宦官机构。明代的宦官机构有所谓的"二十四衙门"(十二监、四司、八局)。司礼监居首位,长官正四品,权力极大,负责内外奏章、掌印、秉笔等重大事务。经厂是司礼监的下属单位,主要长官有提督、掌司、监工等,负责刊印经籍和皇室图书。

在图书编刊方面,经厂不管编撰的事,只管刊刻、印刷、装帧等后期工作。

经厂规模很大,人员极多,明初有数百人,后来发展到千余人。嘉靖十年(1531)竟有 1 275 人之多,计:笺纸匠 62 人、裱褙匠 293 人、折配匠 189 人、裁历匠 81 人、刷印匠 134 人、黑墨匠 77 人、笔匠 48 人、画匠 76 人、刊字匠 315 人。[①] 从人员的结构可以看出,其中没有编辑、校勘方面的人员,而刻字、刷印、配页、装订人员特别多,所以说,经厂是一个规模很大的印刷厂。

经厂的工匠,一部分是小太监,另一部分是班匠。所谓班匠,是明初实施的一种无偿徭役制,常熟等地的地方志有这方面的记载。

司礼监官员刘若愚著有《酌中志》,其中第十八卷《内板经书纪略》,记载了经厂刊刻图书的目录,常被抽出来作为书目单独刊印。这一卷中记录,经厂共刻书 158 种,版片 566 358 张。按内容分为制书 72 种、经书 39 种、子书 25 种、史书 21 种、医农卜书 18 种、诗文 17 种。[②] 其他一些书目上也有经厂出书的记载,去除重复后,可以查知的出书总数约有 190 种。

经厂刻书中,最为人称道的是三部佛道经藏;佛经一藏,678 函、180 082 叶;道经一藏,512 函、122 589 叶;番经一藏,147 函、150 074 叶。这三部经藏在刊印时,使用多少纸张、黑墨、黄绢等材料,在《内板经书纪略》中有详细记载。其版片数约占经厂全部版片的 80%,由此可知,经

---

① 〔明〕申时行等编:《明会典》卷一百八十九,北京:中华书局,1989 年。
② 〔明〕刘若愚:《酌中志》,北京:北京古籍出版社,1994 年。

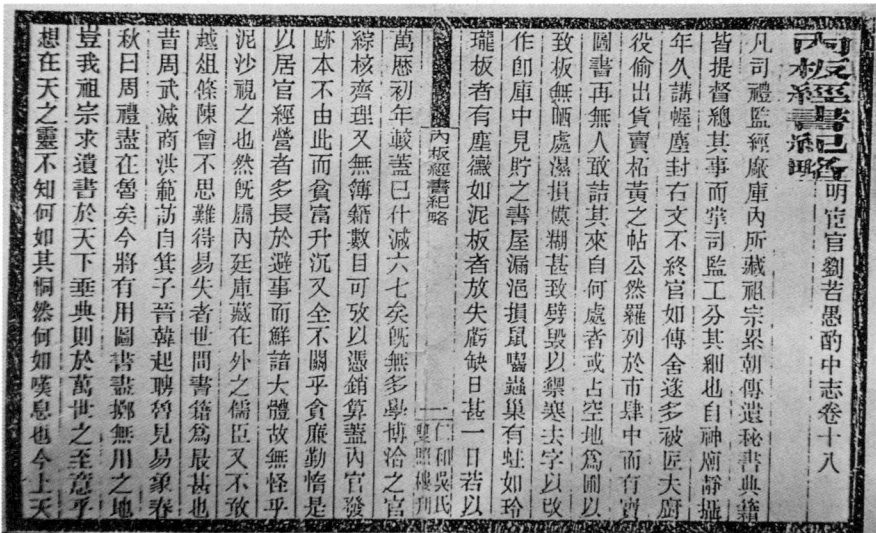

图 1-3 《酌中志·内板经书纪略》

厂把大部分精力放在佛道经籍的刊刻上。

明朝皇室遇有重要的编书活动,书编成后大多交给经厂刊印,版本学上把这些书称为"内府刻本"或"经厂本"。"经厂本"图书有明显的特点,版面宽大,字大如钱,字体为赵体,纸张是洁白的绵纸,装帧豪华。清高的读书人往往诟病"经厂本",认为太监们"不谙大体",财大气粗,管理也不好,根本不配做图书刊刻的工作。这未免有些苛责,"经厂本"图书的质量还是比较好的。

第二节　开馆设局完成重大编撰任务

一、开馆设局的做法

明朝设有常设出版机构,负责日常的出版活动。如果有特别重大的出版事务,则往往由皇帝决定成立特设的、临时的机构来完成,称为"开馆"或"开局"。

从史书查知，明朝从洪武到崇祯，正式开局编书有十多次，列举于下：

洪武朝

《大明日历》100卷，《元史》212卷，《书传会选》16卷，《大明清类天文分野之书》154卷。

永乐朝

《永乐大典》22 937卷，《性理大全》70卷，《四书大全》36卷，《五经大全》154卷。

景泰朝

《寰宇通志》119卷。

天顺朝

《大明一统志》90卷。

弘治朝

《大明会典》180卷，正德、嘉靖、万历年间多次重修。

嘉靖朝

《明伦大典》24卷，初名《大礼全书》。

万历朝

在弘治朝《大明会典》的基础上，修《重修大明会典》228卷。曾开馆修明代国史，因多次发生火灾，未完成，有部分成果。

天启朝

《三朝要典》24卷，崇祯时毁版，后重修，未成。

崇祯朝

《崇祯历书》120卷，分五次完成。

每一次开局编书，都要经历以下过程：

1. 皇帝指派重臣负责专项工作。总负责人为监修，其次有总裁、纂修、催修等。如，中书省左丞相李善长担任《元史》监修，吏部尚书兼大学士李贤担任《大明一统志》总裁等。

2. 调配工作人员。一部分在朝臣中选调，一部分在各地选调"四方宿学老儒"和"山林隐逸之士"。崇祯朝时修历书，聘请了"心精手巧"者25人。

御製性理大全書序

行之而不純所以天下卒無善治人不

下及秦漢以來或治或否或久或近或

雅熙悠久之盛者不越乎道以為治也

授受上以是命之下以是承之率能致

自伏羲神農黃帝堯舜禹湯文武相傳

朕惟昔者聖王繼天立極以道治天下

不能如古昔之盛者或興或忽之而不行或

四書集註大全朱子集諸家之說分行小書凡集成輯

一四書大書朱子集註諸家之說分行小書凡集成輯

釋所取諸儒之說有相發明者雜附其下其背戾者

不取凡諸家語錄文集內有發明經註而集成輯釋

遺漏者今悉增入

之說

一引用先儒姓氏

朱子熹晦菴新安

鄭氏玄

孔氏穎達

一註文下凡訓釋一二字或二三句者多取新安陳氏

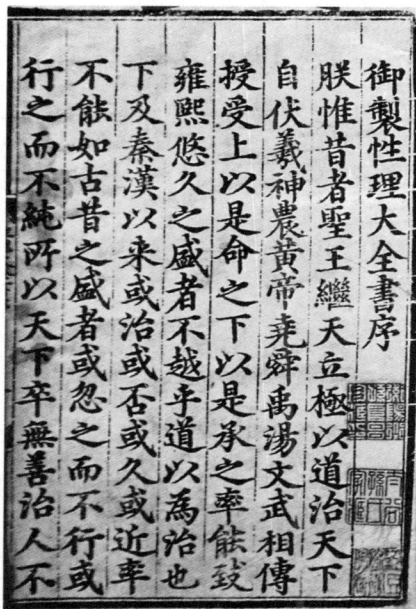

图 1-4 《性理大全》　　　　图 1-5 《四书大全》

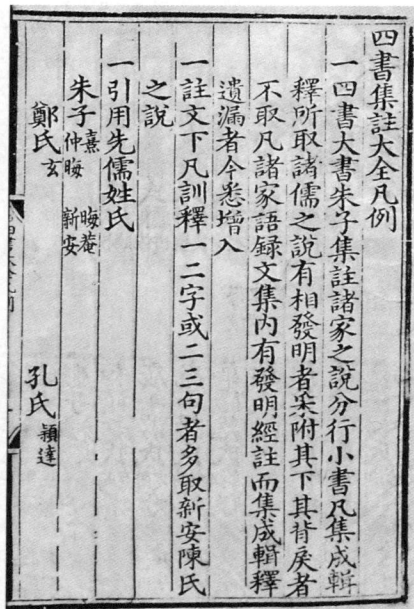

3. 找一个既靠近中枢又清静的地方，往往是寺院或书院。如《元史》在城南天界寺，《大明日历》在城东西华门，《书传会选》在翰林院，《永乐大典》在文渊阁，三部《大全》在东华门，《崇祯历书》在宣武门内首善书院等。《大明日历》编写时，还配备了警卫人员。

4. 总裁确定大纲、体例等重要问题，所谓"发凡起例"。如《永乐大典》由解缙制订二十一条《凡例》，贯彻始终。然后全面动手，克日计程，进度往往很快。之后由主要负责人审定全书，誊写清稿。

5. 全书完成后，由主要负责人拟定《进书表》向皇帝进呈。一般会在皇宫某处举行一个庄重的进书仪式，《大明会典》有一节"进呈仪式"，记载了仪式的程序，由皇帝亲自接受图书。

6. 原稿交由礼部"颁行天下"，大多由司礼监经厂负责刻印装订。

7. 赏赐庆功。庆功仪式有时做得十分隆重，赏赐也很丰厚，从外地请来的人员则"驰驿送归"，有些官员可得到升迁。例如修《永乐大典》时，从常州请来的陈济被留下来，做皇子皇孙的教师。

有些书要由几个部门合作提供材料，这就需要成立分局，有所谓"三局""六局""十馆"的做法。"三局","一曰律局,以定律令……二曰礼局,以究礼仪……三曰诰局,以撰诰命"。① "六局"是指修国史时所设的下属编纂机构,依国家六部而设。"十馆"则是指六部中事务较多的部门,分为两个馆来工作。

二、开馆设局编书一例

洪武二年(1369)开馆设局,编纂前朝史书《元史》。这是明代第一次开馆编书。

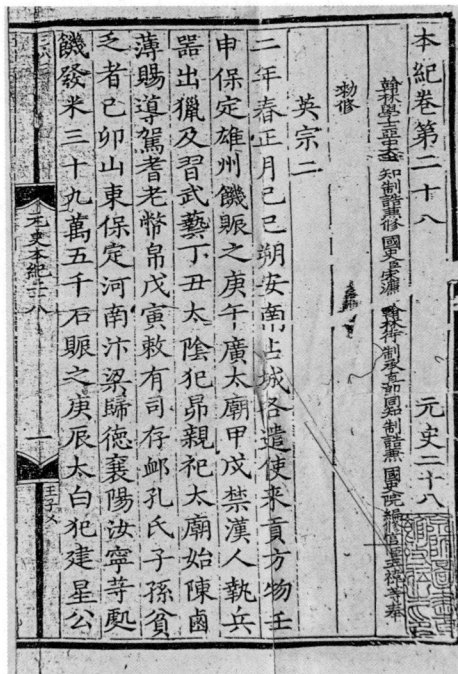

图 1-6 《元史》

元朝统治者被逐出北京,其实是"败而未亡",实力还在。朱元璋为了向天下表示元朝已亡,新王朝已经成立巩固,急忙要修前朝的史书,便下令开始编《元史》。二月,命中书省左丞相李善长为监修,宋濂和王祎为总裁,征集了"山林隐逸之士"汪克宽、胡翰等 16 人为纂修,在南京城外的天界寺开局。朱元璋对编修人员说:"近克元都,得元十三朝《实录》,元虽亡国,事当记载,况史记成败,示劝惩,不可废也。"

编纂人员以攻克北京时获得的元十三朝《实录》为根据,以《经世大典》等资料为参考进行编纂,只用了 6 个月时间,在同年八月完成,由李善长具名,向皇帝呈《进书表》。后来发现,元顺帝一朝因为没有《实录》,过于简略,便在洪武三年(1370)派儒士欧阳佑等去北京收集资料。不久,资料取回,仍命宋濂为总裁,朱右等 14 人为纂修,再次在天界寺开局。过了 5 个月,补修

① 本节引文见〔明〕黄佐:《翰林记》卷十二,《四库全书》本。

成 53 卷,由宋濂具名向皇帝进呈,共计 212 卷。皇帝首肯后,交由礼部"颁行天下",司礼监经厂刊印,只用了 3 个月时间就刻印成书了。事后,赏赐有功人员"白金二十两、文绮帛各二",还授予一部分人官职。

这次修前朝史书,在出版史上是比较快的,前后用时不到一年。后来清朝修《明史》,用了一百多年时间。

《元史》初版本是由南京司礼监经厂刻印的。后来,万历三十年(1602),北京国子监又重新刻印了一部,南京的版本则继续补版印行。

《元史》虽然编印速度很快,可是质量很差,主要缺点在于详略不均、杂乱重复。清朝学者钱大昕说:"古今史成之速,未有如《元史》者,而文之陋劣,亦未有如《元史》者。"说得很中肯。因为《元史》分两次完成,但两次都参加编写的只有赵壎一人,前后工作不衔接,矛盾重复之处颇多。又因为参加编写的大多是东南江浙一带的人,对北方蒙古族的名物不熟悉,有些人名完全根据读音译出,因为用不同的汉字,编者便误认为是两个人,《元史》中重复立传者竟有 18 人之多。例如,既有"速不台"传,又有"雪不台"传,两者实为一人。父子二人误作一人,祖孙二人误作一人的,不止一处。元朝 59 位宰相,有传的不到一半。最荒唐的是原始材料上称朱元璋为"贼",《元史》中竟照搬不误。

《元史》成书不久就受到批评,《元史》编者之一朱右写了本《元史补遗》,纠正补充了一些问题。建文初,解缙曾受命重修,可惜建文帝在位时间太短,这件事后来就没人提了。

第三节 "帝皇之书"的编纂出版

一、"帝皇之书"的意义

明代编印的图书目录中,常把"帝皇之书"放在经史子集之前,称为"制书"或"御制",以突出"帝皇之书"的重要性。万历年间焦竑所撰的《国史经籍志》是一本图书目录,共收录图书 16 279 种,是明代官家书目中最完备的一种。这本书的第一部分便是"制书",其中对"制书"的含义作了说明:

古之圣哲，无意于文也，理至而文从之，如典谟训诰是已。然或谓皋夔旦奭代为属笔，盖间有之。若梁武唐文赡于辞学，至与寒畯之士，竞为雕虫，何其小也。我圣祖投戈讲艺，间有撰造，朝出九重，暮行四海，风动草偃，晓然如推赤心置于人腹中。……虽然，迹其震越辉煌，魁奇硕大，虽以凌跨百代而轶驾三王，其何让之有，列圣代兴，著作相望，今备列首篇。①

《国史经籍志》的制书类共著录图书238种，分为四个子类：

1. 御制68种，如《高皇帝文集》《昭鉴录》《昭示奸党录》《文华大训》，以及《大诰》（四部）等。

2. 中宫御制5种，如《仁孝皇后劝善书》《贞烈事实》等。

3. 敕修63种，如历朝《实录》《宝训》，《大明日历》《永乐大典》《四书大全》《五经大全》《性理大全》《大明会典》《明伦大典》等。

4. 纪注时政102种，如郑晓著《吾学篇》、孙宜著《国朝事迹》、陆深著《玉堂漫笔》等。

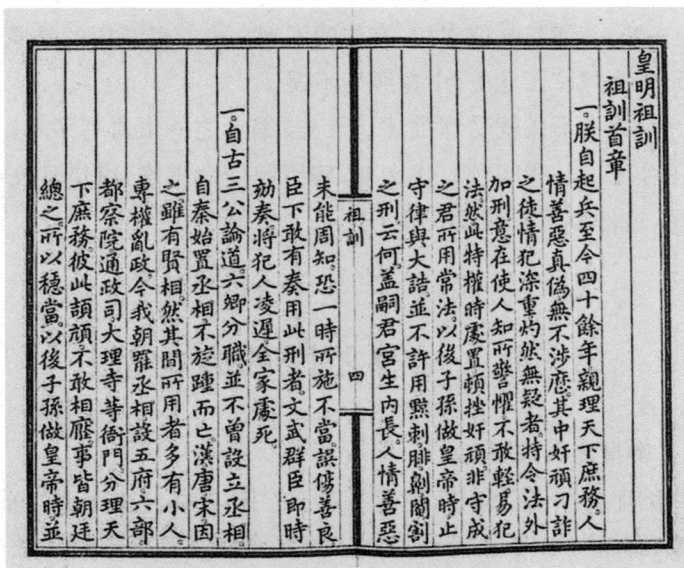

图1-7 《皇明祖训》

---

① ［明］焦竑辑：《国史经籍志》，北京：中华书局，1991年。

由此可知，所谓制书即"帝皇之书"，是直接体现皇帝意图的书，或是皇帝、皇后署名的书，或是皇帝下令编撰的书，或是记录皇帝言行的书。

清以后，不再有这种把"帝皇之书"放在图书目录之首的做法，而是归入经史子集各类图书中去。

二、"帝皇之书"概览

明初出版的大量"帝皇之书"，为巩固王朝的统治服务，有强烈的政治意味，特别是在王室内部的治理上，发挥着重要作用。

图 1-8 《皇明诏制》

教育皇帝、皇子、皇孙要勤政爱民，善保帝业。如《帝鉴图说》、《公子书》、《储君昭鉴录》、《圣学心法》、《务本之训》、《文华宝鉴》、《帝训》、《鉴古韵语》(诗 60 首)。

教育藩王们要听命于中央，善抚子民，安分守己。如《祖训条章》(命各藩王要写在墙上)、《昭鉴录》(汉以来藩王的好坏事例)、《永鉴录》(历代宗室之悖逆者)、《纪非录》。

教育皇后、公主要恪守女则，外戚要奉法守纪，不能有非分之想。如《列女传》(修订前代的书)、《历代公主录》(历代公主善恶事)、《外戚事鉴》(历代外戚善恶事 79 例)、《内训》、《女则》、《女鉴》。

教育功臣不要恃功凌法。如《稽制录》(历代功臣、爵位、名号，供功臣比照)、《稽古制》(规定可享礼制，戒僭越)、《相鉴》(贤相 82 例，不贤相26 例)、《世臣总录》(周公以后大臣事迹)。

教育武将要遵纪守法，不可跋扈。如《大诰武臣》(武臣不守法事 32例)、《敕谕武臣》、《武臣训诫录》、《武臣鉴戒》、《忠义录》等。

教育臣民遵纪守法。如《大诰》(三部)、《臣戒录》(历代逆臣 212

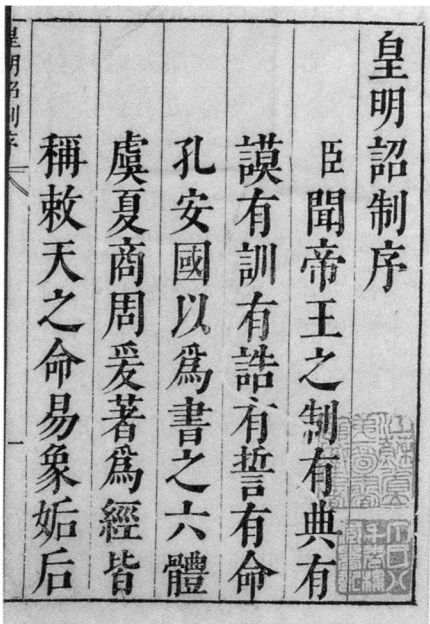

人)、《集犯谕》(开国初罪犯姓名及罪状)、《省躬录》(汉唐宋以来灾异之应于臣下者)、《省贪简要录》(公布官员月薪数,相当于多少农民的劳作)、《志戒录》(又名《历代奸臣备传》,晋至宋悖逆臣百余事)、《彰善瘅恶录》等。

值得一提的是,明初洪武年间,曾发生过两起特大案件:一件是胡惟庸案,胡是左丞相;另一件是蓝玉案,蓝是统率全国军队的大将军。这两个案件纠缠十余年,牵连诛杀了上万人,洪武帝在办案后,曾编了好几本制书昭告天下。如《昭示奸党录》,公布胡案有关人员的狱词,以后又编发了《第二录》《第三录》;《清教录》,公布僧徒中结交胡惟庸的爱书,共64人;《逆臣录》,记录了蓝党的狱词,有5卷之多。

这类书以洪武朝最多,在郎瑛《七修类稿》卷三十七中,有一篇《洪武书目》详细记载了洪武朝编刊的"帝皇之书",简要说明了这些书的书名和编刊原因,共30多种图书。原文录于下:

> 痛三纲沦而九法斁,无以新耳目而示劝惩,首作《大诰》三编。欲戒后代人君臣民之愚痴,作《资世通训》。以礼乐不协于中,成书曰《大明集礼》。仿《周礼》而为治天下之宏纲,作《诸司职掌》。曰《大明律》、曰《大明令》,所以立世法也。曰《洪武礼制》、曰《礼仪定式》,所以详世礼也。《清教录》,所以戒僧道也。《大明一统历》,所以钦天道也。定字义书曰《洪武正韵》,后以未当,命刘三吾重编,曰《韵会定正》。念农劳而命户部计田之数,以为文武俸数,作《省贪简要录》。见功臣器用逾制,命翰林院考汉、唐、宋封爵之数,编《稽制录》。编历代宗室诸王善恶者以类,曰《永鉴录》,后又有《昭鉴录》。编历代为臣善恶可以劝戒者,曰《世臣总录》。订正蔡氏书传,名曰《书传会选》。取大禹所叙、箕子所陈、有益治道者,作《洪范注》。记天下道路者,书曰《寰宇通衢》。载文武官属体统及签书案牍次第、军士月粮宿卫屯田者,曰《政要录》。自叙得之之艰难[与更胡俗书],曰《祖训录》。又欲贻孙谋以昭燕翼,成书曰《皇明祖训》。言丧服者,曰《孝慈录》。取五经四书敬天忠君孝亲而成者,曰《精诚录》。集历代祭祀祥异、感应可为鉴戒者,名曰《存心录》。编汉、唐、宋灾异应于臣下者,名曰《省躬

录》。以致《道德》有注,《论语》有解,诸经、《元史》有纂。至哉王心,无一事不加之意也,创业之君所以难欤!①

第四节　四部《大诰》的编刊和消亡

一、四部《大诰》陆续刊印

明代初期,洪武帝曾以个人名义陆续出版了四部《大诰》,风行一时,被称为"至宝之书",但是不到十年,却又无人再提,很快消亡。这是法制史上的一件大事,也是出版史上一件值得注意的大事,其全过程发生在南京。

"诰"是君王告诫臣民的文告。《尚书》注中,对"大诰"的解释是"陈大道以诰天下"。洪武帝以他个人的名义编发这四部书,以表示其重要性。四部《大诰》依次为:

1.《御制大诰》,洪武十八年冬十月己丑朔。

2.《大诰续编》,洪武十九年三月辛未。

3.《大诰三编》,洪武十九年十二月癸巳。

4.《大诰武臣》,洪武二十年十二月。

元末明初,社会风气秩序很不好。洪武六年(1373),朝廷颁发了《大明律》31卷606条,但情况并没有多大改变。朱元璋想用个人权威迅速改变状况,所以采取亲自署名出版《大诰》的办法。

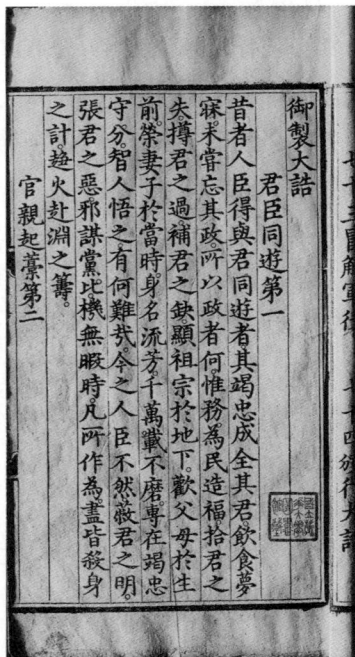

图1-9　《御制大诰》

---

① [明]郎瑛:《七修类稿》卷三十七,上海:上海书店出版社,2001年,第403—404页。

《大诰》的内容是一个个案例。《初编》74 例,《续编》87 例,《三编》43 例,《武臣》32 例,共 236 例。每一个案例,大致包括三个方面:首先说明案件的经过,其次是朱元璋对这个案件作评论分析,最后朱元璋提出应该如何定罪处理。按常理说,既然国家颁布了《大明律》,内容有 606 条之多,就应该按律令办事,不必皇帝亲自出来分析量刑。然而,朱元璋认为律令的处罚太轻,以致社会不宁,他主张要用重刑。下面从四部《大诰》中各取一二例来比较朱元璋的主张和当时国家法令的差别。

《初编》

第 17:皂隶朱升一,殴打钦差旗军,处极刑。按当时律,"杖一百、徒三年"。

第 66:官吏征收税银不按时,判死罪。按当时律,"收粮违限"条,罪止"杖一百"。

《续编》

第 16:有司滥设吏卒,处族诛。按当时律,滥设官吏应"杖一百、徒三年"。

第 63:假千户沈仪等人伪造御宝文书,判凌迟。按当时律,"诈为制书"者罪止"论斩"。

《三编》

第 19:官吏卖放囚犯,处极刑,籍没家产,人口迁化外。按当时律,"纵囚与囚同罪,受财者计赃以枉法从重论"。

第 25:淞江王子信发配充军,私逃回家,又结交官吏害民,处刑枭令,家财入官,人口流移。按当时律"徒流人逃",罪止"杖一百,余罪以情节轻重科断"。

《武臣》

第 31:镇南卫百户胡凤寄留印信于他人家三日,处刑充军金齿。按当时律止"杖一百"。

在这两百多个案例中,朱元璋的主张都比《大明律》的处刑标准要严苛得多。可见,他想用严刑峻法来治国,用个人意志代替法律。他的主张充满了"律外用刑"的特点,不顾国家颁布的法律,随意用重刑。儒家的传统主张是"德主刑辅""先教后刑"。朱元璋却是"明刑弼教""以刑去刑",违反了儒家一贯的主张。

二、《大诰》的风行和消亡

《大诰》初版由内府刊行,规定家家户户要有一本。朱元璋在书的最后一节中说:"朕出是诰,昭示祸福,一切官民诸色人等,户户有此一本,若犯笞徒杖流罪名,每减一等;无者每加一等。"①《续编》颁行时,又重申前令:"朕出斯令,一曰《大诰》,一曰《续编》,斯上下之本,臣民之至宝,发布天下,务必户户有之。敢有不敬而不收者,非吾治化之民,迁居化外,永不令归,的不虚示。"②在《大诰武臣》中,又要求军人和家属也要"人各一册"。朱元璋还规定《大诰》是全国各学校必读书,科举考试也要从中出题目。

在种种规定下,这四部"至宝之书"很快在全国刊行,从中央到地方都有刊刻,还发生了一些与之有关的案件。礼部郎中王锡不知出于什么原因,藏匿了他人的《大诰》,竟被处死刑。③ 常熟县民陈寿六,带头手执《大诰》捉拿恶人,朱元璋大为高兴,把此事榜谕全国,陈寿六受到"免杂泛差役三年"的优待和"有过失不许擅勾"的特恩。④ 这些事例无疑大大增强了《大诰》的权威性。

当时,社会上出现了一批讲诵《大诰》的讲师,讲师们率徒到南京礼部去讲《大诰》,最多的一次竟有十九万三千四百人。⑤ 朱元璋对这些人"并赐钞遣归"。

但是,《大诰》并没有成为终明一代的宝书,到了明朝中期时,已经很少有人知道《大诰》了。身经正统、成化、弘治三朝的陆容在《菽园杂记》中说,明朝有四样短命的东西,都是"面从于一时,而心违于身后者"。这四样东西是洪武钱、大明宝钞、《大诰》和《洪武韵》。⑥

---

① 《御制大诰》第七十四"颁行大诰"。
② 《大诰续编》第八十七"颁行续诰"。
③ 《大诰三编》第二十九"王锡等奸弊"。
④ 《大诰续编》第十"持诰擒恶受赏"。
⑤ [清]张廷玉等编:《明史》卷九十三,北京:中华书局,1995年。
⑥ [明]陆容:《菽园杂记》卷十,上海:商务印书馆,1936年。

《大诰》消亡的原因是，洪武二十八年（1395），刑部在原本《大明律》的基础上，重新修订刊行了《更定大明律》，共 30 卷 460 条，并明确"今后法司只按《大明律》办"。《大诰》中的条目被作为《大明律》的附录，只采纳了 36 条，而且量刑也减轻了。建文帝登基后，更规定一切官民犯刑者"司法一依《大明律》科断，无深文"。《大诰》便这样逐步被弃置了。

朱元璋治乱世用重典，制定了以个人意志为中心的《大诰》，最终成为"面从于一时"的东西，这在法制史和出版史上都是深刻的教训。

第五节　明代中央各部和地方的出版活动

一、中央各部的出版活动

明代国家出版机构，除翰林院、国子监、司礼监经厂三个部门以外，还有其他部门，如六部、都察院、钦天监等也编刊图书。

都察院

都察院又称"御史台"，是监察机构，明初出书比较多。《古今书刻》中著录 33 种，但只有一种书与监察工作有关，即《都察巡方总约》，其他书有《史记》《文选》《杜诗集注》等。

钦天监

钦天监掌管天文、历数、占候、推步等工作。每年冬至这一天，钦天监要把编好的下一年历书，先印出 15 部，移送礼部，再颁给二京十三省做样本，让他们据此翻印，并送给朝鲜、安南、琉球、真腊、暹罗、爪哇等奉行大明正朔的国家。历书有两种版本，一种是"王历"，一种是"民历"，内容不同。明代 276 年的历书，现在还保存有其中 99 年的。钦天监有印刷匠 28 人、裁历匠 2 人、裱褙匠 1 人。钦天监还刻印过《大明清类天文分野之书》，这是《大明一统志》的前身。

礼部

礼部"掌天下礼仪、祭祀、宴飨、贡举之政令"，所出版的书与科举有关。三年一次的殿试名单刚一公布，礼部就立即印行《登科录》《会试录》。《登科录》内容包括新科进士的名单,籍贯、字号、出生年月,曾祖、祖父、父母、兄弟姓名,书后附试题和前三名的答卷。《会试录》则把全部赴京考试的举人信息录入。明初 50 多年的最高级考试在南京举行,迁都后的考试在北京举行。贡院里有刻字房 11 间,工人 48 名。一般考试结束后不久,上述两种考试录就刻印出版了。

兵部

出版的图书有《大阅录》《九边图说》《历代武举录》《军令》《昭代武功编》等。

工部

出书较少,有《御制诗》《工部厂库须知》等,还有一本《奉制记乐赋》,是皇帝看了《舆地图》后的唱和集。

太医院

刻印了一些与医药有关的书,如《铜人针灸图》《医林集要》《经验奇效良方》《补要袖珍小儿方论》等。

二、地方官府的出版活动

明代的行政区划有二直隶、十三布政使司、一百四十府、九十三州、一千一百三十八县。在各级政府中,十三个布政使司都有出书的记录,府州县都有出地方志的记录,其他类型图书则或有或无,或多或少,情况不一。

布政使司是省一级,有布政司和按察司两衙,一般都有出书。据《古今书刻》著录,出书较多的几个省是:江西 37 种、福建 37 种、陕西 35 种、云南 31 种,较少的是广西 5 种、贵州 7 种。

明初,热心出版的翰林学士,即《永乐大典》的监修解缙曾经向洪武帝建议,在通都大邑设"官开书坊",出版图书。他说:"宜令天下投进诗

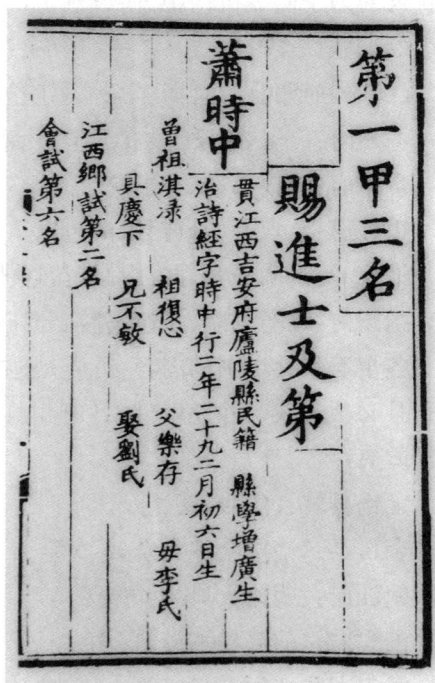

图 1-10 《登科录》

书著述,官为刊行。"又建议尽行刊定国家所藏书籍,并于京城及水陆通会州县,设立官开书局和书坊。① 这是开办省和府一级出版机构的建议,可惜没有得到采纳。

现今的江苏、安徽两省,当时都属南直隶管辖,省一级的出书统辖到南直隶的国子监等机构中,所以江苏的出书只有府州县的记载,没有省一级的记载。

江苏各府州县以官衙、学署、书院等的名义出过书的有:

苏州府:府署、府学、吴江县学、礼宗书院、昆山县、常熟县。

常州府:无锡县、东林书院。

镇江府:金坛县、丹徒县、清溪堂。

淮安府:淮阴公舍、两淮都转盐运使司。

扬州府:维扬书院、正谊书院、邗江书院。

各个府州县出书的内容,首先是地方志书,因为这是国家规定的,各府州县必须完成。除此以外,各府州县出书的内容似无定规,其中值得一提的有:

无锡县署:《唐雅》26 卷。

金坛县:《诸史会编大全》120 卷。

镇江府:《明伦大典》24 卷。

淮安府:《前后汉书钞》16 卷。

礼宗书院:《古今类书纂要增删》12 卷。

东林书院:《龟山杨文靖公集》36 卷。

邗江书院:《大明律》30 卷。

两淮都转盐运使司所刻的有两种书,一本是《八阵合变图说》,另一本是《古今廉鉴》,虽然引人瞩目,但与其业务并没有多大关系。总体来说,明代江苏省级以下地方政府所编刊的书,除地方志以外,并无重大成绩。

---

① [明]解缙:《解学士文毅公全集》卷一,吉安:敦仁堂藏本,1767 年。

第二章 《永乐大典》的编纂

　　明初，永乐帝出于偃武修文的需要，组织编撰了一部空前的大型类书《永乐大典》。这部书以大为特点。主持其事的是明朝重臣姚广孝，参加人员有 2 000 多人，编成的书有两万多卷，装订成一万多册。

　　我国历代王朝有编纂类书的传统。类书供皇帝阅读，以了解前朝的兴衰和治乱得失，为施政的借鉴，同时也为大臣们撰文拟诰提供文辞典故等材料，所以往往以"皇览""御览"为书名。

　　类书的编辑体例大多是分门别类编次各种材料，分类细、篇幅大。如唐朝的《艺文类聚》分为 47 部、子目 740 余类，全书 100 卷。宋朝的《太平御览》分 55 部、4 558 类，征引书目 1 690 种，全书 1 000 卷，编了 6 年。《永乐大典》采取"用韵以统字，用字以系事"的编次，以《洪武正韵》为排列次序。后人认为，这种编次不太好，有"割裂庞杂，漫无条理"的弊端。

　　《永乐大典》的真正价值在于它在引用材料时，采取了将原书整部、整篇、

图 2-1 《永乐大典》书影

整段一字不漏录入的办法。录入的原书竟有七八千部之多,成为"辑佚之渊薮",保存了不少古籍原貌。

《永乐大典》篇幅过大,难以刊刻,只抄了一部供皇帝阅览。迁都北京后,嘉靖年间又抄了一部。历经数百年风雨,几经灾难,现在只剩下800余卷,约占原书的4%。

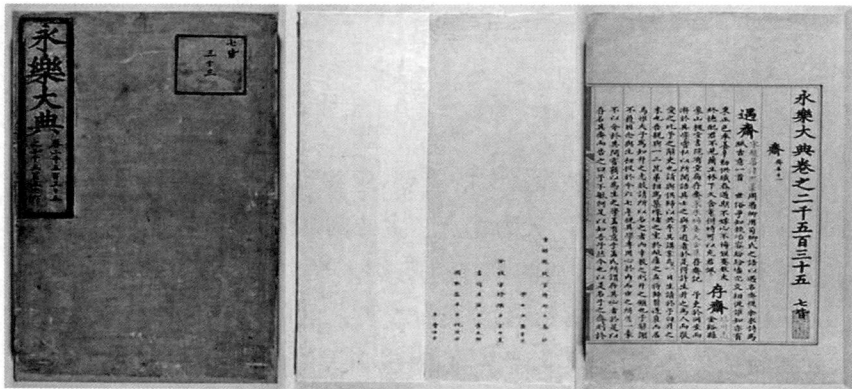

图2-2 《永乐大典》残卷

第一节 《文献大成》的尝试

古代王朝常为皇帝专门编撰类书,提供治国理政的参考资料和撰写文诰的文辞典故。唐朝有虞世南编的《北堂书钞》,欧阳询等编的《艺文类聚》,徐坚编的《初学记》,白居易编的《白氏六帖》等。宋朝有李昉等编的《太平御览》《太平广记》,王钦若等编的《册府元龟》,王应麟等编的《玉海》等。

明初,洪武帝阅读的类书是阴时夫编的《韵府群玉》和刘向编的《说苑》。解缙在奏疏中对洪武帝说,这两部书都有缺点:《说苑》有部分材料不实,"溺于妄诞,所取不经";《韵府群玉》则有点庞杂,"钞辑秽芜,略无可采"。他向皇帝建议,"集一二志士儒英",另编一部类书,并表示自己愿意参加这项工作,"执笔随其后"。洪武帝很赞成,但是终洪武之世,一直没有实施。

永乐帝登基后的第一年，就决定要编一部大型类书。历史学界常分析永乐帝的动机，认为他是因为抢了侄子的皇位，社会上不无非议，便想把儒士们集中起来编书，以正视听。《春明梦余录》载："靖难之余，不平之气，遍于海宇，文皇帝借文墨以销块垒，此实系当日本意。"①这可能是原因之一。当年，负责其事的有解缙、胡广、杨士奇等人，一共调集了147人。永乐帝交代他们称：

> 天下古今事物，散载诸书，篇帙浩繁，不易检阅。朕意欲采各书所载事物类聚之，而统之以韵，以便考索。尝观《韵府》《回溪》二书，事虽有统，而采摭不广，记载太略。尔等其如朕意，凡书契以来，经史子集百家之书，至于天文、地理、阴阳、医卜、僧道、技艺之言，编辑为一书，毋厌浩繁。②

解缙等只用了一年多时间，就把书编成了，献给永乐帝，永乐帝赐书名为《文献大成》。但他看了之后不满意，认为太简单，"所纂尚多未备"，决定重新组织力量编修，所以编成的《文献大成》没有刊刻成书。

《文献大成》虽然没有刊印成书，但可以说是一次有益的尝试，为后来编《永乐大典》积累了经验。

第二节　编纂人员构成

永乐三年(1405)初，姚广孝等人奉命重新纂修类书，地点设在文渊阁附近。主要负责人和机构设置如下：

监修（最高负责人）　3人

姚广孝　长洲人，14岁出家为僧，僧名道衍。永乐称帝，姚广孝"论功以为第一"，授太子少师、资善大夫。他曾负责重修《太祖实录》，主持编《永乐大典》时已经71岁。

---

① ［清］孙承泽：《春明梦余录》，北京：北京出版社，2018年。
② ［清］黄虞稷：《千顷堂书目》卷十五。

解缙　字大绅,江西吉水人,洪武二十一年(1388)进士,翰林学士、侍读,热衷编纂类书。他曾参与编修《太祖实录》《列女传》等书。《永乐大典》的凡例是他制订的。

郑赐　字彦嘉,建宁人,洪武十八年(1385)进士,历任监察御史、工部尚书、礼部尚书等要职。

副监修　3 人

刘季篪　名韶,余姚人,洪武中进士,曾出使朝鲜,擢陕西参政,有政绩。建文时任刑部侍郎,后又任翰林院编纂、工部主事。

梁潜　字用之,泰和人,洪武末举乡试,授四川苍溪训导,与修《太祖实录》,书成后授翰林院修撰,兼右春坊、右赞善,代郑赐总裁《永乐大典》。

李至刚　名钢,以字行,松江华亭人,洪武二十一年(1388)举明经,选侍懿文太子,授礼部郎中。成祖即位后任右通政,与修《太祖实录》,进礼部尚书,兼左春坊大学士,直东宫讲筵,与解缙先后进讲。

都总裁　1 人

陈济　武进人,布衣。在众多总裁和副总裁中,都总裁只有一人。陈济学识渊博,过目成诵,"尽通经史百家之言"。修《大典》之初,"及太学儒生数千人,翻秘库书数百万卷,浩无端倪。济与少师姚广孝等数人,发凡起例,区分钩考,秩然有法。执笔者有所疑,辄就济质问,应口辨析无滞"。[①] 书编成后,皇帝把他留下来,"凡稽古纂集之事,悉以属济",还要他教导 5 位皇孙。

总裁、副总裁　若干人

总裁有王景、王达、胡俨、杨溥等。

副总裁负责一个方面的编辑工作实务。

书经类副总裁林环。

诗经类副总裁王彦文,著有《诗经旁通》。

三礼类副总裁高得旸,他"分掌三礼,编摩有方"。

医经类副总裁蒋用文、赵友同,他们都是太医院御医。

释教类副总裁释道联,是有名的高僧。

---

① [清]张廷玉等编:《明史》卷一百五十二,北京:中华书局,1995 年。

此外，还有纂修、编写、催纂、缮录、圈点等人员。

当时曾在全国征集人才，由地方政府推荐上来的人，有熟悉地方文学的李昌祺，精通六书的滕用亨，精通阴阳之术的裴仕杰，精通星历数学的薛富，精通医术的沈永、江奚修，熟知释典的高僧释壁庵、惟寅等，还聘请了一批画师。当时称"天下文艺之英，济济乎咸集于京师"。

据孙承泽《春明梦余录》记载，工作人员共有两千一百多人。"正总裁三人，副总裁二十五人，纂修三百四十七人，催纂五人，编写三百三十二人，看详五十七人，誊写一千三百八十一人，续送教授十人，办事官吏二十人，凡二千一百八十人。"①

为了保证工作顺利进行，明成祖下令，编写人员可以查阅皇室所有的资料，"尽禁中之书"。编写人员住宿在文渊阁不远的崇里坊，光禄寺负责伙食，"朝暮酒馔果茗"，发给"膏火之费"，还免去朝谒等事，好让他们专心编制图书。②

第三节　成书过程评述

一、搜集图书

优秀的类书有三个要素：一是原始文献要宏富丰赡，二是分类要缜密齐备，三是检索要方便合理。三个要素中尤以原始资料的丰赡最为重要。

编纂《永乐大典》所据的原始资料是明朝文渊阁的藏书。明初时，文渊阁地点在城东鸡鸣寺附近，藏书甚丰。永乐十九年（1421）迁都北京，藏书都搬到北京，约两万"部"。皇帝曾命翰林院编修兼华盖殿大学士杨士奇编藏书目录，正统六年（1441）编成，名《文渊阁书目》。这本书目有点特别，各种书没有作者名字，没有卷数，一种书如有若干复本，就记作若干条。例如，《资治通鉴》藏有复本15部，就著录15条，《华夷译语》藏

---

① ［清］孙承泽：《春明梦余录》卷十二，北京：北京出版社，2018年，第155页。
② 张忱石：《永乐大典史话》，北京：中华书局，1986年。

有复本 6 部,就著录 6 条。所以,虽然号称藏书两万"部",去除重复后实际只有图书 7 200"种"。这 7 200 种图书便是编纂《永乐大典》的原始依据。唐朝的类书《艺文类聚》所据图书是 1 431 种,宋朝的类书《太平御览》所据图书是 1 690 种,《永乐大典》所据原始图书种数是前代的四五倍。

这里需要说明一点,《文渊阁书目》虽是正统年间编成的,但这些图书在永乐年间编《大典》时就已入藏并使用。

除了文渊阁的图书全部向编写人员开放,永乐帝还不断派人四处求书。永乐初,曾派苏敬叔等人分赴全国各地采购图书。编写工作开始时,永乐帝询问郑赐和解缙图书是否够用。解缙回答说,经史两个部分已经齐备,子部还缺得多。永乐帝指示说,一般读书人只要有点余钱,就要买书,何况朝廷呢;买书不要计较钱,该买的书都要买下来。一次,修撰人员柴钦提到,他曾看到他的老师赵㧑谦有一部《声音文字通》,罕见有用,应收录《大典》,永乐帝就派人到浙江余姚赵家把书取来。

《永乐大典》最终所据的原始图书有七八千种之多,加上这部类书采取全书全录的编次体例,保存了大量典籍原貌,这成为《大典》最突出也是最有价值的特点。

二、发凡起例

《永乐大典》的编纂体例是由解缙制订的,这是整个编纂工作的依据。凡例共 21 条,详细说明了《大典》的收录范围、编次体例、音韵训释、选用字体等方面的规定。

凡例的第一条提出了《大典》的基本体例,即"用韵以统字,用字以系事"。用的韵是洪武韵,每一韵下面有若干单字,每个单字先详注这个字的音韵、训释、书体,再把和这个字有关的天文、地理、人事、名物、诗文、专著等依次收载。所收的内容,有的是一节一段,有的是一篇,有的是整本书都收进去,一字不漏,一字不改。下面以"梧"字为例:

"梧"字在诗韵中属"六模"。在《永乐大典》中,"梧"字占 7 卷篇幅,即卷 2337 至 2344。

首先对"梧"字作音、形、义的解释:先注读音,再列出篆、真、草的写法。再下面有一段"总叙",解释"梧"字的本义是一种树木。以上这些都属于"小学"的范畴。

其次,列举含有"梧"字的词语,共 16 个:帝梧、槁梧、惠子据梧、成王剪梧、曰掬杵梧、教邻伐梧、瓦罂置梧、鹊巢省梧、霜早凋梧、齐宫大梧、凤栖梧(词调名)、由梧、童梧、彊梧、魁梧、枝梧。

再其次是有关"梧"字的诗文,共收入文 1 篇、诗 11 首。

接着用大量篇幅录入《梧州府志》的全文,约占 7 卷篇幅,卷 2337 至 2344。

最后,列举"梧"的同音字 29 个,除牾、鼯、焐三字为人们所知以外,大多是冷僻字,如俉、娪等。

以上就是《永乐大典》"梧"字这一条的全部内容。

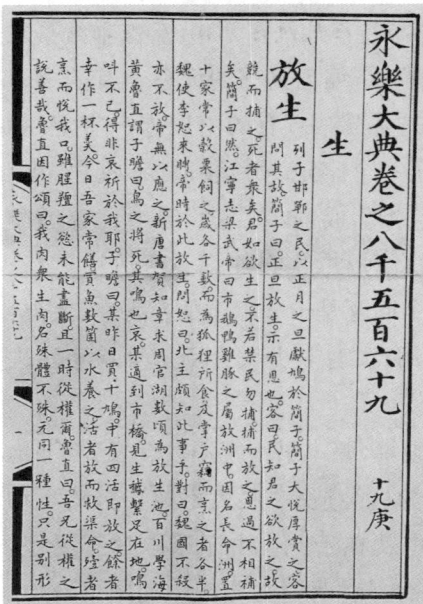

图 2-3 《永乐大典》内页　　　　　图 2-4 《永乐大典》内页

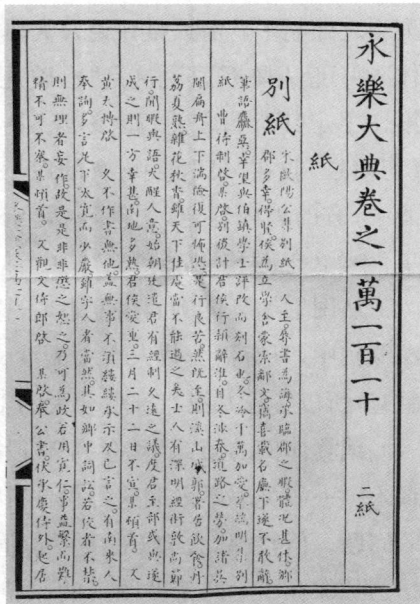

《永乐大典》的体例有两个特点:一是检索的第一层次采取"用韵以统字,用字以系事"的办法;二是把整篇、整本书一字不漏、一字不改地作为解释引用。该如何评价这两个特点呢?

关于第一个特点，《永乐大典》采取"用韵以统字"作为检索的第一层次，这个体例并不好，有许多窒碍难通之处。因为《大典》所用的韵是《洪武正韵》中的韵，而《洪武正韵》是以朱元璋老家的语音为准的，即所谓的"南方音"，与长久以来通用的"中原雅韵"不同。这样，使用者如果要查《大典》，首先就要熟悉南方音才行。《洪武正韵》虽然以皇帝的名义颁行，但一般文人是不用的，只是"面从"而已，明中叶时实际上已经被淘汰了。由此，检索的第一步就遇到了困难。

使用《大典》的人如果要查一个词条，究竟以哪一个"字"（关键字）为准，难以确定。在解缙所订的凡例中有些解释，举例说明"收录归类"的办法。他举例说：《大学》收在"学"中；《法华经》收在"华"中；《伤寒论》收在"寒"中；《鹦鹉赋》收在"赋"中；《上皇帝万言书》收在"书"中。

显然，这并没有统一的标准。所以，在《大典》全卷中，收入条目归类失当之处颇多。清人批评说，《大典》"与卷首凡例多不相应，殊乖编纂之体"。① 近人陈登原说这是"自破凡例"，是编工具书的大忌。有的书以第一字定其所属之韵，如《易经》收在"易"韵中；有的书以末一字定，如《窃愤录》收在"录"韵中；有的以中间一个字定，如《灌顶经》收在"顶"韵中；有的以内容定，如佛经《梵纲经菩萨戒》收在"律"韵中；《韩昌黎集》中的《毛颖传》收在"笔"韵中。凡此种种，实在使人无所适从。

从图书编纂体例的角度来说，这个问题是十分严重的。好在《大典》深藏宫中，只有极少数人会去阅读使用，没有多少人会用这个检字法去翻查，所以实际并没有产生多大的不便。

编纂体例的第二个特点是整段、整篇、整本书一字不改、一字不漏地录入。一般类书不采取这种做法，因为这会造成"尾大不掉"、繁略不均的问题。但整部《大典》的主要价值也就在于此。由于采取这个做法，《大典》保存了七八千种图书的原貌，而当时明朝文渊阁中的图书，也才只有这七八千种。清朝编的《四库全书》收录图书总数也只有 3 500 多种。所以，有一些文献学家认为，《永乐大典》并不是一部单纯的类书，而是一部"丛书式的类书"，成为"辑佚之渊薮"。出版史上肯定《大典》的价

---

① ［清］永瑢等编：《四库全书总目提要》卷一三七，上海：商务印书馆，1933 年。

值，主要原因恐怕也在于此。

三、缮写成书

《永乐大典》在永乐五年（1407）完成，永乐七年（1409）誊写完毕，保存在南京文渊阁，这是"永乐誊正本"。至于原稿，是否保存，保存在何处，情况不详。

关于全书的篇幅，有许多种说法：

1. 永乐帝御制序称："总二万二千九百三十七卷。"

2.《明实录》作："二万二千二百一十一卷。"

3.《春明梦余录》作："二万二千二百十一卷。"

4.《四库全书总目》作："二万二千八百七十七卷，目录六十卷。"

其他一些文献上还有不同的说法。在各家之言中，最少的是二万二千二百一十一卷，最多的是二万二千九百三十七卷。此外，《中国大百科全书》中还有全书"三亿七千万字"的说法，但这一数字不知何据，大概是从古籍图书每卷约 1.5 万字推算出来的。

永乐帝为这部书写了序文，文字不长，节略录于下：

> 朕嗣承基，励思缵述，尚惟有大混一之时，必有一统之制作，所以齐政治而同风俗。序百王之传，总历代之典，世远祀绵，简编繁夥，恒慨其难一。至于考一字之微，泛览莫周；求一物之实，穷力莫究，譬之淘金于沙，探珠于海，夏夏乎其不易得也。乃命文学之臣，纂集四库之书；及购天下遗籍，上自古初，迄于当世，旁搜博采，汇聚群分，著为奥典。以为气者，天地之始也，有气斯有声，有声斯有字；故用韵以统字，用字以系事，揭其纲而目毕张，振其始而末具举。包括宇宙之广大，统会古今之异同，巨细精粗，粲然明备。其余杂家之言，亦皆得以附见。盖网罗无遗，以存考索。使观者因韵以求字，因字以考事，自源徂流，如射中鹄，开卷而无所隐。始于元年之秋，而成于五年之冬，总二万二千九百三十七卷，名之曰《永乐大典》。①

永乐十九年（1421）迁都北京，《大典》的誊正本也运到北京，保存在皇宫的文楼。据传嘉靖帝每天要看三卷，嘉靖三十六年（1557），宫中失

① 郭伯恭：《永乐大典考》，北京：商务印书馆，1962 年，第 11 页。

火,嘉靖帝一夜下四道命令抢救,结果保全无损。由此,皇帝产生了重抄一份的想法。嘉靖四十一年(1562)开始重抄工作。

重抄两万多卷书是一个很大的工程,皇帝命礼部高拱、瞿景淳为总校官,由吏部和礼部用糊名考试的办法招聘了 109 人。还调配了砑光匠、纸匠,由顺天府供应笔墨、砚台、水罐,内监惜薪司供应木炭取暖,光禄寺负责酒饭,翰林院支付月米,还配备了警卫人员。订立了严格的制度和定额,规定每人每天抄 3 页(每页 30 行,每行 28 字),即每天抄写定额 2 520 字。从嘉靖四十一年(1562)开始,到隆庆元年(1567)四月完成,字体版式都依原样。

这次重抄,抄写人员的姓名、职衔都记在书末,所以很容易辨认。

由此,《永乐大典》共有三个版本:1. 原稿本;2. 永乐誉正本;3. 嘉靖重抄本。据《四库全书总目》和《明实录》记载,嘉靖重抄本有两部,但此说未被证实。

《永乐大典》编成后没有刊刻。万历年间,国子监祭酒陆可敬曾上《刻书疏》建议由各省分刻,万历帝表示同意,但没有施行。崇祯二年(1629)五月朔,发生日食,时刻和预测不符。这时,崇祯帝想起《大典》中有"日食"卷,便命抽印这一卷,这是《大典》唯一的刊本,事见《崇祯遗事》一书的"二年己巳条"。此外,《大典》的医药部分,嘉靖帝曾命人单独抄出过。

第四节　应用、流传和散佚

《永乐大典》的应用、流传和散佚,可以大体梳理出一个清楚的过程。从 1407 年成书迄今 600 多年时间,略述如下。

一、明代时的《永乐大典》

明朝时,《永乐大典》有三个版本:

1. 原稿本

即成书时的原稿。根据原稿誉清成正本后,这份原稿应该保存在南京某处,也可能并未保存。如果保存在南京某处的话,在明清易代时可能已经散亡。关于这份原稿,没有任何文献提到过。

2. 永乐誊正本

即永乐七年(1409)在南京的"誊清正本",永乐十九年(1421)迁都时运到了北京,藏在文楼。嘉靖重抄本问世之前,明朝历代皇帝阅读的就是这个版本,嘉靖皇帝"日阅三卷"的也是这个版本。后来,嘉靖四十一年(1562)到隆庆元年(1567),重新抄了一份,这个"正本"搬到了文渊阁,之后如何就没有再被提及。有的材料上说这个版本被"运回南京",不知此说何据。近年,有人猜测"藏在北京某处的夹墙中",又有人猜测"嘉靖帝把这部书做了殉葬品",但这些只是好事者的臆测,没有任何根据。一般认为是在李自成进京或清人入关时散佚的。

3. 嘉靖重抄本

嘉靖重抄本每一册书的末页,都有抄书人的署名,容易辨认。如卷8570十九庚"生"部的署名如下:

重录总校官　侍郎　臣　高　拱
　　　　　　学士　臣　胡正蒙
分校官　洗马　臣　林　圹
写书官　中书舍人　臣　李　凤
圈　点　监生　臣　陈于廷
　　　　　臣　姚　灿①

重抄工作刚完成时,正本放在文渊阁,重抄本放在皇史宬。明后期皇帝们看的,应该就是这个版本。现在所有发现的、收集到的也是这个版本。

在明朝统治期间,《永乐大典》一直是保存完整的,而编《大典》时所据的文渊阁藏书的命运却不一样。文渊阁的藏书在永乐迁都时运到了北京,正统六年(1441)时还保存完好。164年后,即万历三十三年(1605)时,万历帝命大理寺左寺副孙能传编《文渊阁书目》的续编《内阁藏书目录》,一一对勘,发现编《永乐大典》时所据的七千多种图书,已经

———————————
① 《海外新发现永乐大典十七卷》,上海:上海辞书出版社,2003年,第239页。

"十不存一"了①。近十分之九的原据书则已经不存,幸亏有《永乐大典》全文录入的体例,才得以部分保存,这也说明了类书在保存文献上的特殊作用。

二、清朝时的《永乐大典》

清人入关进京时,《永乐大典》只有一份"嘉靖重抄本",藏在皇史宬。康熙年间,徐乾学、高士奇发现皇史宬中有这部书,但有点缺失,未引起重视。雍正年间,书移到翰林院。乾隆年间,修《四库全书》,安徽学政朱筠建议从《永乐大典》中辑书,乾隆皇帝同意这个建议,组织人清点,发现少了一千多册(2 422 卷),缺数约占全书的十分之一。最后从中辑出385 种书,收入《四库全书》。计有:经部六十六种;史部四十一种;子部一百零三种;集部一百七十五种;共四千九百四十六卷。②

虽然这个数字十分可观,但从《永乐大典》收录图书七八千种的总数来看,并不太多。这是因为,当年乾隆皇帝对于从《永乐大典》中辑书的做法心存芥蒂。他规定,从《大典》辑出的书,要由皇帝钦定才可收入,文臣们不得不慎之又慎了。

《四库全书》编成之后,文臣们认为这一大堆剩下的书没多大用处了,"精华已采,糟粕可捐",便束之高阁,不再管理。于是,一方面,有识之士继续从中辑出图书;另一方面,这批书以可怕的速度流失。有些官吏趁机偷窃,早晨进馆时带一件棉袍,打成包袱,晚上离开时穿上棉袍,包袱里包两本《大典》带出去。据说仅文廷式偷出的就有一百多本,都是属于仄声韵的书。光绪元年(1875)重修翰林院时清点,剩余不到 5 000册,次年只剩下 3 000 册。光绪二十年(1894)六月,翁同龢入翰林院检点,只剩 800 本,真是"黄台之瓜,一再而摘"。

同时,文人辑佚工作也在积极进行:

钱大昕抄出《宋中兴学士院题名》1 卷;

徐星伯抄出《中兴礼书》150 卷、《宋会要》500 卷、(元)《河南志》5卷、《伪齐录》1 卷、《秘书省续编到四库阙书目》2 卷、《续礼书》、《大元马

---

① [明]孙能传等编:《内阁藏书目录》,北京:文物出版社,1992 年。

② [清]永瑢等编:《四库全书总目提要》卷一三七。

政记》等；

赵怀玉辑出苏过《斜川集》；

辛启恭辑出《稼轩诗文集》；

胡敬抄出施锷《临安志》16卷、《大元海运记》1卷；

孙尔准抄出仇远《山村词》；

文廷式辑出《中兴政要》《元诗纪事》《元代画塑记》《大元仓库记》《大元官制杂记》；

缪荃孙抄出《十三处中兴战功录》、《中兴行在杂买务杂卖场提辖官题名》1卷、《中兴东宫官寮题名》1卷、《宋中兴三公年表》、《曾公遗录》、《苏颖滨年表》、《顺天志》、《泸州志》、《国朝百录诸书》、《奉天志》、(嘉泰)《吴兴志》、(宋元)《镇江志》；

邵晋涵辑出《九国志》等。①

鸦片战争之后，帝国主义的侵略加速了《永乐大典》的散佚。1900年八国联军侵华，存放《大典》的敬一亭被毁，侵略者用《大典》代砖，支垫军用物资。太师刘葆真在灰烬中拾到过几本，侵略者还用十两银子一本的价格收购了一批。经营一代的《永乐大典》就这样消亡了。

清末民初，故宫把残存的《大典》移交给京师图书馆保存，这时剩下的册数是64本。

学者们将从《永乐大典》辑出的图书编成书目，以下几种颇具代表性：清乾隆年间有四库全书馆臣王际华等撰《四库全书采辑书目》；清末有缪荃孙撰《永乐大典考》；1929年有赵万里撰《永乐大典内辑出之佚书目》；1986年张忱石撰《永乐大典中辑

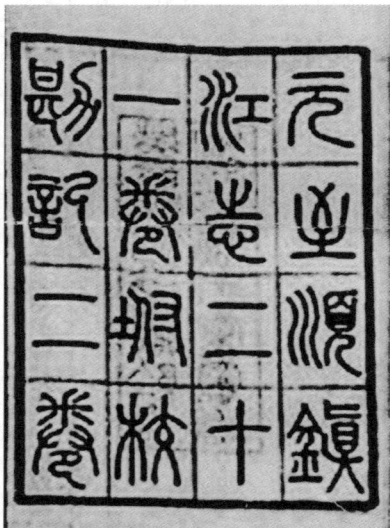

图 2-5　元至顺《镇江志》

---

① 袁同礼：《永乐大典考》，《学衡》1924年第26期。

出的佚书书目》收得最多，共著录 590 种、附录 44 种。但是就在这辑出的图书中，又有 120 种现在已经没有传本，也就是再一次散佚了。这说明纸质图书的生态是比较脆弱的。

三、《永乐大典》的重印

现在残存的《永乐大典》主要保存在国内的一些图书馆里，私人手里也有一些，国外的图书馆、博物馆里也有一些。国人苦心收集，到 20 世纪 80 年代末，共收集到约 800 卷，还不到原书体量的 4%。

20 世纪五六十年代，中华书局出版了存世《永乐大典》的影印本，计 730 卷。1985 年又续印 67 卷，合计 797 卷。几乎同时，台湾大化书局也出版了影印本，收有 754 卷。

进入 21 世纪后，陆续发现新的《永乐大典》残卷。2003 年，上海辞书出版社出版了《海外新发现永乐大典十七卷》，这 17 卷书发现自美国 2 卷、日本 2 卷、英国 5 卷、爱尔兰 8 卷。

近年，国家启动"中华再造善本工程"，决定用现代出版印刷技术再造善本图书，《永乐大典》也在其中。第一批收录中国国家图书馆、上海图书馆、四川大学博物馆所藏《永乐大典》共 163 册，按原书的规格影印出版，这是第一次按《永乐大典》的原样复制出版。

第三章　地方志的发展与兴盛

我国编修地方志的传统发端于先秦,到了宋元时期,渐趋于定型,体例样式日臻完备。明代是我国方志和方志学继承和发展的重要时期。江苏是明代的政治中心之一,又是经济和文化最发达的地区。方志编修无论是数量、种类,还是编写质量,都走在全国前列,代表了当时中国方志编修的最高水平。

明太祖定都应天府以后,社会渐趋安定,经济文化都有不同程度的发展。洪武三年(1370),朝廷就诏令编修《一统志》和府州县志书,永乐十年(1412)和永乐十六年(1418)又两次颁布《修志凡例》,促进全国修志发展。但是,由于全面修志的事业刚刚开始,进展不快,明前期洪武、永乐两朝,江苏修成的府州县志书只有 15 种,保存下来的仅 3 种。弘治、正德年间,进展也不大,处于酝酿蓄势的状态;一直到嘉靖、隆庆、万历年间,才出现了旺盛勃发的势头;天启、崇祯时达到了高潮。

明代江苏共修成志书 550 余种,其中包括通志《南畿志》在内的府州县综合志书 232 种,乡镇村志 21 种,专志、小志 300 余种。江苏所修府州县志约占明代全国 3 470 种地方志书的 6.7%,为全国第四。江苏明志部分已散佚,今存府州县志 100 种、通志 1 种、乡镇志 6 种,约占全国现存 1 014 种明代综合志书的 10.5%,仅次于浙江。[①] 江苏的府州县志在明代实现了"全覆盖",有一半以上的州县志为首次编修,有些建置千余年的古县填补了修志的空白。由于南京为明初首

---

① 巴兆祥:《方志学新论》,上海:学林出版社,2004 年,第 73—76 页。

都,江苏地处南直隶以及漕运、水利发达等方面的原因,江苏地区还出现了大量的都城志、官署志、漕运榷关志和水利志,体现出鲜明的时代特色和地域特点。

明代的方志思想和编辑方针,主要反映在志书的序跋、凡例以及条目前后的序言、论赞中,修志目的明确,强调方志的资政、存史、教化功能,并以此为己任。明志大多采用传统史书的纪传体、门目体、纲目体。全国方志界的"繁简之争",对江苏也有一定影响,尚繁型和尚简型志书都有一些,但大多切合地情,篇幅适中。

江苏的许多名宦和文人学者大多参与了修志,编修了一大批名志佳作,总结出丰富的方志理论,为江苏乃至全国的地方志事业作出了杰出贡献。了解和研究江苏明代地方志编修的经历和发展史,可以窥见江苏出版史之一斑,也可为当代修志事业提供借鉴。

第一节　官修志书的组织

一、明初期修志诏书

地方志作为全面记述一个地方自然、政治、经济、文化、社会的历史与现状的资料性文献,具有重要的资政、存史、教化作用,尤其对于统治者来说,地方志是其统治合法地位的象征,又是了解地情民情、辅佐为政的重要典籍,因而历来为统治者所重视。"上自最高统治者皇帝,中及一方封疆大臣,下至州县一级的主官佐贰,无不重视地方志书的编纂与运用。"[1]从东汉到隋唐两宋,都有皇帝下诏修志的事例。地方志是古代中央政府唯一命令地方必须编修的一种图书。国有史,方有志,是我国文化事业的传统。

明朝建立之初,朱元璋就曾下诏:"凡隶于职方者,咸应以其志上之,盖将纪远近、考古今、审沿革、校异同,以周知夫四方之政。"[2]洪武三年

---

① 诸葛计:《历代皇帝与方志》,《中国地方志》2010 年第 4 期。
② [明]姚涞:《明山先生存集》卷三,北京:书目文献出版社,1998 年。

（1370），诏令中书省："将天下城池、山川、地理、形胜，亦皆以成书，藏之内府，以垂永久。"又命儒士魏俊民、黄篪、刘俨、丁凤、郑思先、郑权等6人，从事《一统志》的编修。[1] 洪武十六年（1383）、十七年（1384），又要求将各处城池险要、土地人民等"绘图以进"。洪武二十七年（1394），诏命翰林儒臣刘基"以天下道里之数，编类为书"，于是编成了明代第一部交通总书《寰宇通衢书》。永乐十六年（1418）四月，明成祖"诏令天下郡、县、卫所，皆修志书"；六月，又诏"纂修天下郡县志书"，命礼部遣官遍诣郡县，博采事迹及旧志书。[2] 永乐十年（1412）、十六年（1418），还专门颁布《纂修志书凡例》，对志书中建置、沿革、分野、城池、山川、坊郭、镇市、土产、贡赋、风俗、户口、学校、军卫、郡县廨舍、寺院、祠庙、桥梁、古迹、宦迹、人物、仙释等内容的编纂，都做出具体规定，不能归入以上条目的重要史实，专辟"杂志"一目保存。当地反映"政教风俗，题咏山川"等有价值的诗文，也专辟一目收录，使志书得以保存人文史料。这是现存最早的关于地方志编纂的政府条令，由朝廷颁布修志凡例，对于州县编纂志书的兴盛和体例的完善，起到了积极的示范促进作用。明初期洪武、永乐两朝的修志诏书和凡例，都是在南京颁布的。永乐迁都之后，朝廷仍三令五申督促修志之事。

二、明初期的总志

明初，由朝廷编纂的或者由礼部编成的总志有《大明志书》《大明清类天文分野之书》《寰宇通衢书》《洪武京城图志》等。

《大明志书》

洪武三年（1370）编纂并于当年刻印的《大明志书》，凡12省、120府、108州、887县、3安抚司、1长官司，"东至海，南至琼崖，西至临洮，北到北平"，都在记载范围以内。其主要内容为"类编天下州郡地理形势，降附颠末"。[3] 这是明代编纂的第一部全国总志，可惜已佚，卷数也不详。

① 《明太祖实录》卷五七，台北："中研院史语所"校勘本，1962年。
② 《明太宗实录》卷二零一。
③ ［清］张廷玉等编：《明史》卷九十七。

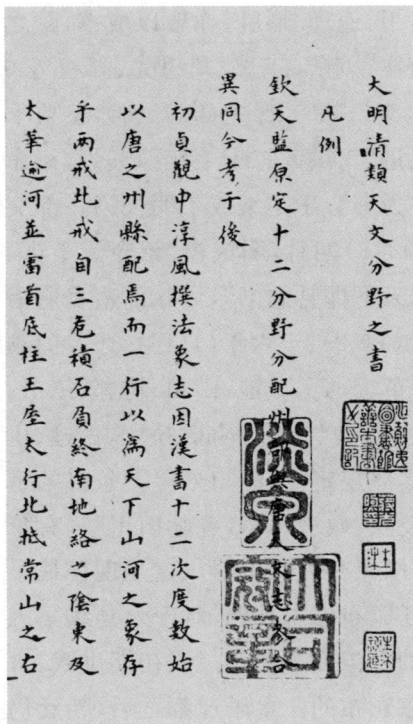

图3-1 《大明清类天文分野之书》

《大明清类天文分野之书》

洪武十七年（1384）编成的《大明清类天文分野之书》24卷，记郡县建置沿革，传世明刻本题刘基撰。"其书以十二分野星次分配天下郡县，于郡县之下，又详记古今建置之由。"①当时由南监刊印，曾颁赐秦、晋、燕、周、楚、齐六府。修《永乐大典》时诸府州县多引该书，可见此书专记沿革，是一部专志体的全国区域志。

《寰宇通衢书》

《寰宇通衢书》1卷，成书于洪武二十七年（1394），撰人不详。据郑晓《今言》介绍："书分八目。东距辽东都司，又自辽东东北至三万卫；西极四川松潘卫，又西南距云南金齿；南逾广东崖州，又东南至福建漳州府；北暨北平大宁卫，又西北至陕西、甘肃。为驿九百四十。浙江、福建、江西、广东之道各一；河南、陕西、山东、山西、北平、湖广、广西、云南之道各二；四川之道三。为驿七百六十六。凡天下道里，纵一万九百里，横一万一千七百五十里。四夷之驿不与焉。"②这是一部专记全国交通驿程的总志，传世有明初刻本。

明成祖在永乐十九年（1421）曾诏修《天下郡县志书》："特命儒臣大加修纂，必欲成书，贻谋子孙，以嘉惠天下后世。"③景泰年间，修成《寰宇通志》。天顺二年（1458）命李贤等为总裁，将永乐时编的《天下郡县志书》和景泰时编成的《寰宇通志》合成为《大明一统志》，天顺五年（1461）

---

① ［清］黄虞稷：《千顷堂书目》卷十三。
② ［明］郑晓：《今言》卷之一，北京：中华书局，1984年。
③ 《明太宗实录》卷一一零。

编成。成化四年（1468）《大明一统志》交由福建刊印，颁发天下。

《洪武京城图志》

明太祖敕礼部纂修，于洪武二十八年（1395）完成，共1卷，设宫阙、城门等13目，配有8幅插图。传世有明初刻本、弘治重刻本。

这些全国总志在编修前，往往要地方政府进呈有关资料，此举促成了地方志书的编修。当时，不少地方往往参照《大明一统志》的体例编修通志、府志和州志。明人莫旦在《（弘治）吴江志》序中说："昔《大明一统志》之纂也，朝廷先期遣使采天下事实。吴江县

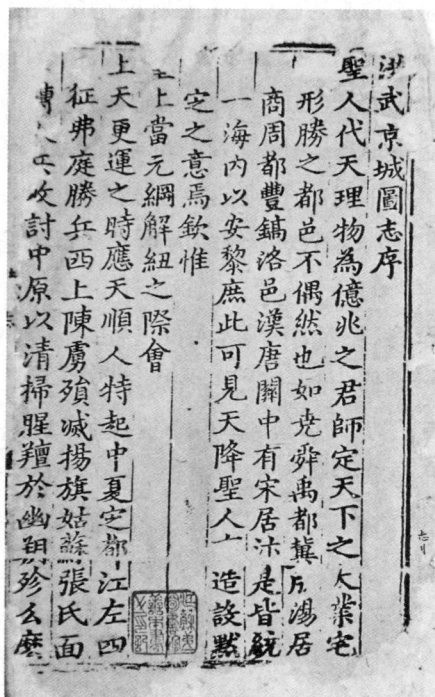

图3-2 《洪武京城图志》

奉文集耆儒开局于圣寿寺。……稿成上郡，郡又类总进于朝，……后旦二人又私相与议曰：'奉文纂修者，乃天下之书，其法当略。至一邑之中，亦自有书，其纪宜详。今略者就绪，而详者可遂已乎？'"[1]莫旦认为，为《大明一统志》提供材料应该是简略的，而地方的志书应当是详细的；在完成了供《大明一统志》用的简要材料之后，县里应该及时把详细的材料编刊成书。这类由上级编修志书而促成下级地方志书编修的事例，在明代方志的序跋里随处可见。

三、政府修志的机构及人员

隋唐之前，各地图经、地记的编修多为地方官、文人学士、当地士绅发动，完全由官方组织的很少，基本上属于私修。隋大业中，炀帝曾下令

---

① ［明］莫旦：《（弘治）吴江志》序，扬州：广陵书社，2017年。

修全国性总志《区宇图志》，这是中国官修方志的开端，后来各朝官修制度渐趋完善。宋徽宗大观元年（1107），为编修《九域志》，朝廷下令设置九域志局，这是国家设局修志的开始。明初承袭官修方志的做法，全国总志由中书省、翰林院及礼部组织编撰，府州县志的编修也遵循官修的制度。明中期，为保证《寰宇通志》和《大明一统志》的编修，设立了一统志馆。

地方志书的主修多为地方的最高官员，如知府、知县等；主纂多为地方学署的最高官员，如教谕、学正、训导等，或有名望的学者。其他还有收集资料、校对、刻印等人员，多由文教部门的官员或儒学的生员担任。

编修人员的数量，省志多达数十人，府州县志一般数人或十多人，也有二三十人参与的。如《（嘉靖）南畿志》辑志名氏有：通辑1人（提督学校监察御史闻人诠）、编辑1人（行太仆寺卿陈沂）、分辑6人（府学教授、县学教谕）、各府州分纂22人（府和州的同知、通判、推官、县丞、教授、训导等）、校对2人（府学教授）、监梓2人（上元县知县、县丞）、管理供给2人（江宁县主簿、应天府阴阳学正），共36人。①

编修地方志的经费和刻印费用一般由政府负责，如《漕运通志》《皇明太学志》由国子监刊印，《（洪武）苏州府志》《姑苏志》、张国维《吴中水利全书》由苏州府署刊刻，《（正德）江宁县志》由江宁县署刊刻。经费拮据时，也有让地方政府分摊或由官员捐俸、士绅资助的做法，如《（正德）上元县志》，主修是知县白思齐，他在后序中说："虑其公帑空竭，刻梓资金无所出，遂倡同寅各捐俸薪以协赞乃成。"而上述《南畿志》的监梓、管理供给由南直隶所辖上元县、江宁县、应天府的官员负责，分明有"摊派"之意。

县志是县里最重要的典籍，历来为地方所重视，花费财力、物力也在所不惜，即使经济欠发达的地方，也要勉力而为。睢宁县地处苏北，南宋时黄河夺泗入淮，几乎年年成灾。万历十年（1582），山东日照人申其学任睢宁知县，时值黄水淹城，官署民舍荡然无存。崇祯十一年（1638），关西人高岐凤任睢宁知县，"值流寇焚毁之余，居民皆鸟兽散，存者不过数十余家。……时田野皆崔苇荒芜，一望苍苍……"②在这样的处境下，这

---

① 《南畿志》辑志名氏，南京：南京出版社，2017年。
② 《（崇祯）睢宁县志》高岐凤序。

两位知县都主持编修了县志,可惜均已散佚,但编修人员的名单有幸保存在后来的志书里。1994 年出版的《睢宁县志》里留下了这两份名单:

万历十四年《睢宁县志》修志人员名录

总裁:申其学(知县 日照)

纂修:黄廷勃(教谕 番禺)　刘尔庄(训导 中都)

校阅:李思庄(县丞 闽中)　纪世官(主簿 北直)　周耆(邑人)

仝粹(邑人)　丘九仞(邑人)　胡文习(典史)　仝林(庠生)

崇祯十五年《睢宁县志》修志人员名录

总裁:高岐凤(知县 关西)

纂修:胡至贞(教谕 新安)　吴希有(训导 濠梁)

参阅:周绳武(龙南知县 邑人)　胡效猷(高邮司训 邑人)

刘永庆(浮山知县 邑人)　王应中(乡魁 邑人)　周明远(贡士 邑人)　仝振奇(贡士 邑人)　魏梦熊(廪监)　王明元(廪监)

督刊:朱世隆(典史)　孙国桢　仝存奇　刘大受　王应坤

郭之屏　魏梦旸　朱廷献　胡系虞　王任久　朱凌云　张虎文

孙云朽　周世玺　李明辅　仝惟寅

邑耆民:魏应元　周应林　仝鼎新　胡腾鲤①

从以上两份名单可以看出,《睢宁县志》几次编修,都由知县担任主要负责人,主簿、县丞、教谕、训导等也参与其中。万历志参与者 10 人,崇祯志参与者增加到 31 人,一些在外地做官的"邑人"也参加了审阅的工作。

第二节　明代地方志书总览

编史修志是中华民族的文化传统。社会稍显安定,经济略有恢复,各级政府便要修志,历来有"盛世修志"的说法。明代江苏修志始于洪武朝,到明末,直至南明弘光政权时期(1644 年—1645 年)的 277 年中,江

---

① 睢宁县地方志编纂委员会编:《睢宁县志》附录,北京:中国社会科学出版社,1994 年,第786 页。

苏地区共修成通志 1 种、府州县志 231 种、乡镇村志 21 种、专志小志 300 余种。

一、区域志

明朝定都南京后,今江苏、上海、安徽等地属于京师,为中央的直辖区域。迁都北京后,南京改为南直隶。这一区域的志书,明代只编有一种,即嘉靖十三年(1534)所编的《南畿志》。这是"一部系统全面反映南直隶区域的志书,不仅代表明代方志的特点,而且在中国方志发展史上具有典型性"。①

《南畿志》64 卷,闻人诠修,陈沂纂。闻人诠,浙江余姚人,嘉靖五年(1526)进士,授宝应知县,主修《宝应县志略》,后迁南京提学御史。《南畿志》是闻人诠在任上所修。他聘请的陈沂是当时"金陵三俊"之一(另两人为顾璘、王韦)。闻人诠聚集郡县博学之士和郡学学生 30 多人,于贡院开局,以陈沂为总纂。该志分为两个部分:前 3 卷是总志,分都城图、南都纪、南畿地理图、畿土世代表、命官、户口田赋、水利、戎备等;后面 61 卷是分志,列 14 府、4 州,各府州又分沿革、区域、城社、建牧、学校、祠墓、古迹、宦迹、人物、列女、方外、艺文等 12 目。无论是总志还是郡县志,除地图外,每类前都有小序明其归类主旨,体例较为完备。该志记南京事较详,这是因为主编陈沂是一位对南京颇有研究的学者,他编纂过《金陵古今图考》《金陵世纪》《(正德)应天府志》《金陵名山志》《献花岩志》等书。

志中还将区域内的水利、戎备集中记述。凡例中提及"水利以重田赋,戎备以重邦土,非一郡一邑

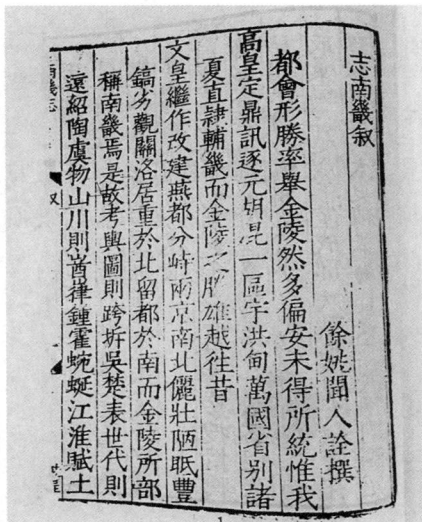

图 3-3 《南畿志》

---

① 张英聘:《明代南直隶方志研究》,北京:社会科学文献出版社,2005 年。

事也,故总志之"。① 这种不拘泥地域、分合有度的处理,是很有创见的。

二、府州县志

据文献记载,江苏在明代共编修府州县志 231 种,现存 100 种,散佚 100 余种。明末,江苏境内有 47 个县及散州,分属于 7 府 1 直隶州。② 到万历年间,每个府州县至少编印过一部地方志。最多的编修过十多种,如苏州府、昆山县、吴江县等。保存最多的有 5 种,如常州府、常熟县等。保存率最高的是宝应县,所修 3 种全部留存;江宁、兴化各修过 2 部县志,也全部流传。常州府、常熟县 6 修 5 存,保存率也很高。明代修过地方志但没有留存的有山阳县、沭阳县、睢宁县等,安东县有过 6 次编修县志的记载,但无一留存,这与当地处黄河水道,屡遭水淹,以及兵火焚劫有关。

另据巴兆祥先生统计,明代修地方志约 3 470 种,江苏 232 种,约占 6.7%,为全国第四位(前三位为浙江 348 种、河北 275 种、山东 273 种)。流传至今的明志有 1 014 种,约占明志总数的 29%。江苏现存明志 107 种,其中府州县志 100 种、通志 1 种、乡镇志 6 种,约占全国现存明志的 10.5%,存志量仅次于浙江 118 种。全国散佚的明志共 2 456 种,其中江苏散佚 125 种(府州县志 107 种、乡镇志 17 种、卫所志 1 种),约占全国明代佚志的 5%。江苏明代志书存佚情况大约是半存半佚,相对于全国存志 29%的比例,保存率还是比较高的。③

明代之前,一些县包括秦代设置的古县,一直没有编修过县志,但到了明代,这些"缺典"的县份都普遍编修出了第一部地方志。这些县和散州是:上元、江浦、江宁、高淳、丰县、沛县、邳县、睢宁、金坛、吴县、太仓、如皋、海门、赣榆、山阳、清河、沭阳、宿迁、安东、盐城、江都、兴化、宝应、靖江、泰兴、丹徒等,超过当时 47 个县及散州数的一半以上。这种补缺工作是很有价值的,可以说明代江苏的府州县志实现了"全覆盖"。

---

① 《南畿志》凡例,南京:南京出版社,2017 年。
② 江苏省地方志编纂委员会编:《江苏建置志》,南京:江苏人民出版社,2013 年。
③ 巴兆祥:《方志学新论》,上海:学林出版社,2004 年,第 73—76 页。

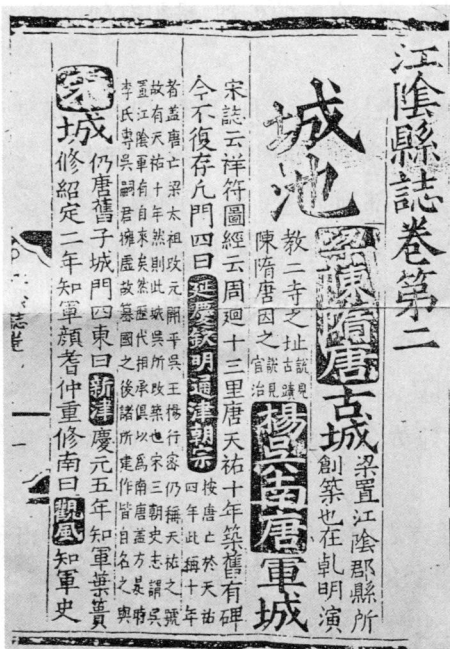

图 3-4　明正德《江阴县志》

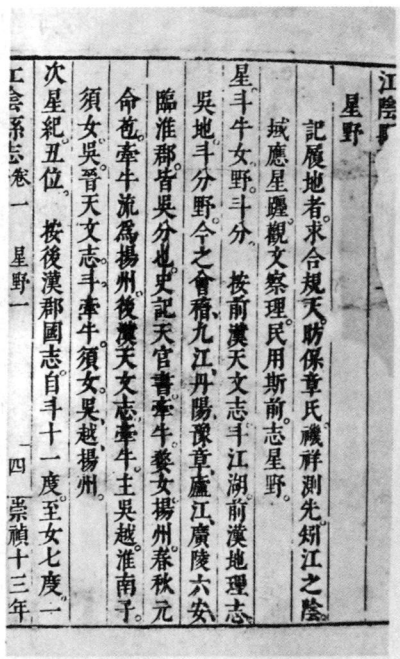

图 3-5　明崇祯《江阴县志》

　　明代有些皇帝在位时间较短，如建文、洪熙、泰昌等，没有编修方志的记载。在洪武、永乐年间，由于朝廷刚刚建立稳定，成志寥寥无几。到了弘治和万历年间，即明代的中后期，才进入修志的繁荣时期。弘治以后，江苏每年平均有一部志书编印出来，而在此之前，平均两年才有一部。有学者认为，这是因为地方修志条件尚未成熟。从洪武至天顺近 100 年间，尽管社会比较安定，经济逐渐繁荣，但思想文化还处于沉寂期，文风生气不盛。"地方志不是从未有过，或编而未成，或是成而未刊，或刊而散失。"①当时不少地方官员和士绅学者对此极不满意。弘治以后，经济发展，思想文化稍见活跃，大批方志在有识之士的重视和参与下开始编修，或创修，或增修，或补修。弘治、正德共 34 年，成志 39 部；嘉靖朝 45 年，成志 41 部；万历朝 48 年，成志 52 部；崇祯时明朝走向衰落，但在 17 年间仍有志书 16 部，构成明中后期修志高潮的余绪。

---

① 范金民：《明清时期江苏地方志编纂的三个高潮》，《江苏地方志》1989 年第 1 期。

表 3－1　明代江苏府州县方志编修一览表

	洪武	永乐	宣德	正统	景泰	天顺	成化	弘治	正德	嘉靖	隆庆	万历	天启	崇祯	年代不明	存/佚
应天府												●			○	1/2
上元县									○			●				1/1
江宁县									●			●				2/0
句容县								●		○		○				1/2
溧水县									○	○		●				1/2
溧阳县								●					○			1/3
高淳县									○	●		○				1/2
江浦县								○				●●		●		3/2
六合县		○					○	○	○	○		●	○			2/3
苏州府	●○								●	○●		●	○		○○○	4/8
吴县							○			○		●	○			2/1
长洲县								●	○	○	●	●		●	○○	2/3
昆山县	○		○				○	●		○					○○○○○	3/8
常熟县					○	○		●		●		●		●●		5/1
吴江县	●	○	○	○				●	●	●○		●		●		3/8
太仓州		●			○		○	○○●		○○		○		●	○	3/5
常州府	●	●					●		●	○		●				5/1
武进县						○		●	○			●				1/0
江阴县	○	○				○		●	○	●		●		●		3/5

续表

	洪武	永乐	宣德	正统	景泰	天顺	成化	弘治	正德	嘉靖	隆庆	万历	天启	崇祯	年代不明	存/佚
宜兴县				○					○	●		○●●				3/3
无锡县					○			●				●				2/1
靖江县		○							○	●		●		●		3/2
镇江府		○					○					●		○		1/3
丹徒县									●			●		○		2/1
丹阳县		○							○			●		○		1/3
金坛县							○		○		●					1/2
扬州府	○			○						○●		●●			○	3/4
江都县										○		●				1/1
仪征县		○							○	○	○	●		○		1/5
泰兴县									○	○		●				1/2
高邮州				○			○					●				1/2
宝应县											●	●		●		3/0
兴化县										●		●				2/0
泰州						●		○		●		○	○		○	2/4
如皋县							○			●○○		●		（弘光）●		3/3
通州		○			○		○	○	○	●	○	●		●		3/6
海门县								○		○		●				1/2
淮安府									●	○		●	●○	●		4/2
山阳县										○						0/1

地名	洪武	永乐	宣德	正统	景泰	天顺	成化	弘治	正德	嘉靖	隆庆	万历	天启	崇祯	年代不明	存/佚
盐城县												●○				1/1
桃源县										●						1/0
清河县							○									1/1
安东县	○						○						○		○○	0/6
沭阳县															○	0/1
海州										○	●	○	○			1/3
赣榆县														○		1/1
邳州										○○						1/1
宿迁县												●○				1/1
睢宁县												○				0/2
徐州府		○		●				●		●		●			○	4/3
丰县							○			●	●			○	○	1/3
沛县					○							●				2/1
凤阳府						○										2/1
泗州									○	●		●				2/1
盱眙县									●			●			○	2/2
总计	2/6	1/9	0/2	1/4	0/6	1/3	1/12	9/7	6/17	22/19	7/0	37/15	1/6	12/5（含弘光1）	0/20	100/131

图例说明:1. ●表示一种志书,存。

2. ○表示一种志书,佚。

3. 建文、洪熙、泰昌三朝因时间短,没有方志刊印,故未列入。

第三章 地方志的发展与盛兴

根据文献史料,笔者对明朝各期江苏各地修志情况进行了整理,绘制成《明代江苏府州县方志编修一览表》,见表3-1。

三、专志和小志

明代江苏除"郡邑莫不有志"外,还编印了大量的专志和小志,其数量约有310种之多。这在全国是仅见的,其原因是多方面的,一是受政治、经济、文化因素的影响。明初以后,政治、社会比较稳定,思想文化环境相对宽松,文禁较少,私撰史书之风盛行。江苏地区经济比较发达,市镇增加,市民和手工业者增多,出现了迈向近代化的趋势。二是由于江苏地区重要的政治文化地位。明初定都南京,迁都后江苏地区属南直隶,仍是"京畿",明代实行独特的"两京制",除北京外,南京也留有一套政府机构,不过人员少一点,实务少一点,官员们如同"闲职",有足够的时间编撰图书。三是江苏地区历来自然条件优越,物产丰饶,重教崇文,文化基础较好,人才辈出。据明朝人王世贞统计,到万历时,仅苏州一府,就有会元7人、状元6人、及第6人、入内阁7人、学士15人、馆

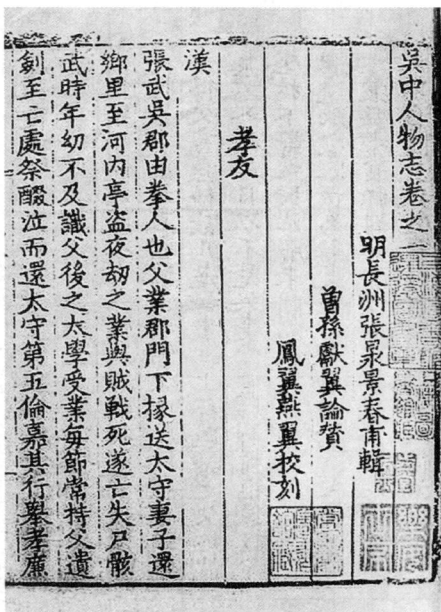

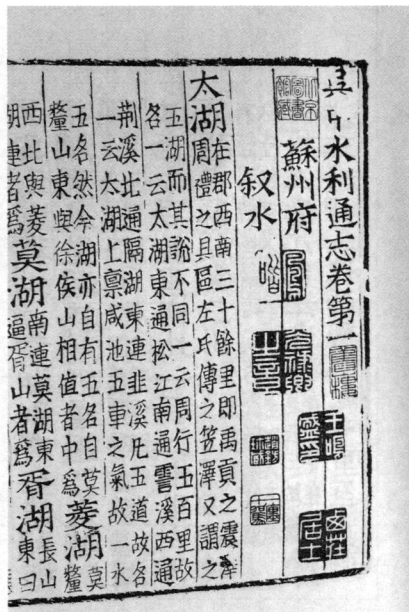

图3-6 《吴中人物志》   图3-7 《吴中水利通志》

阁8人。① 这些人在致仕后，往往既参与编写官修的方志，又随自己所好，编撰专志和小志。

专志

有些专志所记的是通常的内容，如专记当地人物的人物志、专记当地山川的山川志等。有些则专记当地特有、其他地方稀有的内容，如马政志、盐业志、漕运通志等。"专志"和"专著"接近，不过一个只记事实，一个在事实的基础上有议论和分析。

明代江苏的专志中，有不少是对江苏特有事物的记述。江苏境内有江河湖海，是江苏利益所倚，也是造成江苏灾荒的原因之一，因此，在专志中，水利方面的书较多，著录有40多种。例如《吴中水利书》28卷，作者张国维是南直隶"十府巡抚"，官衙在苏州，他跑遍江苏东南太湖各地，曾建造苏州九里石塘、平望内外塘、长洲至和塘、松江捍海堤，疏浚镇江、江阴漕渠，功勋卓著。所著《吴中水利书》列东南七府水利总图52幅，详述东南诸水的水源、水脉，以及有关的诏敕、奏章、议论、序记，并歌谣。《四库全书总目》称其"皆其阅历之言，与儒者纸上空谈固迥不侔矣"。

明代，北虏南倭，侵犯边境，兵燹之灾不断，江苏是抗倭前沿，有关的专志也不少。茅元仪编撰的《武备志》是一部突出的军事专志，他的目光不限于抗倭一事，而涉及军事的各个方面。《武备志》240卷，约200万字、图738幅，辑录了不少珍贵的史料，如郑和航海图、航海天文图等，采录

图 3-8 《武备志》

的图书达2 000余种，对之前的兵书几乎都有收录。茅元仪，浙江人，青年时代生活在南京。祖父茅坤文武双全，曾任南京兵部车驾司主事

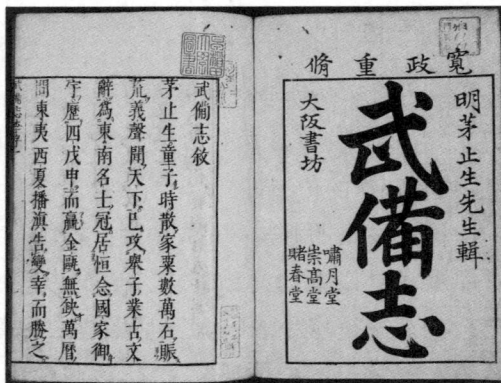

① [明]王世贞：《皇明盛事述》卷三，上海：上海古籍出版社，2017年。

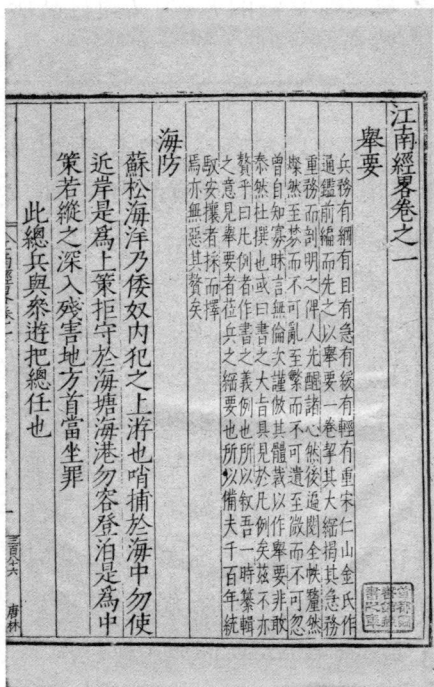

图3-9 《江南经略》

及胡宗宪幕僚，收藏大量与军事有关的档案资料，父亲茅国缙曾任南京工部都水司主事。茅元仪本人是南京国子监学生，饱读各种典籍，他用了3年时间编成了这部军事百科全书式的巨著。这部书在天启元年（1621）由南京蓬溪草堂刻成，清朝时曾被列为禁书，后来传入日本。

明代的军事专志还有郑若曾的《筹海图编》《江南经略》等。江苏有山水之美，名胜专志也不少，其他如记园林、榷关等各种内容，也是江苏所特有的。

小志

小志不是指书的篇幅少，而是指所记内容的范围小。小到一座山、一座塔，一所学校或书院、寺院、园子，一类特别的群体（翰林、流民）、一个村庄、一条巷子等。这类图书具体生动，可以以小见大，一斑窥豹，具有特殊的价值。

国家发出的修志要求，是对行省、府、州、县各级地方政府而言的，并不要求县以下的村镇修志。因此，修小志往往是个人行为，不是政府行为。主持修小志的大多是当地的宿者，所谓隐逸之士。小志的修纂者不受官志的种种规范束缚，因此在体例文风上往往有特别之处。

四、明代江苏乡镇志、专志、小志汇总

乡镇村志

《湖熟志》（2种） 《湖隐外史》 《半塘小志》 《同里志》 《同川集》 《横溪录》 《凤林备采》 《双凤里志》 《直塘志》 《屯村志》 《星溪志略》 《星溪杂志》 《西溪镇志》 《中十场志》 《塘丘纪略》 《晏溪志》 《间史》 《顾山镇纪》 《顾山形纪》 《开沙志》

都城志

《(洪武)京城图志》《留都见闻录》《金陵宫阙都邑图》《留都录》《金陵世纪》《金陵古迹图考》《帝里书》

山水志

《震泽编》《石湖志》《石湖志略》《石湖文略》《东海志》《虎丘山志》（2 种）《天平志》《寒山志》《三吴杂志》《灵岩山志》《吴中灵岩山志略》《灵岩纪略》《尧峰山志》（2 种）《阳山志》（3 种）《邓尉山志》《金山杂志》《吴山十二图记》《马鞍山志》（2 种，昆山）《南京名胜志》《金陵纪胜》（2 种）《金陵泉品》《金陵冬游纪略》《金陵杂志》《金陵名胜录》《金陵选胜》《金陵胜概》《金陵图说考》《金陵名山志》《金陵名山记》《栖霞小志》《牛首山志》（2 种）《献花岩志》《清凉山志》《燕子矶志》《大城山志》《摄山志》（2 种）《牛坞志》《雨花台志》《方山小志》《乌龙潭志》《金陵名园记》（2 种）《应天府名胜》《金陵图咏》《太

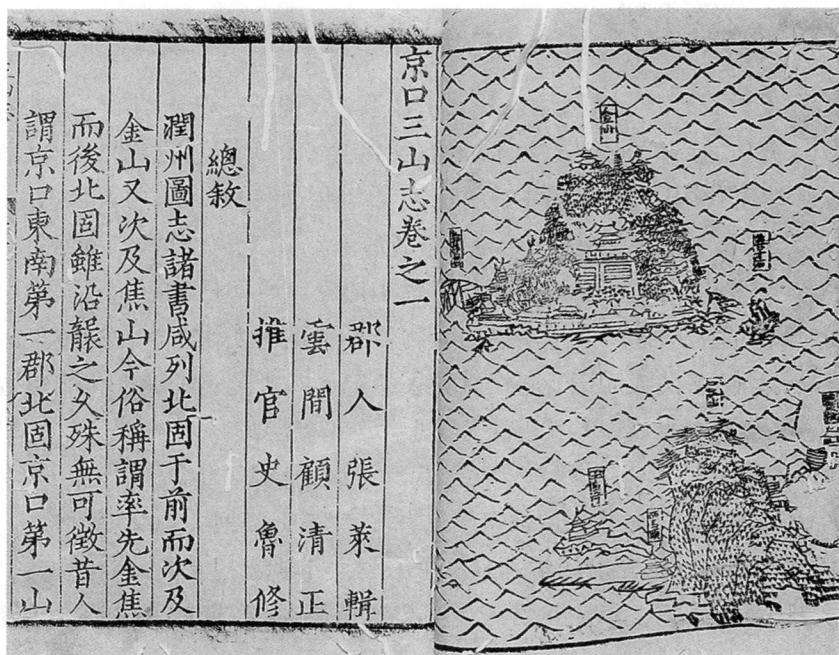

图 3-10 《京口三山志》

湖志》（2种）《慧山记》《锡山景物略》《愚公谷乘》《毗陵高山志》
《无锡山水志》《太湖泉志》《锡山志》《惠山志》《惠山名胜志》
《马迹山志》《维扬胜概录》《南徐胜概》《三山志》《京口三山志》
（4种）《焦山志》《重修金山志》《金山志》（2种）《润州焦山
志》《狼五山志》《云台山志》《云台山图》

　　水利志

　　《金陵诸水考》《吴中水利全书》《吴中水利录》《吴中水利书》
《吴中水利通志》《三吴水利录》《三吴水利考》（2种）《三吴水
考》《三吴水利图考》《三吴水政录》《三吴水利稿》《三吴水利总
论》《三吴水利全书》《三吴水利论》《东吴水利书》《东吴水利考》
《全吴水略》《苏松治水志》《吴浙水政图志》《三江水学》《三江水
学或问》《江南治水记》《苏州水利圩图》《水利图考（苏州）》《常
熟水利全书》《常熟县水论》《吴江水利考》《南河志》《淮南水利
考》《徐州洪志》《吕梁洪志》《常州水利图》《水利策略》《水利
纲领》《兴革水利事宜》

　　人物志

　　《翰林记》《金陵人物志》《东林志》《惟扬正祀录》《惟扬人物
志》《功臣庙壁图》《人物志补遗（无锡县）》《帝王庙总图》《吴郡
法乘》《吴中氏族》《吴中往哲记》《续补往哲记》《吴中人物志》
《东吴名贤录》《吴先贤传》《吴下名贤录》《续吴先贤赞》《苏材小
纂》《（成化）苏材小纂》《姑苏名贤小记》《吴郡丹青记》《震泽纪
闻》《同里先哲志》《皇明昆山人物传》《昆山人物略》《毗陵人品
记》《增修毗陵人品记》《续毗陵人品记》《毗陵正学编》《毗陵栖
逸志》《溧水人物记》《镇江人物志》

　　儒学志

　　《南雍志》（3种）《留都武学志》《京学志》（2种）《皇明太学志》
《辟雍纪事》《苏州府儒学志》（2种）《吴郡学志》《苏州府学志》
《吴郡二科志》《长洲学志》《常熟县儒学志》《虞山书院
志》《二泉书院志》《碧山吟社志（无锡）》

文献志

《淮郡文献志》《吴郡文粹》《太仓文略》《太仓文献》《皇明常
熟文献志》《常熟文献》《长洲县艺文志》《吴中艺文志》《三吴文
献志》《江阴文献录》

金石志

《吴中金石志》《吴郡金石目》《吴中世家碑志》《吴中金石
新编》

风俗掌故志

《南京录》《古金陵编》《旧京遗事》《建康古今记》《建康风俗
记》《金陵杂记》《南都野记》《金陵琐事》(3 种) 《吴社编》《吴
风录》《吴中故语》《苏谈》《苏州识略》《吴中故事拾遗》《续吴
录》《昆山杂咏》《延陵通纪》《中吴志余》《惠山古今考》《荆溪
杂录》《梁溪杂事》

官署志

《南京翰院志》《南京户部志》(2 种) 《南京刑部志》(2 种) 《南
京礼部志》《南京工部志》(2 种) 《南京吏部志》(2 种) 《南京兵部
志》《南枢志》《南京都察院志》《南京大理寺志》(3 种) 《南京太

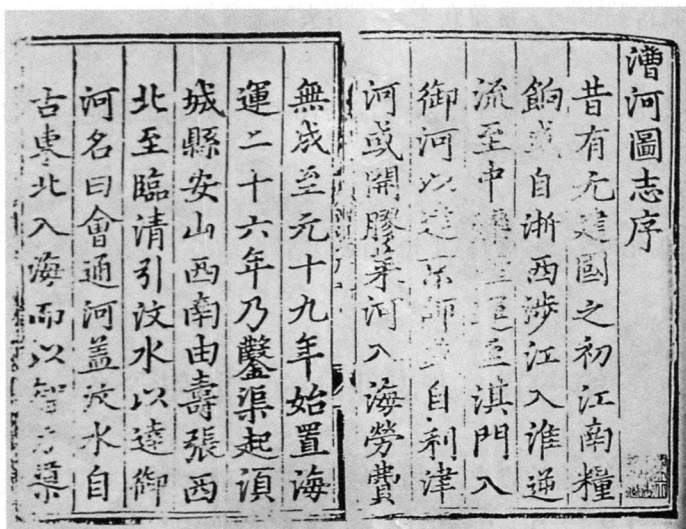

图 3 - 11 《漕河图志》

常寺志》《南京鸿胪寺志》《南京钦天监志》《南京太仆寺志》《南京尚天司志》《南京通政司志》《南京行人司志》《南京光禄寺志》《文庙礼乐志》《南京上林苑志》《南京锦衣卫志》《南京詹事府志》(2 种)《南京王城察院职掌志》《留铨志余》《旧京词林志》《留枢参赞考》《后湖志》(2 种)《龙江船厂志》《南船纪》《重修清江船厂志》《南京工部砖厂志》《仪瓜工部分司志》《船政志》《船政新书》《马政志》《盐政志》《两淮盐法志》(2 种)《工部器皿志》

寺院志

《万历金陵梵刹志》《万历金陵玄观志》《金陵名祠志》《金陵道观志》《天界寺志》《灵谷寺志》(2 种)《栖霞寺志》(3 种)《祁泽寺志》《方山香茅寺志》《禹门寺志》《梵刹志(无锡)》《祠堂考(无锡)》《南水仙庙志(无锡)》《善权寺古今录》《鹤林寺志》《邓尉山圣恩寺志》《常熟破山兴福寺志》《诸寺奇物记》《夹山竹林寺志》《乾元万寿宫志》《昆山城隍庙志》

漕运榷关志

《漕运通志》《漕河一见》《漕河图志》《漕船志》《两淮运司》《济漕志补略》《南关志》《浒墅关志》(3 种)《维扬关志》《淮关志》《北新关志》《常盈仓志》《沽头闸志》

军事志

《武备志》《江南经略》《江防图考》《江防信地》《江防考》《海防图说》《筹海图编》

墓冢志

《祖陵纪略》《(嘉靖)重辑祖陵纪略》

第三节　方志理论的发展和完善

明代江苏丰富的修志实践产生了相应的理论成果。明人的方志理论并没有专门的著作,大多体现在上级官员或编修者撰写的志书的序跋、凡例中。不同的指导思想和编辑方针,形成不同的类型和流派。虽然当时和后世的论者对明志的评价褒贬不一，但也反映出明代江苏方志各有千秋、异彩纷呈的特点。

一、方志理论

明代方志多序跋，如《（永乐）常州府志》7 篇，《（崇祯）吴县志》9 篇。这种多序跋的现象虽遭后世诟病，被指责多为浮文，但其中也有许多关于方志编修经过的叙述，或阐述对方志起源的认识、史志异同的看法、方志性质的考辨、方志功能的评价、详略繁简的选择、体例篇目的斟酌等，蕴藏着丰富的方志理论。

方志的起源

宋濂在《（洪武）苏州府志》序中认为："古者列国皆有史官，下至州闾，莫不有之，然不过记言书事而已。及汉司马迁、班固，创为序、纪、传、志、年表之法，由是四海之内无复遗事，信史氏之善者也。后世郡得专社稷山川之祭，遂有政令教化之施，俨如古诸侯之国，固不宜无所纪述。"① 杨循吉在为自己编修的《（嘉靖）吴邑志》作序时也认为："邑视古比诸侯邦，邦必有史。志，史类也，所以识也。"②宋濂、杨循吉等认为方志起源于先秦诸侯列国史，当时的邑县就好比古代的诸侯国，秦朝统一天下实行郡县制后，诸侯国史就演变为各地的图经、地记，又进一步发展为综合性的地方志书。也有学者认为地方志起源于《禹贡》《九丘》《周官》等地理和制度之书。

史与志的关系

古人认为志是史之属，史之流。如邓韨《（嘉靖）重修常熟县志》后序认为"志也者，史之属也"；于若瀛《扬州府志》序云："郡乘，史之流也。"但史志同中有异，邓韨进一步指出："惟古列国皆有史，史有专官焉。厥后郡邑之载例曰志，志无官则撰述多出于乡产。夫为一方执简而叙载准诸史。"他认为古列国史有专门的史官编辑，志没有专门的官员编修而多由当地执政者记载。史志的异同还在于内容的详略，郡县志记载地方事物应当详细广博。如张寅《（嘉靖）太仓州志》后序云："郡县之有志，犹国之

① 苏州市地方志编纂委员会编：《苏州市志》志余旧志序跋，南京：江苏人民出版社，1995 年。
② 苏州市地方志编纂委员会编：《苏州市志》志余旧志序跋，南京：江苏人民出版社，1995 年。

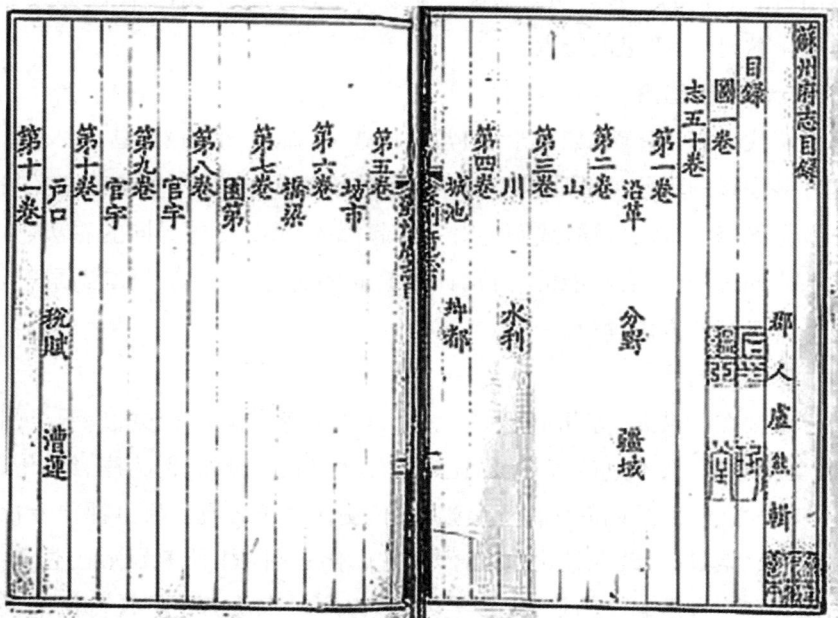

图 3-12 《苏州府志》

有史,固也。然郡之所志,国史不得而什一焉。州县所志,郡县不得而什
一焉。国史举其要,郡次之,州县该其博。不然则脱漏沦没,以胥于澌灭
也。"①王世贞则认为"古史之失在略,而今志之得在详","古史之得在
直,而今志之失在谀也"。② 牛若麟认为方志与地理书的区别在于"郡书
详于人,地理书详于事"。③

修志的重要意义

明人认为修志具有资政、教化作用,是地方不可或缺的典籍。崔桐
在《(嘉靖)海门县志》序中说:"国而弗史,何其为国,邑无志焉,非邑焉。"
马坤在《(嘉靖)己未通州志》序中指出:"郡邑之有志尚矣。所以周地域
之广轮,考古今之沿革,稽物产之登耗,察政教之良窳,验人才风俗之盛

---

① 转引自张英聘:《明代南直隶方志研究》。
②《(明万历丁丑)通州志》王世贞序,转引自通州市地方志编纂委员会编:《南通县志》附录,南京:江苏人民出版社,1996 年。
③《重修吴县志》牛若麟序,《苏州市志》志余。

衰。"他们认为方志具有重要的借鉴价值，"古者列国皆有史，以志邦之典物与其官士。志也者，识也。识其善以为师，识其不善以为戒。博综远览，鉴于先民，学不面墙，莅事无烦，故称志焉"。① 张洪在《(宣德)琴川新志》序中指出："县志自至正癸卯到今七十有余岁，凡都邑之沿革，经界之广狭，粮税之增损，城市之变迁，官制之改易，人材之继出，不厘正增益之，诚为缺典，故不可不作也。"

方志的真实性问题

明人认为，方志不能"肆己而妄书"。《(万历)昆山县志》的编纂者在序中说："志，记也，记邑之事也。不患无文，而患无实，得其实，因其文而述之，斯为善矣。"丁铁在谈到《(嘉靖)通州志》的编修时说，修志"借书以资考索，访老以质见闻。每成一传，博问广询，必公必实，而后载之。有此是彼非者，数改定焉，务合舆论，未尝敢肆己而妄书也"。② 一些学者尤重人物的撰写，"于人片善必录，微瑕必掩，有记载而无褒贬焉，然褒贬亦自寓焉"。③ 他们认为要写人的优点而掩盖瑕疵，以正面的形象激励人；写作要述而不作，不要有作者的褒贬，以事实说话。《(弘治)太仓州志》还打破了传统史志"生不立传"的惯例，主张真实全面反映当代人物的面貌。"盖棺事始定，人之有善，生不宜书，但恐失。今不书，后遂湮灭。因变例，凡人年过古稀，晚节可保者，间或书其一二。云非特书者，则不拘此例。"在古代年过古稀的很少见，"间或书其一二"，为生人立传，当是明代志书的创举。

二、繁简之争

宋元及明前期的志书，卷帙比较多，如被后人视为名志的南宋范成大《吴郡志》和周应合《(景定)建康志》均为 50 卷，《(咸淳)毗陵志》30卷，明初《(洪武)苏州府志》50 卷。明中期后，出现了一些篇幅短小、内容扼要的简志，如明正德年间的《武功县志》只有 3 卷，《朝邑县志》只有

① 《(万历)沭阳县志》徐可达序，宿迁地方志编纂委员会编：《宿迁市志》附录，北京：方志出版社，2019 年。
② 《(嘉靖甲寅)通州志》丁铁序，通州市地方志编纂委员会编：《南通县志》附录，南京：江苏人民出版社，1996 年。
③ 《(嘉靖)昆山县志》凡例。

2 卷 2 万余字。这两部简志在当时风靡一时,得到文坛领袖王世贞等人首肯,修志者争相效仿。如闻人诠、宋佐纂修的《(嘉靖)宝应县志略》仅 4 卷,凡 6 篇,卷一是天文志、地理志,卷二田赋志、祠祀志、官师志,卷三人物志,卷四附录诗文。宋佐在后序中说了简略的好处:"备则诬,诬则疑;略则实,实则信。信以传信,疑以传疑。"

在这种尚简的风气下,江苏在明代出现了一大批内容简略只有三四卷的简志,如《(嘉靖)清江县志》《(嘉靖)高淳县志》《(弘治)常熟县志》《(嘉靖)兴化县志》《(嘉靖)宝应县志》《(天顺)如皋县志》《(万历)泰兴县志》,以及正德和万历《丹徒县志》等都只有 4 卷,《(隆庆)丰县志》《(正德)盱眙县志》等只有 2 卷。明代著名文学家冯梦龙任福建寿宁知县时编纂的《寿宁待志》也只有 2 卷 4 万多字。尚简型的志书不乏文省事丰的佳作。

针对志书的简略之风,明代学者也提出了不同意见。如邓韍在《(嘉靖)重修常熟县志》序中说:"夫志之失诚病于略,其为略也,乌知非体要之所存,有欲益之而为赘者,亦莫病于芜,其为芜也,乌知非事类隐征之所出,有可撷之而资录者。"危山在《(正德)重刊宜兴县志》序中说:"郡县之有志书者,所以载山川、民物、风俗、事迹之详悉也。使其书不全,将何以备参考乎?"

明代尚繁的志书较多,且多为名志。如《(正德)姑苏志》60 卷、《(嘉靖)惟扬志》38 卷、《(嘉靖)仪征县志》64 卷、《(成化)吴江县志》80 卷等。大多数志书是繁简适中的 10 卷左右,如《(正德)淮安府志》16 卷、《(万历)盐城县志》10 卷等。志书的质量高低并不能与其篇幅多少画等号,尚繁型志书一般门类众多,内容丰富,但容易芜杂烦琐;尚简型志书内容简要,门类较少,但难免缺略不详。而名志佳作应是剪裁得当,详而不滥,简而有度,篇幅适当。

三、体例创新

明代江苏志书体例多样,既有继承,又有创新,并不因袭效仿,而是根据地情特点和编者见识而定。即使同一区域也各不相同,如采用纪传体的有《(万历)应天府志》和《(万历)上元县志》;平列体有《(正德)江宁县志》《(嘉靖)高淳县志》;纲目体有《(万历)江浦县志》《(嘉靖)六合县志》和《（万历）溧水县志》；还有三宝体（《孟子》称"国之三宝"是人民、土地、政事）的志书如《（万历）高淳县志》。

明代志书在门类上有增益，如盛仪等修的《（嘉靖）惟扬志》创设"历代志"，"书其大者，备一郡史"。《四库全书总目》评论说："以古今关涉扬州事迹，仿《纲目》纪年记载，别为历代一志，则体例殊嫌创见。"陈光贻《稀见地方志提要》称其"开后世志书大事纪之例"。《（洪武）苏州府志》记载了方言相关内容，首次把语言现象纳入方志的记述范围。《皇明常熟文献志》专记文献与贤者，体例独特。《（万历）常熟县私志》设"叙族"，用 7 卷篇幅记述当地近 120 个大姓及代表人物；卷十八为"叙艺"，专记医、书、画、琴、棋、星、堪舆等专门人才。

方志的凡例是界定志书编纂宗旨、体例和规则等的条例。明以前的志书大多不列出凡例，惟《（淳祐）玉峰志》有凡例 5 则。明初，永乐帝两次颁发修志凡例，明人修志都遵此办理，也有些地方在永乐帝规定的凡例上具体化，订出自己的凡例，或称为"序例""叙例""义例""例言"。张英聘将明志凡例的内容归纳为"界定志书编纂宗旨、体例、规则"和"简述志书编纂内容"等两个方面。① 如《宝应县志略》的"义例"中说："义例，志史也，事必核，文必当，义必精，夫是之谓史。今撰《宝应志略》，首天文，以迓陟降；次地理，以物土疆；次田赋，以程征役；次祠祀，以正报典；次官师，以重训则；终人物，以稽彦哲。共凡六篇，而邑之故实略具焉。盖有志于史，而不敢苟焉作也。六篇之中，义以立事，例以义裁，凡事实讹冗及好事近诬者不书；食货常有者不书；官属卑冗无闻者不书；人物存者不书；一切私家诗序碑志不书。附录诗文一卷，凡邑事应纪者存焉。"②编纂者介绍了志书的编纂原则（以史法）、内容（六篇）以及收录的准则（五不书）等。

《（崇祯）吴县志》的"编例"共 13 条，1 100 余字，可谓详尽。第一条说："志贵简核，而吴独繁者，县创既久，又地占名胜，其山川人物之美，甲于东南，乌容挂漏。然稍涉荒唐，即置弗收。而入纂文字，亦多约略。"第二条说明设图的缘由及内容。第三条为收载诗文的原则和附载之形式。

① 张英聘：《明代南直隶方志研究》。
②《宝应县志略》义例，上海：上海古籍书店，1962 年。

第四条是将赋役"悉罗入志"的原因。第五条说明由于明末的军事形势，所以"兵防"特加详核。第六条规定古迹以今境内纂入，往日属之而今析出的"宜去之"。第七至十一条为人物志收录标准及原则，如客籍人物和州县同城而治的人物的处理，地方官员只收有"德政"者，以及"生不立传"等。第十二、十三条为人物的称谓问题，"所叙官爵，悉依各朝典制"，即以历史上的官爵名称之；人物则直书姓名。明代志书中有凡例的还有嘉靖朝的六合、沛县、如皋、昆山等《县志》和《（万历）江浦县志》等。

明人的修志理论不仅反映在序跋凡例中，还在正文前后有所涉及。如《（嘉靖）通州志》各卷前有序有说，其凡例称："凡分门者，俱小叙于首，以见大要；中间附一二论说，以尽其意，亦效史家之体。"《（隆庆）高邮州志》每个门类前冠有小序，对所记内容提纲挈领，记叙之后辄加"按"论述，寓褒贬于其中。如《（隆庆）长洲县志》卷十四"人物"序说："人物难言哉！我长洲上下一千年，纵横七百里，其魁然有可表见者，名体虽殊，而操行俱绝，难为条品。……下逮黎庶偏行一介之夫，片善可录，略以世代为先后，不以隐显为铨次，性尚分流，所以网罗遗失，兼而存之，彬彬之盛，大备于时矣。若夫高逸如史德义，豪隽如苏舜钦，风流如米芾，介特如尹淳（焞），才笔如张羽，虽迹寄长洲而籍挂异县，皆不录焉。"[1]编者感叹人物志是很难记的，并指出了收录的标准：当地有"片善可录"者，"兼而存之"，异籍人士就是名声再大，也"皆不录焉"。

这一卷的末尾还有一段论曰："大矣哉宇县之中乎，学者多称人伦之美尚矣。然志中独载唐宋以来，盖此前未置邑，有所表见皆称吴人，不得实之。初县自唐至元，史称长洲人者，不过一二，即有不陨其名，比肩而立者，时时见于他说。今采一家言及耳目睹记者，各载其声，后有君子得以览焉。若考验事实之详，著述之富，则有家乘与集存焉。"[2]这篇"论曰"对所选人物的时间范围进行说明，并对选摘的简略方式进行了解释。

四、后世评价

明代方志的编纂不论是数量还是种类，都远远盛于宋元，然而，数百

① 《（隆庆）长洲县志》，《天一阁藏明代方志选刊续编》23，上海：上海书店出版社，1990年。
② 《（隆庆）长洲县志》，《天一阁藏明代方志选刊续编》23，上海：上海书店出版社，1990年。

年来,宋元方志往往被后人奉为范例,而明志却遭到贬抑。如章学诚认为"元明志之可称者亦十余家,虽与流俗不可同日而语,而求之古人义例,鲜能无憾。……明人鲜知史学,故于志分三等义例,须作三家分别,全未知也"。① 又说:"方志一家,宋元仅有存者,率皆误为地理专书。明代文人见解,又多误作应酬文墨。"②章学诚还专门撰写《书〈姑苏志〉后》,对这部名人编修的志书提出批评,提出了发人深省的名言"文人不可与修志也"。他指出该志郡邑沿革等多处不当,认为这是因为文人修志有浮夸习气,文辞溢美失实,史笔与文笔不同,史笔贵在严谨真实,史家修志才可靠。清代顾千里批评明志:"末流滋弊,事既归官,成由借手,府县等诸具文,撰修类皆不学。虽云但糜餐钱,虚陪礼帊,犹复俗语丹青,后生疑误。"③清代学者认为:"明代事不师古,修志者多炫异居功,或蹈袭前人而攘善掠美,或弁髦载籍而轻改妄删。"④总之,认为明代志风不正,有三大弊端:一是文人习气,二是昧于史法,三是繁简失度。⑤ 仓修良先生分析指出,这些弊端"与明代社会的整个学术风气有关,'束书不观',空谈心性,不肯做切实的学问,专门空谈理论,虽不读书,却又好著书"。⑥

清以来学者对明志讥议较多,但给予肯定的也不在少数。晚清古文家、"志家新派巨子"鲁一同在其纂修的《(咸丰)邳州志》后序里论述明代的《邳州志》时说:"其自有明以前,宗诸正史,大多正误者十之三,补缺者十之四。明季以后,史所不详,则以志证志,兼考官牒,旁采舆论,增损匪多,而劬劳倍至。又自以为文无定体,不欲以例言,敢以私意所裁,条举数端,证诸当世。"⑦他指出明志在"史所不详"的情况下,还是花了不少苦功夫考证搜集资料,然而也存在"以志证志""私意所裁"等弊病。

江苏明志数量很多,质量参差不齐,后人在批评时,如果只根据自己看到的少数几本立论,就难免以偏概全了。

---

① [清]章学诚:《方志辨体》,《章氏遗书》卷一四,北京:文物出版社,1982年。
② [清]章学诚:《报黄大俞先生书》,《章氏遗书》卷九。
③ 《广陵通典》顾千里序。
④ 《重修仪征县志》阮元序。
⑤ 黄苇等:《方志学》,上海:复旦大学出版社,1993年。
⑥ 仓修良:《方志学通论》,北京:方志出版社,2003年。
⑦ 《(咸丰)邳州志》鲁一同后序。

明人编书往往时间短促,这也是造成有些志书质量不好的重要原因。如明初编《元史》两次开局不过一年,《大明志书》《南畿志》等大型志书,也不过用了一两年时间。不少志书只用一年甚至两三个月就完成,如《(嘉靖)六合县志》"越三月而告成"。正德十四年(1519),皇帝南巡到应天府,索看县志,江宁知县只用45天就编成。但明志中经年历久、艰苦从事的也不少,如明复社创始人之一张采纂《太仓州志》15卷,10年才成书;常州人薛应旂纂《浙江通志》历时十载,七易其稿;吴江人莫旦费了30年时间,5次编修《吴江志》,可谓历尽艰辛。一般来说,成书时间长短和志书的质量高低并不能画等号。有的志书在著名学者主持下,有扎实的前志基础或资料丰富,参加人数多,分工合理明确,学术民主,气氛和谐,成书也速,质量也好;有的地方文化基础差,或因人事方面的原因,久拖不成,质量堪忧。

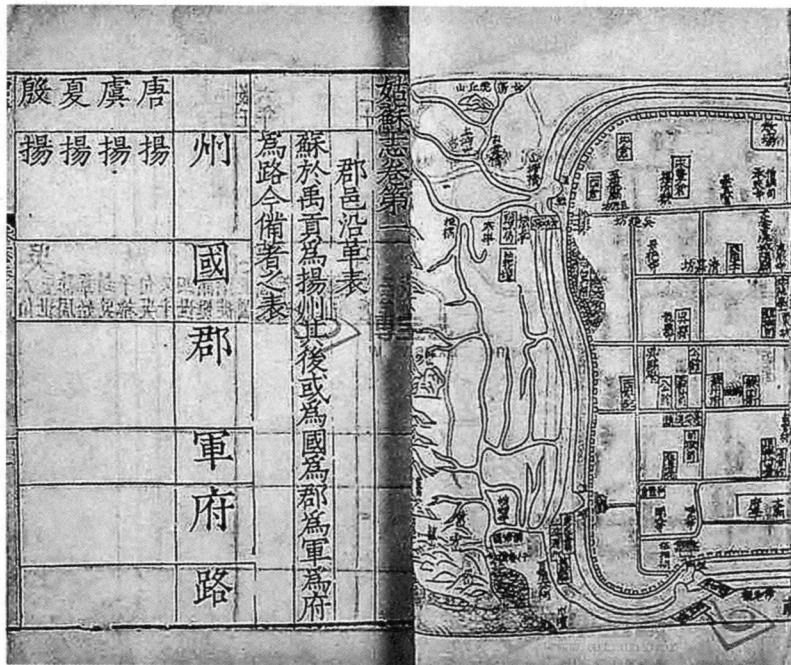

图 3-13 《姑苏志》内页

学者又指责明志"繁简失度",但江苏的志书在这方面似不明显,大多数是繁简得当的。如王鏊编《姑苏志》60卷,以宋范成大编《吴郡志》、卢熊编《苏州府志》为基础编成。而范志以简称，卢志以博名。王鏊则剪裁有度，详而不滥，简而有度，篇幅适当。《四库全书总目》说其"繁简得中，考据精当，在明人地志中尤为近古"。明志中，明于史法的不在少数，如徐师曾修纂的《（嘉靖）吴江县志》28卷，为图9、志8、目47、传28。该书"地理志"记沿革、疆域、山水；"建置志"载城池、桥梁、栅坝、公署、学校、表坊、古迹、园第、墓域、形胜；"食货志"叙户口、土田、物产、贡赋、徭役；"典礼志"记官制、吏额、祀典、风俗、典籍表、祠庙、寺观；"官政志"叙守令表、属官表、名宦传；"经略志"记水利、武略；"人物志"记科第表、贡举表、名臣传、儒林传、卓行传、烈女传、文苑传、隐逸传、材胥传、艺术传、寓贤传、仙释传；"杂志"记异闻丛谈。全书为纲目体，表传间用之，分类清晰，排列有序，颇合史法。其中的"水利门"是稔知水利的沈啓所纂，他"乘舟同游旬月"实地考究，记载翔实。《续修四库全书总目提要》赞称"体例井然，记载翔备，洵推佳制"。

明志在正文中附写小序、论赞等文字，后人诟为"空发议论"。实际上，史书常有此做法，地方志这样做突破了"述而不作"的约束，起到了深化记述内容的作用，其中不乏真知灼见。

总之，江苏明志修志指导思想明确，取材严谨，体例周备，内容丰富，资料翔实，比宋元方志有了较大进步，具有较高的价值。明人丰富的修志理论，多种的样式，为清代方志的繁盛奠定了基础。

第四节　明代江苏名志与名家

明代，江苏有许多饱学之士参与了修志，如文坛领袖、唐宋派文学家归有光、唐顺之，地理学家郑若曾、徐霞客，东林书院的修复者欧阳东凤，复社领导人张采，东南诗人王稚登、叶绍袁，小说家冯梦龙，藏书家陈继儒，文史专家王世贞、焦竑、祝允明、王鏊、杨循吉、薛应旂，学者李登、闻人诠等。有的学者修志成果十分丰富，如诗人王稚登在万历年间编修了《泰兴县志》《荆溪疏》（宜兴志书）、《马驮沙小志》《吴郡丹青志》等；文学家陈沂编纂了《南畿志》《洪武京城图志》《金陵古今图考》《金陵世纪》

《(正德)应天府志》《金陵名山志》《献花岩志》等。这些名人编纂的志书，体例严整，叙述明晰，文笔流畅，素称名志，尽管后人指出有些志有"文人习气"、严谨不足等问题，但其多元化的特色、留存下来的丰富史料，成为后世珍贵的文化遗产。

一、专注于南京都城研究的陈沂

要了解南京历代都城的城郭建制的变化，尤其是明初南京的城池形制、规模及各类建筑的情况，最翔实最形象的是两本图志：《洪武京城图志》和《金陵古今图考》。

《洪武京城图志》由明太祖敕礼部纂修。该志修成于洪武二十八年（1395），当时南京作为都城已基本完成建设，恢宏盛大的景象在图志中"了然心目之间"。志书设宫阙、城门等13目，配有8幅插图，描绘了当时南京城的胜景，是研究明代初年南京城市史的一部重要文献。

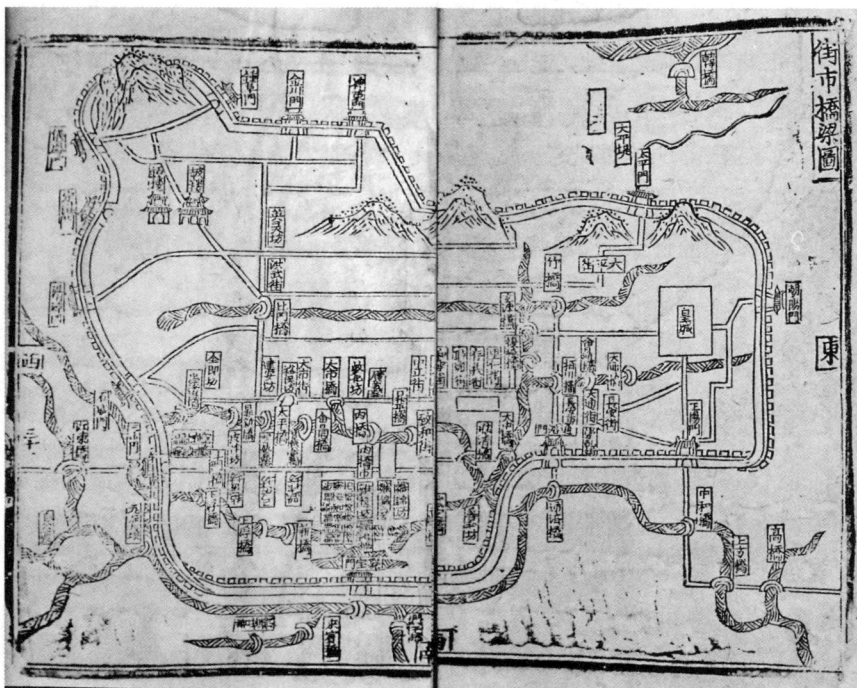

图3-14 《洪武京城图志》内页

《金陵古今图考》主要记述了南京上自春秋下至明嘉靖年间的历代建置和城郭规划的变化等。为了便于比较辨别，书中有16幅图，"因图附考，以备观览"。如"吴越楚地图"后面有"吴越楚地图考"。志书内容包括历代金陵的山川形势及城池、皇城、衙署、街道的变化。为便于了解南京"城郭规制，随世异态"，志书还绘制了《历代互见图考》，对重要的桥、门作了古今对比考证，并在图上标注出古今地名，可谓古今贯通。

这两本图志可谓同中有异，一横一纵，以图文并茂的形式，描绘了明都南京的盛况和变迁，为后世了解和建设南京提供了富有价值的参考资料。

《金陵古今图考》的作者陈沂，是一位专注于南京都城研究的学者。陈沂（1469—1538），字宗鲁，后改鲁南，号石亭，鄞县（今浙江宁波）人，居金陵，正德年间进士，授编修，累任江西参议、山东参政、南京太仆寺卿等职。后长期居住在南京夫子庙旁的四福巷，筑遂初斋，绝意世俗，闭门读书，一生著述颇丰，诗词、戏剧、杂文兼学，书画亦佳，与顾璘、王韦并称"金陵三俊"。

到了晚年，陈沂又作《金陵世纪》一书，从内容上看，是以《金陵古今图考》为基础而大量扩充，仿志书体例，分都邑、城郭、宫阙、郊庙、官署、雍泮等18类，涵盖了金陵史地的各个方面。陈沂纂修的关于南京的志书还有《（正德）应天府志》《金陵名山志》《献花岩志》等。他还应南畿学政提督闻人诠之请，编修了64卷的《南畿志》。

二、唐顺之、唐鹤徵父子的修志主张和实践

唐顺之和唐鹤徵是常州当地妇孺皆知的名人。唐顺之（1507—1560），字应德，号荆川，人称荆川先生，武进人，明代抗倭名将，理学家、文学家，古文运动"嘉靖三大家"之一。他学识渊博，通天文、地理、数学、音乐，著有《荆川先生文集》等。他的修志见解见于《（嘉靖）江阴县志》序，在序中，他批评一些志书叙山川"既无关于险夷潴泄之用"，载风俗"亦无与于观民省方之实"，"至于壤则、赋额、民数一切不记，而仙释之庐、台榭之废址、达官贵人之墟墓、词人流连光景之作，满纸而是。呜呼！……漫不足征也"。他主张志书"当于实用"，内容应该重田赋、户

口、风俗、食货、水利等门类。修志者要具史才,才能编出高水平的志书。在这种思想指导下,《(嘉靖)江阴县志》把散见于各卷的有关经济的内容集中列为"食货记"1卷,而把官师、选举仅列表记之,洵为允当。

唐鹤徵(1538—1619),字元卿,号凝庵,唐顺之的儿子,少年时就以博学闻名,性格豪迈。隆庆五年(1571)进士,历任礼部主事、尚宝司丞、南京太常等职,后来讲学于无锡东林书院,万历三十三年(1605)编成武进县第一部地方志《(万历)武进县志》。此志共8卷,设地理、钱谷、职官、学校、仕进、武备、人物、词翰,其体例曾为后来修志者效法。清庄毓鋐在《武阳志余》"经籍"中对它评价很高:"是志名为修,而实为创,体例最为称善。大要详于政治,具有关于国计、民生、风俗,其地理类、坊厢、乡团,各自为篇,山川、河港、桥闸、祠庙、陵墓、古迹、田亩之数,以类叙入,俾阅者了如指掌,题咏记载之诗文,仿《吴郡志》例,各附于其下,终以统论水利;钱谷类以额赋、里徭、征输,尤为详核。"①唐鹤徵在该书的序中阐述了自己的修志指导思想和想要突出的重点内容。他说:"武进为财赋奥区,民生舒惨,惟是焉系,故于财用特详。武进自季子以礼让为教,千载而下,至阖城死国,其灵秀之所钟,郁为人文,何可数记。他志于人物,略举大端,鹤徵必指其事而详之,俾读者如见乎其人,景行思齐,所由切矣。"

万历四十六年(1618),唐鹤徵又编修了《(万历)重修常州府志》,在分类上也列了8门:地理、财赋、文事、武备、名宦名将、人物、辞翰、摭遗,与《武进县志》大致相同,但由于是府志,记述范围更广,内容更繁富,卷帙也增加为20卷。在该志书的序里,唐鹤徵记述了其纂修经过和对于修志目的的看法。《常州府志》之前曾数次编修未果,到了万历三十四年(1606),刘广生任常州知府,请唐鹤徵修志,但此时唐已经六十多岁,多次推辞,但刘广生"凡五往返,逾数月而恳恳不已"的邀请,唐终于"不得不拜命"。他在序中说到他在少年时即披阅史书,从中汲取地理、军事方面的知识,"少不自揣,尝有志尽括郡县之志,而本之画野分坼之初,以观其棋布星罗之局,审之沿革,离合之后,以判其连络涣散之情,……又察

---

① [清]庄毓鋐等:《(光绪)武阳志余》,南京:江苏古籍出版社,1991年。

其阨塞险要,以佐战守攻围,要其陵谷沧桑,以妙因应变化,呈之以图,缀之以籍,则形势之重轻,钱谷之虚实,户口之繁耗,有不了然心目之间者哉"。唐鹤徵所修两部志书都秉承唐顺之"当于实用"的修志宗旨,于田赋、户口、军事等详细记载,具有资政教化的作用。《(万历)重修常州府志》刻印后一年,唐鹤徵以 81 岁高龄辞世。

三、创修浙江、江西通志的两位江苏人

通志,也称省志,是以省为记述范围的综合性地方志书。明代始有省志,开创浙江、江西通志的薛应旂和周广都是江苏人。

薛应旂(1500—1574),字仲常,号方山,武进人,明代有名的文史专家。嘉靖十四年(1535)进士,初任浙江慈溪知县,后任浙江提学副使。因得罪权臣严嵩,"以忤罢归",不再入仕,家居二十年,潜心著述。著有《宋元资治通鉴》《甲子汇记》《高士传》《宪章录》《四书人物考》等书。

嘉靖三十年(1551),薛应旂任浙江提学副使期间开始收集资料,采录正史及《山海经》《水经注》《太平寰宇记》《方舆胜览》等书,"诸子百氏,并近世诸名人家集、文集,公暇检视,凡有关于浙者,分类手书,渐有端绪"。后因调任,修志中止。嘉靖三十四年(1555)回浙,重操志事,"十年之间,凡七誊稿",终于在嘉靖四十年(1561)编成。

嘉靖《浙江通志》72 卷,分为地理、建置、贡赋、祠祀、官师、人物、选举、艺文、经武、都会、杂志等 11 志,以志为纲,分府记事。作者在"义例"中说:"志之云者,止具史之一体,是盖外史之义必然,固不当强立纪、志、表、传,以僭拟诸家之国史也。"该志的地理志记述详细,是其重要特点。地理志首述沿革,次依《大明一统志》次序,分别记载全省 11 府、1 州、75县的方域、称谓、沿革,山川取其望者,丘泽、水利、古迹、陵墓、桥梁等附见于此。地理志共 12 卷,占全书的六分之一。该志的官师、人物两志最受人称道,一是从体例上,打破史志常用的人物分类法,全按时序排列,不立门目;二是冲破人物志"书善不书恶"的惯例,善恶并书。薛应旂认为"凡善可为法,恶劣可为戒者,皆因其年代先后,据事直书"。

创修《江西通志》的是昆山人周广。周广(1474—1531),字充之,弘治十八年(1505)进士,历任莆田、吉水知县,正德后累迁江西按察副使、南京刑部右侍郎等职。他在嘉靖四年(1525)编纂的《江西通志》,

是江西省志的开创之作。该志共 37 卷,卷 1—3 为藩省志,卷 4—37 为诸府志,分建置沿革、郡名等 30 目。《四库全书总目提要》称其"体略同他志,惟'奸宄'一门,仿诸史奸臣酷吏体例,以示鉴戒,独为小异"。该志在通志中首创"奸宄"一门,善恶并书,其胆识和秉笔直书的精神,非同一般。

四、徐霞客读志修志游四方

徐霞客(1586—1641),名弘祖,字振之,号霞客,江阴人。他自幼聪明好学,博览各地图经方志,因见明末政治黑暗,不愿为官,从 22 岁开始,专心从事旅行 30 年,足迹遍及大半个中国,并悉心考察记载,对地理科学作出了重要贡献。他去世后,后人把他的日记整理成《徐霞客游记》。由于此书所记都是亲身经历,真实可靠,文笔优美,具有珍贵的地理学和文学价值。

徐霞客主张修志必须掌握第一手真实材料,注重实地考察,认为"山川面目,多为图经志籍所蒙",需要"穷九州内外,探奇测幽,至废寝食,穷下上,高而为鸟,险而为猿,下而为鱼,不惮以身命殉"。这种思想实践于他的旅行生涯之中,他始终以《大明一统志》为伴,每到一处,还向当地官员和士人索要志书。一次,他在桂林象鼻山脚下,听说当地书肆中有《桂故》《桂胜》《百粤风土记》等志书,马上叫人前去购买。有时,地方官员不肯奉送,他便亲手抄录。在云南腾冲时,他就抄写了《腾志》一书;在永昌,抄录了《南园录》《南园续录》。他多方搜求,所集志书"充栋盈箱,几比四库"。他还根据亲身勘查,纠正和补充了《大明一统志》的差错和缺漏。在他的日记里,对志书的纠错补遗比比皆是。

徐霞客不仅读志用志,还亲手编纂了《鸡足山志》。崇祯十二年(1639)九月,徐霞客到云南的鸡足山后,由于患足病,行走困难,便住了下来,受丽江知县之聘,一边养病,一边修《鸡足山志》。他曾三次游历鸡足山,在此基础上,熟悉环境,分析地形,走访宿者,广泛收集各种资料,只用 3 个月就完成了纂修任务。这是鸡足山的第一部志书,可惜已佚。从保留下来的篇目看,此志以山为纲,依次为名胜、化宇、僧传、护法、艺苑,由山及景,由景及人,编次合理,结构严谨。徐霞客创修《鸡足山志》

后,曾有多人续修,多受此志的启发。①

五、矢志修志五十年的莫旦

历史上倾心修志的文人不在少数,但五次纂修一部县志,80多年人生中有50多年矢志不渝地编修方志的恐怕只有明代的莫旦了。

莫旦(1429—?),字景周,号鲈乡,吴江人。博学善诗文,成化元年(1465)中举,卒业太学,作《一统赋》《贤关赋》,名动天下。后为浙江新昌训导,成化九年(1473)迁南京国子监学正,不久要求回乡,年80余卒。莫旦有良好的家学传统,父亲莫震是正统年间进士,历任嘉鱼、海盐知县,撰有《嘉鱼县志》《石湖志》。

景泰五年(1454),为了修《一统志》,朝廷命各地先行修志,提供材料。吴江奉诏开局修志,20多岁的莫旦时为邑庠生,总揽其事。但由于是"奉文修纂","迫于期限之严,未能详备,览者病之"。莫旦作为生于斯长于斯的书生,心里很是不安,于是又"于暇日编而辑之,重立例目,参以郡志,询之故老,述之见闻,损益补订"。他用了一年多时间,于天顺元年(1457)编成了22卷的《松陵志》初稿。之后,又"缪加笔削,合而成书,凡十卷",这是莫旦第二次编修吴江县志。原本有人愿意捐钱付印,但莫旦的父亲听说此事后告诫他说:"古人著书多在暮年,如孔子年六十余方定六经,汝为此书,何遽刊行之骤也。"到了成化元年(1465),莫旦考试中了举人,在家等待授职,他又重新编辑,"凡残碑断碣,无不搜剔;遗编故纸,无不检阅;鲐背鲵齿,无不访问手录,心思至忘寝食",修订成《吴江志》22卷。可惜后来上级官员把原稿取去用于编修郡志时丢失,这是莫旦第三次修志。成化十二年(1476),莫旦在新昌训导任上,不但主修了《新昌县志》,而且把家乡的志书再一次修订誊清,结果因为吴江县令的变更而未刊印,这是吴江县志的第四次修订。成化二十一年(1485),莫旦因母丧辞官还乡,"因掇拾旧稿,益以新闻所见,再纂成书"。第五次的编修终于成功,新县官孙显收稿后,于弘治元年(1488)"捐俸梓行"。莫旦的《吴江志》连同"奉文修纂"的那次,前后30多年,经过五次修改增删,才得以成

---

① 周如汉:《略论徐霞客与地方志》,《中国地方志》1996年第3、4期;林正秋主编:《中国地方志名家传》,合肥:黄山书社,1990年。

功,可见修志之难。

莫旦的修志情结并没有随《吴江志》的刊行而结束,正德二年(1507),将近 80 岁的他又编成了《吴江续志》3 卷,他还把父亲莫震的《石湖志》由 4 卷增为 6 卷。

随着岁月变迁和社会动乱,加上自然灾害的破坏,莫旦编撰的《吴江续志》和《石湖志》均已不存,但《吴江志》一直保存至今。该志以平列体立目,共 40 卷。各门之前均冠以无题小序,或界定记述范围,或追溯事物起始,或阐明修志主张和思想观点。卷 1 图像,收录乡贤祠诸公像、去思祠诸公像、顾侍郎著《玉篇》图,共绘有人像 30 多幅,为他志所罕见。卷 11—12 为诗文,几占全书一半,内容十分丰富。莫旦创作的《苏州赋》内容宏富,文字优美,《插图本苏州文学通史》中以"广博侈丽——莫旦的《苏州赋》"为题,作专节评析。

莫旦在 80 多年的人生中,有 50 多年倾心修志,历经了景泰、天顺、成化、弘治、正德 5 朝。特别是矢志 30 年,五修《吴江志》,体现了他的爱乡情怀。①

六、狂狷文人杨循吉与《吴邑志》

杨循吉(1456—1544),字君谦,号南峰,吴县人。成化二十年(1484)进士,授礼部主事。《明史》记载他:"善病,好读书,每得意,手足踔掉不能自禁,用是得'颠主事'名。一岁中,数移病不出。弘治初,奏乞改教,不许,遂请致仕归,年才三十有一。结庐支硎山下,课读经史,旁通内典稗官。父母殁,倾赀治葬,寝苫墓侧。性狷隘,好持人短长,又好以学问穷人,至颊赤不顾。"关于杨循吉狂狷性格的记载,史书典籍中有好几处,与修志有关的可见于他自撰的《苏谈》中的《史明古修志》一则轶事:"史明古修《吴江县志》,有欲列山川为一门。吴江本无山,循吉因论问及。明古曰,横山亦在吾邑境内。循吉曰,横山是吴县山,吴江但得一角耳,岂可相割与乎。时都玄敬亦在座,相与一笑。"史明古,名鉴,明初名臣史仲彬曾孙,亦为当时名士。杨循吉当着别人(都玄敬)的面,诘难他乡人

---

① 本节引文均为莫旦《松陵志序》《吴江志序》《吴江续志序》中语,又参考陈其弟:《品味修志》,扬州:广陵书社,2014 年;徐复、季文通主编:《江苏旧方志提要》,南京:江苏古籍出版社,1993 年。

修志之事，果然有"狷隘"之性格，同时也反映了他实事求是的态度。

杨循吉擅长编纂史志，著有《辽小史》《金小史》等史学著作，编纂过《长洲县志》《吴邑志》《金山杂志》《苏州府志纂修识略》《吴中往哲记》《苏谈》《吴中故语》等邑中志书，还编纂过山东的《海宁州志》《章邱县志》等。

吴县有志，始自嘉靖年间县令苏佑请杨循吉编修的《吴邑志》，杨循吉在该书的序中说："邑视古比诸侯邦，邦必有史。志，史类也，所以识也。今志之作，其多不可胜计，而工者鲜。若夫吾吴，则以泰伯旧壤创邑于秦，盖雄峙江表者几二千年，宜得专书审矣。然未有述焉，不其阙欤？"杨循吉认为，像吴县这样历史悠久的地方应当有专门的志书，于是积极从事修志。《吴邑志》共16卷8万多字，卷1为建置总论，卷2为吴国本末，卷3为县治公廨，卷4为乡图、都分、户口、田赋并杂附等，卷5为学校，卷6为境内坛庙祠宇，卷7—10为人物传，卷11为山，卷12为水，卷13为周汉以来古迹，卷14为土产，卷15为古今诗，卷16为古今文章。这是明代县志中的佳构，尤其对水利和人物的记述，为该志的特色。

杨氏又著有《苏州府志纂修识略》5卷，此书是因修《嘉靖实录》的需要而提出的。因苏州是东南大郡，文物特盛，事迹颇繁，所以请杨循吉主持修志，并限定3个月完成。杨循吉匆忙纂成，分政事、治水、赈济、蠲免、收抚海贼、差役、钞关、课程、水政、谳狱、人物、文词等项，按年月逐次编叙，以府之公牍冠于卷首。

杨循吉编修的其他志书，如《苏谈》《吴中往哲记》《吴中故语》《金山杂志》等，篇幅都比较短小，已收入陈其弟点校的《吴中小志丛刊》中，丛刊在2004年由广陵书社出版。

七、大名士王世贞与地方志

王世贞（1526—1590），太仓州人，字元美，号凤洲，别号弇州山人。嘉靖二十六年（1547）进士，历任刑部主事、南京刑部右侍郎、刑部尚书等职。他是一位廉能的官员，又是著名的文学家，与李攀龙等结为明代复古流派，号称"后七子"。他在诗赋、散文、戏剧、理论批评、史学等领域皆有成就，还精鉴书画，善造园，其赠序、杂记、史记、传状、史志、碑志、书牍、序跋、题跋等创作，都达到很高的水平，是当时的大名士，号令一时，对当时的思想文化有广泛的影响。

王世贞在史学方面的著作有《山堂别集》《嘉靖以来首辅传》《明朝史汇》《皇明名臣琬琰录》等。他为《(万历)通州志》作过序,表达了他的修志主张:

> 今志犹古史也。古者千乘之国与附庸之邦,皆有史官以掌记时事,第不过君卿大夫言动之一端。而所谓山川、土田、民物、风俗、兵防之类,意别有图籍以主之。志则无所不备录矣。是故古史之失在略,而今志之得在详也。然史之大纲在不虚美,不隐恶,以故世子之隆崇,卿相之威灵,而执简者侃然而拟其后。今州邑之荐绅将秉笔,而其大非邦君即先故,盖有所不得不避矣。是故古史之得在直,而今志之失在谀也。[①]

他认为地方志好比古代的史书,但史书只是记君卿大夫的言语和行动,而地方志则无不备录,与史书相比,地方志的优势在于翔实。然而史书不虚美、不隐恶,书写者对地位崇高威严的官吏,完全可以理直气壮地拟写其言行,但是地方志的修纂者往往是当地的文人,犯过大错误的地方官说不定就是他们的前辈,"不得不避矣"。所以他一针见血地指出,"古史之得在直,而今志之失在谀",揭示了当时修志的弊病。

王世贞还是志体的应用者,编纂过《苏志补遗》,在《弇州山人四部稿》中,他运用志体写了《锦衣志》《庚戌始末记》《北边始末志》《三卫志》《哈密志》《安南志》《倭志》等7篇文章,谈古论今,有较高的文史价值。

八、欧阳东凤与《兴化县新志》

欧阳东凤,字千仞,号宜诸,潜江人,明万历十七年(1589)进士,任兴化县县令,重修了《兴化县志》。在任时逢水灾,大堤被冲垮,他乘小船实地考察,奏请拨款赈灾,上级官员搁置不应。欧阳越级上报皇帝,请停自己的薪俸救灾。后来又公开对抗上级税官,直名满朝中。皇帝以他耿直忠心,提拔到南京任刑部郎中,又擢平乐知府。万历二十九年(1601),任常州知府。

欧阳对常州的文化建设有重大的贡献,他曾经积极参与推动历史上著名的东林党的形成和发展。万历三十一年(1603),他冒着政治风险在

---

① 《(明万历丁丑)通州志》王世贞序。

常州城复建龙城书院,第二年又在无锡复建东林书院。这两个书院成为常州士子们聚会讲学、议论时政的主要场所,在历史上有重要的进步作用。欧阳在常州任职期间,不但建书院、倡学术,还兴修水利,修治了芙蓉圩,编修了《晋陵先贤传》。常州旧时的名臣寺将他与明朝的清官海瑞一同供奉祭祀,称其为"三百年来第一循吏"。

欧阳东凤任兴化知县时,主修了《兴化县新志》。该志共 10 卷,成书于万历十九年(1591)。欧阳在序言中阐明了自己的修志思想:

> 或问作志之意何居? 曰:夫志,寓一王之法,备六事之全,体三才之撰,言无微而可忽,道无往而不在者也。

> 综之,布公道以协民心,陈直道以明己志,存古道以挽颓风。若是焉,而作者之意备矣。是之谓道无往而不在也。古之人臣,陈王道而事其君,虽服休服采所职不同,忠爱之心一焉耳。执吾志以述吾所守之职,以一道德,以同风俗,挽斯民斯世于三代之隆,以顺吾君从欲之治,不在是乎? 不在是乎?[①]

他认为修志的目的是在书中寓寄一代王朝的法制,要具备考察地方官政绩的六项内容:田野辟、户口增、赋役平、盗贼息、军民和、词讼简;体例则要体现天地人之"三才";志书要明确表述自己的观点,起到挽救社会颓败风气的作用。

《兴化县新志》以天、地、人为纲,体现了作者"体三才之撰"的修志宗旨。全志纲目统称为"纪":卷 1 天地之纪,卷 2 地理之纪,卷 3—4 人事之纪,卷 5 人官之纪,卷 6—7 人文之纪,卷 8—9 词翰之纪,卷 10 外纪。该志将舆图散置在有关门类的前后,方便读者检阅。兴化素有水乡之称,志中甚重水利,"地理之纪"的"形胜"中,详记了湖荡之情;"人事之纪"中,缕述水利兴筑的情况,特点突出,记事平正,言辞文雅。

九、名人修志轶事三则

祝允明(1460—1527),号枝山,长洲人(今苏州)。著名书画家、文学家,与唐寅、文徵明、徐桢卿并称为"吴中四才子"。又擅长方志之学,参

---

①《兴化县新志》欧阳东凤序,兴化市地方志编纂委员会编:《兴化市志》综录,上海:上海社会科学院出版社,1995 年。

加过《姑苏志》的编纂，还编纂过反映苏州人才的《苏才小纂》。正德十年(1515)担任广东兴宁县知县，主持修纂《兴宁县志》，文辞典雅流畅，体现了文学家修志的特征。祝允明是著名书法家，小楷严谨浑朴，草书笔势飞动。苏州博物馆藏有过云楼后人顾公硕捐献的祝允明手稿本《(正德)兴宁县志》4 卷，共 1.5 万余字。全志由祝允明小楷书写，非常难得，方志界和书法界都视为珍宝。1962 年由中华书局影印出版，书名为《祝枝山手写正德兴宁志稿本》。祝枝山还为《(嘉靖)太仓州志》作过序，其中提到修志者的难处在于“讹其政，诩其言”，意谓施政有错误，却又夸大其词，对于这类情况必须慎之又慎。

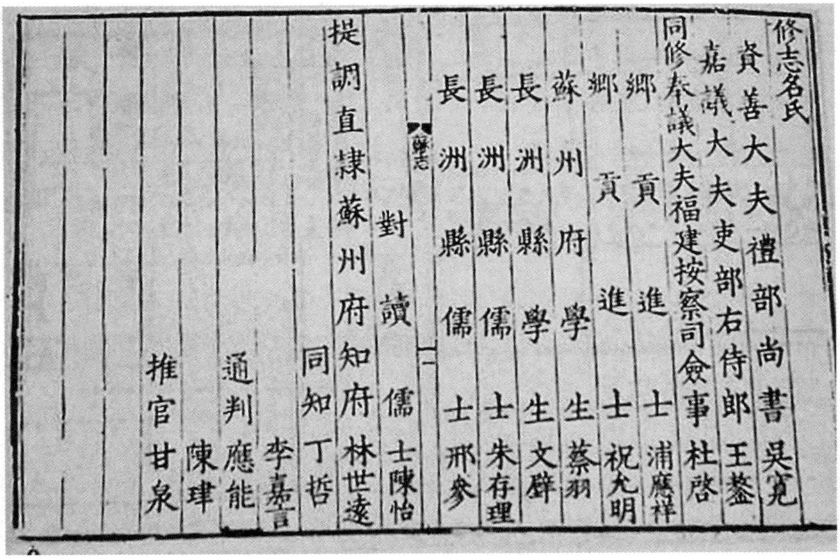
修志名氏
資善大夫禮部尚書吳寬
嘉議大夫吏部右侍郎王鏊
同修奉議大夫福建按察司僉事杜啓
鄉貢進士浦應祥
鄉貢進士祝允明
蘇州府學生蔡羽
長洲縣學生文壁
長洲縣儒士朱存理
長洲縣儒士邢參
對讀儒士陳怡
提調直隸蘇州府知府林世遠
同知丁哲
李嘉言
通判應能
陳瑋
推官甘泉

图 3-15 《姑苏志》编纂人员名单

归有光(1507—1571)，字熙甫，别号震川，人称震川先生，又号项脊生，昆山人。嘉靖间进士，担任过南京太仆寺丞等职。他不但是著名的文学家，而且对地方志也很有研究。其方志理论见于《题洪武京城图志后》《跋高丽图经后》等志书的序跋中。他很重视地方水利、物产，认为乡镇都应有志。他考察三江古迹及太湖入海的通道，撰写《三吴水利录》一书；对马政也有系统研究，著有《马政志》等书。

焦竑(1540—1620)，字弱侯，号漪园，江宁人。万历间进士，明代第一个南京状元，官至翰林院修撰，著有《国朝献徵录》《澹园集》等书。他曾为《(万历)上元县志》作序，认为该志统贯古今，无所不载，"数百里之内，二千载之间，其事可按书而得"。他主张方志内容应侧重于户口登耗、赋役省繁、财费缩赢、吏治良窳、人才虚实、物力贫富、民俗醇薄等方面的记述，使"后之览者知转移之机，厥有所寄，必有憬然而悟者焉"，让志书有较高的实用价值。他还刻印过明代人盛时泰撰写的《栖霞小志》一书。

第四章 家刻遍布全省

　　明代的江苏人文荟萃,经济和文化都比较发达,加上雕版印刷技术已经十分成熟,促使江苏的家刻蓬勃发展。[①]

　　明代家刻的主体和前代相似,主要是文人、宿儒名流、致仕官员以及医生、僧道等。明朝时,参与家刻的人数比前代大大增加,江苏地区可考的家刻者达数千人,构成也趋向多元。

　　家刻图书的品种,大多是作者本人或先人的诗文作品,或者是为官时的奏议、见闻之类。此外,还有儒学新著、私史、经世致用之书、科技图书、多种多样的历代诗文总集选集、戏曲创作、丛书笔记等,种类颇多。

　　家刻的主体中,有一部分人家中富有藏书,丰富的藏书和文人的睿思妙想、执着求精的素养结合起来,不乏异彩亮点,或编有创新之作;或推出精校本;或刻印具有独特视角的丛书,令人耳目一新。

　　在家刻出版兴盛的同时,出现了"书帕本""山人编书"等现象。前者是把图书"礼品化",后者是把图书"消闲化",虽然图书可以作为礼品,也具有消闲的功能,但二者不能成为图书出版的宗旨,这是出版史上值得注意的"异化"现象。

　　在明代家刻的历史上,产生了一批有重要贡献的出版人物,他们的编辑思想、编辑实践对后世产生了深远影响,值得总结。

---

① 以家庭为主体编刻图书的出版活动,出版史上或称为"家刻",或称为"私刻",或称为"民刻",或称为"私家刻",本书通用"家刻"的称谓。

第一节　繁荣的民间刻书

一、明代江苏刻书业在全国居首位

宋元时期,江苏的出版事业还没有居全国的前列。明朝在南京建都后,由于政治原因,江苏出版业很快就跃居全国首位。这在《古今书刻》著录的各地刻印图书数量中,可以得到证明:

内府 447 种	北直隶 78 种	南直隶 463 种	浙江 173 种
江西 327 种	福建 477 种	湖广 103 种	河南 59 种
山东 52 种	山西 41 种	陕西 111 种	四川 96 种
广东 50 种	广西 9 种	云南 42 种	贵州 8 种

这本书目的编者周弘祖(约 1529—1595),湖广人,嘉靖三十八年(1559)进士,在江西、福建、贵州任过职。这本书目以地区为别,按二京十三省编次,共著录图书 2 600 种,反映了明代初期和中期全国图书出版的分布情况。

在上述数据中,内府 447 种,其中南京国子监占 273 种,应属江苏。同时,南直隶 463 种中,包括江苏、安徽两地数据,把属安徽的部分除去,属江苏的 8 个府共出书 370 种,与南京国子监的 273 种合起来,便是江苏的出书种数,即 643 种。在当时与全国十三行省相比,江苏刻书总量居于首位,占四分之一左右。这是江苏在明代初期和中期的刻书情况。

再来看另一本书目《全明分省分县刻书考》。这本书目是今人杜信孚、杜同书父子二人完成的,著录的是"全明"的情况,共收录"明代刻者四千六百七十人,刻书八千二百六十种",比《古今书刻》多出三倍有余。所谓"刻者",是"指监刻者,犹如现代之出版家,不指刻书工人"。书中罗列了全明刻书的分省分县情况,按现今行政区划列出,现抄录于下:

北京 32/242①　　　上海 174/263　　　天津 2/2

河北 105/104　　　山西 138/202　　　陕西 114/144

甘肃 11/13　　　　宁夏 2/2　　　　　山东 195/266

江苏 1 372/2 814　浙江 1 024/1 624　安徽 495/728

江西 499/684　　　福建 532/1 391　　河南 190/251

湖北 137/196　　　湖南 82/116　　　　广东 129/171

广西 17/20　　　　四川 121/183　　　贵州 5/13

云南 25/37②

从以上数据可以知道,终明一代,江苏的刻书者人数和刻书的种数,在全国都是遥遥领先的,刻书者数约占全国的 25%,刻书种数约占全国的 30%。

二、江苏刻书的分布情况

明代江苏境内的刻书情况,可以从两个方面来考察,一是看刻书者的身份如何,二是看江苏境内的分布情况如何。

刻书者的身份归属,出版史学界历来用"三分法",即官刻、家刻、坊刻三类。据《全明分省分县刻书考》的统计,江苏境内三类刻书的情况如下:

官刻 38 家,书 98 种;家刻 970 家,书 1 637 种;坊刻 364 家,书 1 079 种。

合计共 1 372 家,书 2 814 种。其中,官刻约占 3%,家刻约占 71%,坊刻约占 26%。这与全国和其他省的情况大致相同。

再来看明代江苏境内各府州县刻书的情况。

---

① 分隔线前是刻书者数,分隔线后是刻书的种数。

② 今内蒙古、辽宁、黑龙江、吉林、海南、西藏、宁夏、青海、新疆、台湾等地没有当时的刻书记载,故未列入。

表 4-1　明代江苏各府州县刻书情况表①

地名	官刻	家刻	坊刻	地名	官刻	家刻	坊刻
应天府	14/69	23/43	172/659	苏州府	5/5	29/34	110/162
上元		29/44	1/30	吴县		119/251	39/90
江宁		33/95		长洲	1/1	74/133	17/88
句容		4/4		吴江	1/1	39/45	1/9
溧阳		5/8		昆山	1/1	66/85	2/4
溧水		2/2		常熟	1/1	102/209	2/3
高淳		5/6		嘉定			
江浦		7/11		太仓州		36/80	
淮安府		1/1		崇明			
山阳		8/12		松江府			
清河				华亭			
盐城		1/1		上海			
安东				青浦	1/1	7/11	6/15
				常州府			
桃源				武进	5/5	53/76	
沭阳		5/7		无锡	2/2	102/172	
海州				宜兴		27/38	
邳州		2/2		江阴	1/2	29/49	
宿迁				靖江		3/3	
睢宁		1/1		镇江府	1/3	12/12	3/3
扬州府	3/9	6/7	1/3	丹徒			
江都	1/1	36/50		丹阳		26/33	
仪真		5/5		金坛	1/1	18/24	
泰兴		13/16		徐州		5/8	
高邮州		8/15		萧县			
泰州		18/24		沛县			
通州		7/6		丰县			
海门		3/1		砀山			

① 表内数据来源:杜信孚、杜同书:《全明分省分县刻书考》,北京:线装书局,2001 年。

从上表可以看出：

1. 明朝江苏地区的出版业相当发达，不单有南京、苏州这样的重镇，而且下到 50 多个府州县，其中如常熟、无锡、昆山、丹阳、太仓等地已经有相当规模。江苏北部的扬州、泰州也有了一定发展。

2. 明代江苏境内还有 10 余个县没有刻书的记载，主要是松江府和徐州的一些县。

第二节　家刻的主体构成

一、家刻主体概况

家刻的主体是地方上的文人、致仕官员、士绅，以及有文化素质的医生、高僧等。有一些读书人，考试得中后，在京畿或外省为官，年老致仕回乡后，教子课孙，与好友唱和，如果家中富有藏书，又有编刊图书的爱好，那么这类人物往往是家刻者的典型。

常熟县有家刻记录的 102 人，其中 69 人有进士、举人的身份；无锡县的 102 个家刻者中，有进士、举人身份的 54 人；扬州府和所属州县共有家刻者 96 人，有进士、举人身份的 46 人。这说明，家刻者大多有很好的文化修养。

不少家刻者家学渊源，世代相传。昆山的叶氏，世代爱书刻书，子孙们规定"分产不分书"，家刻事业传承了七代。还有些家刻者一门刻书，使之成为家族共同的事业，例如吴县的袁氏有"袁氏六俊"之称。

对于家刻者来说，绝大多数所刻图书只有一二种而已，少数家族相传，乐此不疲，刻书有相当规模，形成特色。家刻的图书绝大多数用来赠送亲友，或与同好交换；极少数家刻者将所刻图书定价出售，由家刻转为坊刻，从文化活动转成商业活动。

家刻者把书编好后，一般委托刻工团体负责刻印。这种刻工团体来自安徽、江宁、苏州等地，效率很高，10 万字左右的书，两三个月就可以完成。少数家境殷实者把刻工请到家中，连续好几年刊刻多种图书，如吴县的富户黄鲁曾兄弟，家中常年雇佣良工，连续刻了 10 多种书。

二、几种特殊的家刻

明代中后期，在家刻队伍中，出现了几种值得注意的群体。

1. 党社成员编刊图书

晚明时，东南江浙地区出现了许多党社，最著名的有东林党、复社、应社、几社等。这些党社的性质兼有文学性和政治性，人员很多，分支复杂。崇祯二年(1629)，复社在苏州开成立大会时，参加者号称万人。

党社成员都是文人，主要人物如复社的张溥、文震孟、钱谦益、刘宗周、倪元璐、梅之焕、黄道周；几社的"六子"夏允彝、杜麟征、周立勋、徐孚远、彭宾、陈子龙，他们中有不少是江苏人，在出版事业上都是活跃人物。

党社人员编刊的图书，有两种较为突出：一种是经世致用、时务之书，如陈子龙、徐孚远、宋徵璧三人编的《皇明经世文编》，504卷，收录425人的3 145篇讨论国家大事的文章，反映了他们忧国忧民的情怀；权臣魏忠贤垮台后不几天，党社成员很快就编出了文件资料汇编本《玉镜新谭》，创作了多场时事剧《冰山记》(2种)，以及几十万字的小说《梼杌外史》等，表达了他们疾恶如仇的政治态度。

另一种突出的图书是党社成员编撰的科举考试类图书。他们多是科场能手，有功名，所编的应试书《几社会义》竟连续出版了七八辑。

2. 山人编书

晚明时，东南地区出现了一批所谓"山人"，他们是轻视科举考试的读书人，或是官场角逐的失意人，华亭陈继儒焚毁儒衣冠是他们的代表行为。这批人人数颇多，有"山人遍天下"之说，他们看轻儒业，当然不会去钻研经史典籍，不会去关心国家大事，而另有自己的"雅趣"，那便是所谓的"四清"：清言、清供、清秘、清玩。

"山人"大多是江浙人，代表人物有陈继儒(松江人)、屠隆(鄞县人)、周履靖(嘉兴人)、赵宧光(吴县人)、张应文(昆山人)、项元汴(秀水人)等。

山人们编书的能力很强，能够在很短的时间里编出大量图书。陈继儒著作51种，周履靖35种，高濂32种。所编的书以两种为多，一种是笔记小品杂录，另一种是清闲玩赏之书，瓶器茶酒、蟋蟀虫蚁之类，都可编成洋洋大书。

山人们虽然很有学问，可是编书的态度不大认真，引录的材料可以不注出处，随便改换题目和原文，甚至托名杜撰。他们喜欢在文字上雕句琢字，四六陈调，追求特别语趣。《四库全书总目提要》说这类书"竞述眉公（陈继儒），矫言幽尚，或清谈诞放，学晋宋而不成，或绮语浮华，沿齐梁而加甚。著作既易，人竞操觚，小品日增，卮言叠煽，求其卓然蝉蜕于流俗者，十不二三"。①

3."书帕本"流行

明代后期，社会上流行一种把自己编刊的图书送人的风气。一本书，一方手帕，用来赠人、晋见、交换，这种书被称为"书帕本"。新进士会见师友，外地官员进京见上级，都要用上。一些市绅巨商，也模仿这种做法，以示风雅。顾炎武在《日知录》中说："历官任满则必刻一书，以充馈遗。此亦甚雅，而卤莽就工，殊不堪读。"但这类书并不标明"书帕本"三字，因此比较难界定。《四库全书总目是要》中注明"书帕本"的只有 4 种，存目中有 10 多种。

这些书的共同特点是编辑工作的含量极低，往往只是把几种书凑在一起，就算是一种新书了；或是甲书中取几章，乙书中取几章，合成一本书；或是在某一大书中取几章节，不交代出处，另起一个书名，就是一本新书了。如江苏人朱东光取《老子》《庄子》《管子》《淮南子》合在一起，不做校勘，取了个《中都四子集》为书名，就算是一本新书了；郭维贤任湖广巡抚，因屈原、岳飞、孔明都和湖广有关，就从这三人的文集中各取一些材料，编成一本《三忠集》14 卷。

出版界对这种"书帕本"评价极低。陆深在《金台纪闻》中说："有司刻书，只以供馈赆之用，其不工反出坊本下，今藏书家以书帕本为最下，盖由于此。"胡应麟在《少室山房笔丛》卷四《经籍会通》中说，这种书装帧虽然考究，实际只能喂老鼠："精绫锦标，连窗委栋，朝夕以享群鼠，而异书秘本，百无二三。"

---

① ［清］永瑢等编：《四库全书总目提要》卷一三二。

第三节 家刻图书的品类

明代家刻图书的品类与前代相似,以刻书者本人的著作为主,如诗文、奏章、读书心得等,或编刊其先人的著作,这类书大约要占百分之七八十。此外,有不少具有明代江苏地区特色的图书,下面稍作介绍。

一、以藏书为依托的精校本

有些家刻者家中富有藏书,如果拥有某一部书的多种善本,就可以进行校勘工作,择善而从,形成一种较好的版本。不少家刻者正是这样做的,如常熟赵琦美(1563—1624),他购得一部五卷本《洛阳伽蓝记》,刊刻欠佳,脱文讹字比较多,先后向陈氏、秦氏、宁氏、孙氏四位藏书家借来四种抄本,逐页逐字校对,更正错字488处、衍脱320处。数年后,他又买到一部旧刻本,再次改正50余处。前后历时8年,终于使《洛阳伽蓝记》形成了一个比较完善的版本。

号称"一门文献""袁氏六俊"之一的吴县人袁褧

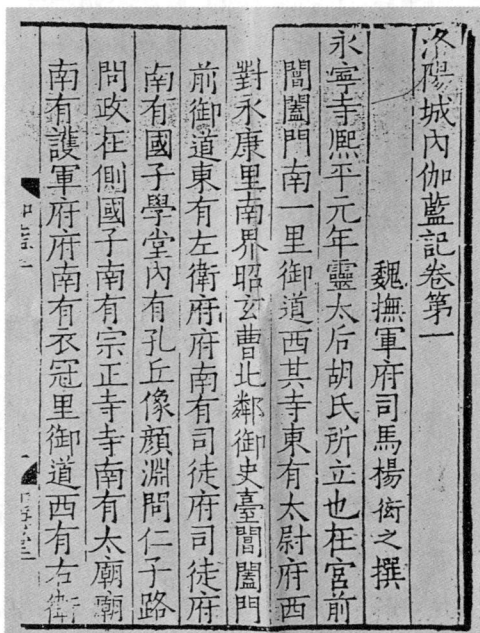

图 4-1 《洛阳伽蓝记》

(1495—1573),家中藏有多种版本的《文选》,其中宋蜀都广郡裴氏的刻本最好,他以这一种为底本进行校勘翻刻,成《六家文选》。在自序中,他说:"余家藏书百年,见购鬻宋刻本《昭明文选》有五臣、六臣、李善本、巾箱本、白文、小字、大字,殆数十种。家有此本,其称精善,而注释本,以六家为优,因命工翻雕,匡郭字体,未少改易。刻始于嘉靖甲午岁,成于己酉,计十六载而完,用费浩繁,梓人艰集。今摹拓传播海内,览此册者,毋

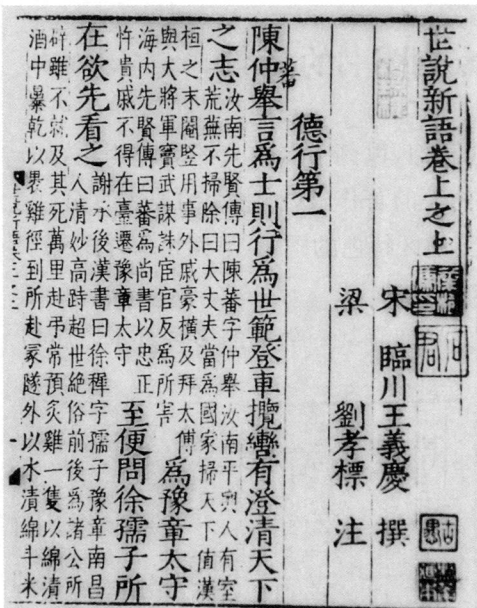

图 4-2 《世说新语》

徒曰开卷快然也。"①这部翻刻本在当时就被视为珍本。除此之外,袁褧所编的翻刻本,还有《世说新语》《楚辞集注》等。由于质量较好,一些书商常用袁氏刻本冒充宋刻本牟利。

王延喆是户部尚书王鏊之子,家居吴江震泽,家富藏书,其中有宋本《史记》一种,他延请刻工照原样雕版成书,跋文中说:"工始嘉靖乙酉腊月,迄丁亥之三月。"共费时两年四个月。当时,另有一个叫柯维熊的人,也有一部按宋本翻刻的《史记》。好事者就编了个故事,说王延喆从书贩手里骗得一部宋本《史记》,便"鸠集善工",用一个月时间翻刻完成,把翻刻本当宋本还给书贩,书贩竟分不清真伪,辨认不出这是翻刻的本子。②

二、汇集所藏稀见书编成丛书

《四库全书总目》对丛书的定义是:"以数人之书为一编,而另题以总名者。"叶德辉在《书林清话》中说得更简明:"统群书为一书。"通常的理解是,在一个主题下,收集不同部类的书,便是丛书。由于对丛书的定义不同,在几种书目中,丛书的统计数字有较大差别。

对丛书理解最大的分歧点是,在同一主题下所收的书,是否必须同一部类。比较一致的看法是,"同一主题"是必须,不能超越,但所收的书却不一定要"同一部类",不同部类也可以。例如,《四明丛书》以四明地区为收集的主题,则与四明有关的经史子集各类书都可以收进

---

① [梁]萧统编,[唐]李善等注:《六家文选》,上海:上海古籍出版社,1993 年。
② [清]王士禛:《池北偶谈》卷二十二,北京:中华书局,1982 年。

去。又如,《诸子汇函》这样的丛书,则只收子书一类,经、史、集部的书都不收。

明代家刻图书中有不少是丛书,其中,藏书家把所收藏的稀见书编成的丛书,最为人所看重。从下述例子中可以看出,独特的收集主题可以产生很有价值的丛书。

李薷:江宁人,编刊《摭探十种》7卷,"摭"是全部捞起来的意思,所收10种书都是稀见杂著。

顾元庆:长洲人,编刊过笔记小说,宋代以前的有《阳山顾氏文房小说》40种、58卷,明代的有《广四十家小说》40种。

袁褧:吴县人,编丛书《金声玉振集》50种,所收都是明初历史资料,其中有明代开国大臣如宋濂等人亲撰的材料。

张之象:华亭人,喜欢收集特殊视角的诗歌集。编有《唐雅》,收唐朝君臣唱和诗2000首;《唐诗类苑》200卷,将唐诗分成36类;《古诗类苑》120卷,收唐以前的诗作。

王圻:上海人,尽收历代的《文献通考》,编刊出版500余卷。

归有光:昆山人,编《诸子汇函》,收子书94家,是子类图书收得最多的丛书。

唐顺之:武进人,"尽取古今载籍,剖裂补缀,区分部居",把古今书分成六编:左编142卷,右编40卷,文64卷,武12卷,稗120卷,儒已佚。

俞安期:吴江人,布衣,收唐以前的典故诗文,成《唐类函》200卷,分成43部,以一人之力编著刻印。

李如一:江阴人,布衣,他所编的丛书名《藏说小萃》,所收都是江阴本地人的笔记杂著,共11种。

陈仁锡:长洲人,收集各种版本的《资治通鉴》,共10多种,编成《资治通鉴纲目》。

顾起元:江宁人,所辑《归鸿馆杂著》都是他个人的作品。

徐缙:吴县人,编《五十家唐诗》159卷。

文肇祉:长洲人,文徵明的后裔,编其先祖辈的诗作,成《文氏家诗集》,共7种。

赵开美:常熟人,编医书《仲景全书》26卷。

薛应旂:武进人,编《六朝诗集二十四种》55 卷。

三、私史和经世致用之书

历代封建王朝中,当朝国史的编修大多是由中央政府的史馆负责,个人修史向来是比较少的。明代后期,由于修当代史,《实录》解密,民间也有了修史的基本资料。一套《实录》4 000 卷,价格是"五万缗",江南巨室如钱谦益、谷应泰家中各有一套,他们都很乐于借给人看。再加上晚明政局混乱,北虏南倭侵扰,国家不安宁,一些志士仁人想从历史中吸取教训,寻找出路,就出现了一股修私史的风气。据谢国桢《晚明史籍考》记载,晚明私史有 1 000 种之多。

据今人钱茂伟研究,晚明私修史书有 200 种左右,计综合体 8 种、编年体 15 种、重订《通纪》的编年史 23 种、名臣录类书 26 种、建文帝史 13 种、边疆域外著作 53 种、其他 23 种。① 其中著名的有童时明著《昭代明良录》,记明代 900 多位臣子;何乔远著《名山藏》109 卷,共 37 纪,不设传、表、志;谈迁著《国榷》104 卷,编年体,按年、月、日记载;朱国祯著《皇明史概》120 卷。

修私史之风兴起的同时,社会上出现了经世致用之书。在明末国势危殆、社会动荡的形势下,一些有识之士抛弃空虚之学,寻求实用之道,希望用编书以唤起人心,振兴国运。松江陈子龙等编的《皇明经世文编》是其中代表。

《皇明经世文编》的主纂是陈子龙、徐孚远、宋徵璧三人。

陈子龙,字卧子,进士,几社六子之一,曾接受张国维委托,为徐光启的《农政全书》增删定稿。清兵南下时,陈子龙在松江起兵失败,被执后在苏州投水殉国。

徐孚远,字闇公,举人,清兵破松江时,从鲁王漂泊海岛,从郑成功,死于台湾。

宋徵璧,字尚木,进士,明亡时降清。

上述三人都是江苏松江人、几社成员。此外,参与者"选编"24 人、"参阅"142 人,可以说,《皇明经世文编》是东南文人的集体创作。

---

① 钱茂伟:《明代史学的历程》,北京:社会科学文献出版社,2003 年。

这部书的收录原则有三条：一是明治乱，只要是对国家、社会治乱有价值的，便要收录；二是存异同，对重大国事有不同看法的，主张并录；三是详军事，主张详细分析南北军事的患急。

在确定了主旨和收录原则之后，陈子龙等编者通过个人关系，向亲朋好友征集文集，遍及吴、越、浙、齐、鲁、燕、赵等地，共收到文集千种以上。于是分头选辑，所收限于明代的作品，文体则限于奏议、书信、杂文，不收诗词、戏剧。然后以人为纲，以年代为序，编辑成书。正编所收始于宋濂，终于陈组绶，计 425 人；补编始于何起鸣，终于钱樉，计 5 人，合计430 人，共收文 3 145 篇。

全书分为若干部类：礼仪、职官、国史、兵饷、马政、边防、边情、边墙、军务、海防、火器、贡市、番舶、灾荒、农事、治河、水利、海运、漕运、财政、盐法、刑法、钱法、钞法、税课、役法、科举、宗室、谏诤等。

这部大书在崇祯十二年（1639）出版，五年后，明朝就覆亡了，没能实现预期的目的。清代被列为禁书，没有重印，一直到 1962 年才由中华书局影印出版。

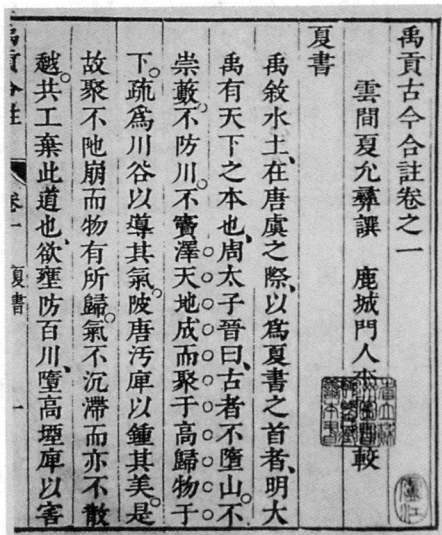

图 4-3　经世致用之书《禹贡古今合注》

这类经世致用之书，明末还编刊了几种，如夏允彝的《禹贡古今合注》，茅元仪的《武备志》，顾炎武的《天下郡国利病书》等，徐光启的《农政全书》也可以归入这一类。

四、科技图书

明朝编刊了不少科技方面的图书，绝大多数是私家刊刻的，最多的是医书，其中不少是东南名医的著作。如金坛名医王肯堂的《六科证治准绳》120 卷，傅山的《傅青主女科》，薛己的《薛氏医案二十四种》等。

农学方面的书也不少，邝璠著《便民图纂》16 卷，内容涉及农、畜、气

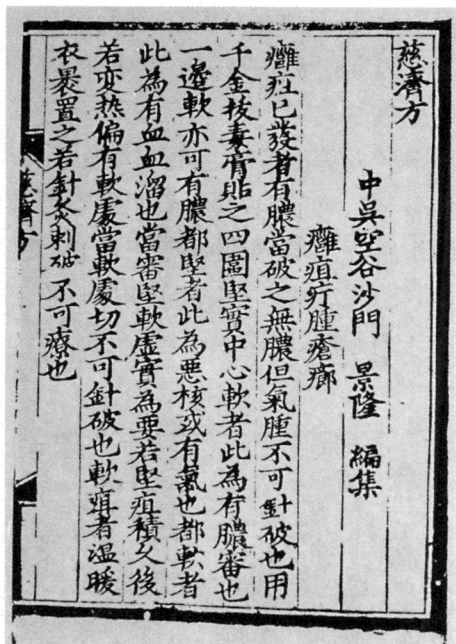

图4-4 医书《慈济方》

象各方面。兽医书也有好几种,喻仁、喻杰兄弟编《元亨疗马集》4卷,收马病72种、牛病56种、驼病48种,当时就有40多种翻刻本。

水利方面的书有张国维的《吴中水利全书》28卷,王琼的《漕河图志》8卷,归有光的《三吴水利录》3卷,徐贞明的《潞水客谈》2卷,都是讲太湖、运河、南北水运方面的专著。

最大的"军事百科全书",茅元仪的《武备志》240卷,介绍的兵器有约2000种。唐顺之的《荆川武备》12卷,郑若曾的《筹海图编》13卷、《江南经略》2卷,都以发生在江浙一带的军事为论述背景。

此外,还有建筑、造船、园艺等方面的工艺书多种。

明代有所谓"四大科学巨著",即《本草纲目》《天工开物》《农政全书》《徐霞客游记》。这四本书的编撰和刊刻,都和江苏出版界的参与分不开。《本草纲目》《天工开物》虽然作者不是江苏人,但都是靠南京的书商和官员大力相助才得以出版,这两本书的"祖本"都是金陵刻本;《农政全书》《徐霞客游记》则全程在江苏编刊成书。

《本草纲目》

作者李时珍(1518—1593),字东璧,湖北蕲州人。《本草纲目》共52卷,190万字,收录药物1892种,药方11 096个,插图1 160幅。中国历来有国家编修《本草》的传统,《本草纲目》却是李时珍个人撰修的。最早的《本草》是《神农本草经》,收录药物365种,李时珍的《本草》增加到1 892种。

李时珍以毕生精力修成《本草纲目》后,自身没有力量刊印,以手抄的方式流传,到处寻找愿意刊刻的人,都没有如愿。万历八年(1580),李时珍来到当时的"图书之府"南京,希望有人支持他。他先到太仓,找到王世贞,请他写一篇序文推荐。王世贞号称"天下文宗",从来不肯"妄赞一词"。他看了《本草纲目》后大为赞赏,提了一些修改意见,表示愿意写序。但修改工作竟用了十年时间,这篇序文也在十年后才写出来交给李时珍。在这篇序文中,王世贞给予了极高的评价,他把《本草纲目》和自己的《艺苑卮言》、杨慎的《丹铅卮言》相比,说这三本书的共同特点都是"淹博"和"浩富"。

有了"天下文宗"的推崇,南京的出版商胡承龙答允刊刻这本书,李时珍就留在南京,一面行医,一面校订。在这段时间里,他还设法取得郑和从西洋带回的外国草本数十种,补充到书里。刊刻的进度很慢,三年后,李时珍因病归湖北,万历二十一年(1593)病逝,没有看到这本书的出版。正式出版是万历二十四年(1596),这时写序的王世贞也已去世。

《本草纲目》出版后引起各界重视。六年后,江西巡抚夏良心倡议翻刻,得到各方赞成,只用了6个月就完成了。之后,明清两代各有30多个版本,还传到日本、波兰等国。达尔文称赞这本书是"中国古代的百科全书",英国李约瑟博士在《中国科学技术史》中盛赞这是一本"登峰造极的著作",是"辉煌的成就,难能可贵"。

当年,南京胡承龙刊印的《本草纲目》被称为"祖本",在这场文献流传的接力中,南京传出了可贵的第一棒。

《天工开物》

作者宋应星(1587—?),字长庚,江西奉新县人,生于万历十五年(1587),万历四十三年(1615)和他的哥哥应升同榜中举,宋应星名列第三,以后多次会试未中,便从事游历考察。崇祯七年(1634)出任江西分宜教谕,开始写《天工开物》,崇祯十年(1637)完成初稿。崇祯十一年(1638)任福建汀州府推官,掌刑狱审判事,崇祯十四年(1641)任安徽亳州知州,明亡后,曾在南明任职,后不知所终。所著除《天工开物》外,还有《野议》《思怜诗》《论气》《谈天》四种,《野议》一书,收论文12篇,论明末时事。

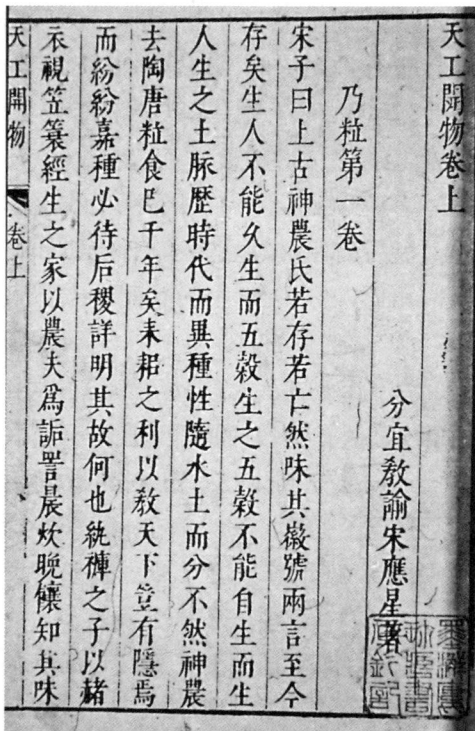

图4-5 《天工开物》

《天工开物》全书分为3编，18卷，约30万字，插图160多幅，画面生动，细节精致。上编6卷：乃粒、乃服、彰施、粹精、作咸、甘嗜；中编7卷：陶埏、冶铸、舟车、锤锻、燔石、膏液、杀青；下编5卷：五金、佳兵、丹青、曲蘖、珠玉。

宋应星主张"穷究试验"，注重实用，记录了130多种技术经验数据，还介绍了朝鲜、日本、波斯、葡萄牙、荷兰等国的有关技术资料。宋应星自称此书"于功名进取，毫不相关也"（自序中语）。现代著名科学家丁文江认为这本书有五个特点：一是一反明儒重科举轻实用的陋习；二是系统地实录，"通篇未尝引用一书"；三是着重数据统计；四是根据事实说话，"破除迷信"；五是多列事实，绝少议论。

这本书篇幅并不多，但起初未能出版。帮助宋应星刊行的是他的好友涂伯聚。涂与宋应星是同榜举人，当时担任南京工部主事，先一年已经帮助宋应星出版过一本《画音归正》，已失传。《天工开物》刊行后不久，有书商杨素卿重刻刊印，还加上了一段绝妙的广告词："一见奇能，内载耕织造作，炼采金宝，一切生财备用，秘传要诀。"这两种版本很快传到日本，日本的菅生堂于1771年出版了翻刻本。后来，这书在国内失传，靠日本菅生堂本返传回中国。但这个返传本的插图已失原貌。一直到1952年，宁波李氏墨海楼向国家献书，其中有《天工开物》的初刻原版本，这本书才重新以原貌影印出版。

《天工开物》在国际上也有佳评，英、德、俄、意、法等国都有译本，法译本书名《中华帝国工业之今昔》，美国在 1664 年出版译本，书名《十七世纪的中国工艺学》。

《农政全书》

作者徐光启(1562—1633)，松江府上海县人。《农政全书》是他 60 岁左右在上海"冠带闲住"时撰写的。

徐光启一直认为，国家富强必须抓住"农"和"军"两个字。他用很多时间做农垦和练新兵两件事，积累了不少实践经验，《农政全书》是他从事农业方面的经验总结。

全书 60 卷，约 50 万字，分为 12 目。具体内容为：

1. 农本 3 卷，列举经史典故中重农的论述，其中第三卷是明人冯应京的《国朝重农考》；

2. 田制 2 卷，其中前一卷是徐光启著的《井田考》；

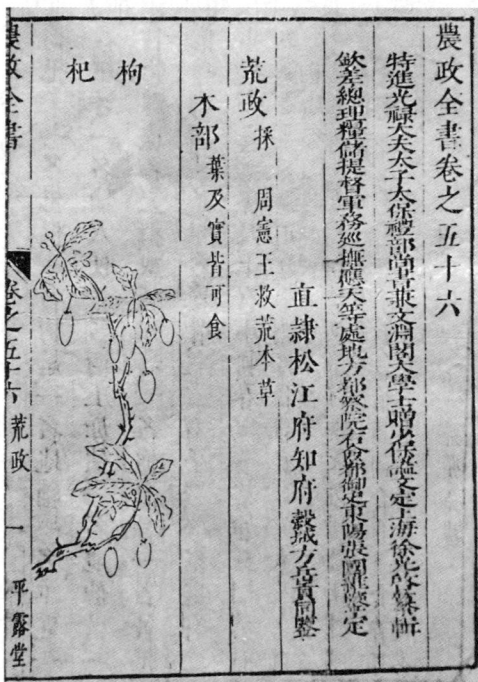

图 4-6 《农政全书》

3. 农事 6 卷，介绍农耕、农殖、农时等；

4. 水利 9 卷，介绍各地水利，其中有徐光启和熊三拔合译的《泰西水利》；

5. 农器 4 卷，介绍农器的质料和用途；

6. 树艺 6 卷，介绍谷、果、蔬的种植经验；

7. 蚕桑 4 卷，介绍栽桑养蚕的经验；

8. 蚕桑广类 2 卷，介绍棉麻种植法；

9. 种植 4 卷，介绍园圃、木材、药材的种植；

10. 牧养 1 卷，介绍禽、畜、蜂、鱼的养殖；

11. 制造 1 卷,介绍酿酒、建屋、制衣;

12. 荒政 18 卷,引《救荒本草》14 卷,以及徐光启著的《备荒考》一文。

这是一种很独特的编纂方法。历史和现实,理论和实际,政治和经济,文献和口传,中国和外国,他人的和自己的,在一个"农"字下总绾在一起。

在中国的语言习惯中,凡是以"政"字为词尾的词语,所指向的事物都和国计民生有重大关联,如盐政、马政、学政、选政、荒政、船政、税政等。徐光启的这部书,不称"农技",不称"农艺",而称"农政",原因就在于此。

徐光启去世时,这部书还没有完稿。徐光启去世后,陈子龙从他的儿子徐尔爵处借来原稿过录了一份。十府巡抚张国维看到后惊喜不已,就请陈子龙加工修改整理。陈子龙的整理加工十分大胆,竟把 60 卷改成 46 卷,"删者十之三,增者十之二",增删极大。被删的是什么,增加的是什么,现在都无法知道了。陈氏增删好以后,张国维请他的好友松江知府方岳贡刊刻成书,崇祯十二年(1639)在陈子龙家中的平露堂付梓。

《徐霞客游记》

徐霞客(1587—1641),名弘祖,字振之,号霞客,江阴人,终身布衣,22 岁开始游历生活,55 岁时去世,可以说一生都在壮游中度过。他东渡普陀,北历燕冀,南陟闽粤,西北攀太华之巅,西南至贵州边境。

《徐霞客游记》的记载始于万历四十一年(1613),终于崇祯十二年(1639),前后历时 26 年,约 60 万字,按日记载,大体蝉联,全书共 4 卷。"第一卷从天台、雁荡,以及五台、恒、华,各为一篇。第二卷以下,皆西南游记,凡二十五篇,首浙江、江西一篇,次湖广一篇,次广西六篇,次贵州一篇,次云南十有六篇,所缺者一篇而已。"①各篇日记中间,夹有一些专文,如《盘江考》《丽江纪略》等。日记内容涉及山川、岩洞、峰峦、瀑布、温泉、动物、植物、矿产、农业、手工业、居民点、人口、交通、物价、民情、少数民族、边防等。

① [清]永瑢等编:《四库全书总目提要》卷七一。

徐霞客生前没有把游记整理成书,后来由他的儿子李寄整理成"李介立本",以抄本流传。钱谦益曾致函毛晋,建议汲古阁刊印此书,说这是一部"千古奇书",因明清易代未果。一直到清乾隆四十一年(1776),才由徐霞客的族孙徐镇正式刊印。这时,距离徐霞客去世已经135年了。因为游记的原稿曾经失散,因此各种版本的内容编次多有不同,近年由上海古籍出版社出版的十卷本是迄今最完善的版本。①

《徐霞客游记》在地理科学上有很高价值,主要表现在:一有关水道地理的考察,二对石灰岩地貌的考察,三对地热现象的考察,四对南北气候差异的观察和论述。

五、宗教图书

汉代,佛教传入中国,通过口授、缮写等方式传布教义典籍。唐代有了雕版印刷术,传布方便,佛经陆续整理成为后来的大藏经。唐开元间整理成的《开元释教录》(简称《开元录》)共收经1 076部、5 048卷,是一部佛经的目录,后世的藏经都以此为准则。

藏经的整理刊刻,不单是皇室的事,寺院、私家、经坊都积极参与。明代著名人物如郑和、戚继光等,都曾以个人名义刊刻过多种佛经。明代最完善的一部民间刻经是江浙刊刻的《径山藏》。

《径山藏》因其主要刻成于浙江余杭的径山得名,它还有多个名称:因其发行地在嘉兴,又名《嘉兴藏》;因其主要在万历年间刻成的,又名《万历藏》;因其装订方式是方册装,又名《方册藏》;因其刊刻过程中密藏僧侣出力最多,又名《密藏》;日本人则称为《明藏》。

1.《径山藏》的发起

明初,皇室内府设司礼监经厂,以刻经为主要任务。定都南京时期,先后刻印过"洪武藏"和"永乐藏",这两种都称为"南藏",迁都北京后刻印了"北藏",南藏和北藏都是汉文。此外还有藏文的"番藏"、道教的"道藏"。

佛藏的总量很大,南藏1 625部、6 331卷;北藏略有增加,1 657部、6 961卷。据《酌中志》记,刻北藏版片达"十八万八十二叶",可见刻一套

---

① [明]徐弘祖:《徐霞客游记》,上海:上海古籍出版社,2010年。

全藏不是容易的事。

司礼监经厂刻成经版后,交给一个寺院经管。天下寺院如有需要,可以交款"请经"。偌大一个中国,寺院何止数万,靠一个寺院供应全国佛经,显然供不应求,这便是民间刻经兴行的根本原因。

民间刻经兴起还有两个很重要的原因:一是当时天下刻经的底本是"北藏",但这部北藏几经传刻,已经错误百出,差错"越改越甚",不能再做底本,必须做一次认真的校正;二是当时佛经用"梵夹装",这是从印度流传而来的一种古老的装订方法,花费多,据说比"方册装"要"多费十之七",而且容易朽散。省费又牢固的"方册装"早已成熟,但佛教徒认为"梵夹庄重,方册轻亵",不肯使用。

最早提出重刊一部大藏经的人是袁了凡。袁氏晚年隐居吴江,进士,兵部主事,博学尚奇,他撰写了一篇《刻藏发愿文》倡议,引起重视。其中最有号召力的是明代四大高僧之一的紫柏真可,后来成为刊刻这部大藏的代表人物。

紫柏真可(1543—1603),吴江人,佛学造诣很深,僧俗弟子不少。他撰《缘起》响应袁了凡的倡议,对世俗政治卓有见识。因支持抗矿税斗争被卷入"妖书"事件入狱,死于狱中,年61岁。之后,他的弟子如憨山、道开、法铠、幻予等继续刻经,不少知名的官员和学者也响应参加,如:

冯梦祯,字开之,嘉兴人,南京国子监祭酒,他多次资助,还参与校订。

陆光祖,字与绳,平湖人,吏部尚书。

曾同亨,字于野,江西吉水人,工部尚书。

瞿汝稷,字元立,常熟人,太仆少卿,辰州知府。

吴用先,浙江布政使,他曾在径山造屋20多间供刻经之用。

此外,还有钱谦益、陈继儒、毛晋、王世贞、王肯堂、焦竑等人参加。

在紫柏众多的跟随者中,有一个名叫道开的人,很受众人信任。他本是南昌儒生,弃儒从佛,拜紫柏为师,承担了刻经的很多繁重工作,"凡百悉委之"。

万历十五年(1587),由道开邀请10位"善信",在北京集会,举行道场,共同盟誓,决心刻一部大藏。此次集会形成了一篇文书《刻大藏愿意文》,昭告天下,各位善信各自撰写誓文,表示决心。这些文书,后来汇集在这部大藏经的"函首"上。

2. 经费、总规划和实施细则

当时估计,编刊大藏经大约需要"三万金",即白银三万两,这个估计基本上是准确的,当时刻字的工价是"百字四分银"。北藏全部约近7 000 卷,每卷约一二万字,三万两银子可以运作了。

筹款的方法,主事者有两种意见:一是向善男信女广泛劝募,另一种是向"有力者"重点集资。紫柏大师认为广泛劝募可以与天下人结缘,符合刻经初志。最后采取折中的办法。具体做法是选 40 人为"缘首",分成 10 个组,每组 4 人,其中 1 人是"有力者",每年捐资百金,其余 3 人负责募化。同时,采取边刻边出售的办法。把先刻好的《弘明集》出售,南方每部八钱,北方每部一两。整个刻经期间,筹款的过程是十分艰苦的。

神宗皇帝的生母李太后闻知民间筹款刻大藏经的事以后,表示可以用国帑支出帮助,紫柏婉言谢绝,说愿意"以一身任事"完成这个事业,表示了极大的决心和信念。

紫柏等人对这部大藏经的总体规划是:全书分"正藏"和"续藏"两部分。"正藏"就是北藏的全部,不增不减,但要认真校勘,改正错误,重新刻版;"续藏"则收宋、元、明初的中外佛学新著,数量最初没有确数,后来实际收录的较多。"正藏""续藏"之外,又多出了"又续藏",但数量不多。总规划还明确规定,全藏用方册装,不再用梵夹装。这个总规划显示,这部大藏经不论从宗教还是从出版的角度来说,都是一项继往开来的大工程。

在总体规划之下,主事者对各道工序、各个方面、各种人员都作出了实施细则。例如,《检经会约》中规定校订"正藏"要"以北藏为底本,以南藏始对其文,再对其义,并行抽对、复校,付众裁夺,书样出后再校,雕告成后再行复校"。可见校对不止三五次之多,十分严格。校对工作还有一个错误罚款多少的规定。对刻字则规定,在刻工中先要推举一个"诚实有身价者"为首,先刻样张,上好者给银二分,次一分,如有错误"每字罚银一分,仍责复对"。不合格者还要赔版子费和书写费,每卷结算一次。

主事者还规定,每卷的卷末要有一段《施刻愿文》的识文牌记,记载施刻人、校订人、书写人、刻工的姓名,刊刻的年份和地点。这些记载后来成为极有价值的资料,如《石门文字禅》第六卷的"愿文":

> 丹阳居士贺学礼学易共施刻此卷荐　父澹
>
> 庵府君往生安养　海盐了缘居士对　长洲
>
> 徐普书　上元李茂松刻
>
> 万历丁酉仲秋径山兴圣万寿禅寺识

3.《径山藏》的刊行

《径山藏》共录有经1 900余种、9 000多卷,工作量很大。紫柏原定10年完成,实际上远远超过。

初刻的时间有三种说法:万历七年(1579)、万历十三年(1585)、万历十七年(1589)。终刻时间说法更多,从明末到清雍正元年(1723)都有,按最长的说法,《径山藏》前后刻了120多年。事实如何,无法查实。因为现存的《径山藏》虽然有十多部,却没有一部是完整的,也没有两部是完全相同的,各部的目录也不一样,无法比对。

发稿的先后顺序也说法不一。有一种说法是,全书先刻续藏,再刻正藏,因为续藏是新稿,先刻印出来,可以使人有新鲜感。但据书后的"愿文"分析,事实恐怕并非如此,而是不分正还是续,以一种书为单位,哪一种先校订完工,就先发这一种稿。

发稿的地点,看法比较一致。先在万历十七年(1589)时,经三次问卜,决定在山西的五台山清凉山妙德庵开工,因为五台山是佛教圣地,五台山的大和尚无边也表示欢迎。但五台山气候条件不好,交通也不便,四年中共刻经46种、570卷。后来迁到浙江余杭的径山,那里有径山寺、寂照庵、化城寺等好几座大寺,很适合做刻场。最后阶段,又把刻书地点扩散到江浙皖几个地方,出的书也称《径山藏》,统一格式,这种做法与"加盟""连锁"等商业模式略类似。当年参加这种出版活动的有苏州寒山寺、金沙东禅青莲社、休宁大寺、金坛紫柏庵、常熟华严阁等七八家。但主要部分还是在径山完成的。扩散的原因似乎是想广结佛缘,加快进度,这种做法的利弊如何,尚待研究。

参加刻经的人员很多,不少是江苏人。如书写人中有一个人叫徐普,苏州人,他写的经文"端庄雄厚",很合佛经的要求;刻字工人中,三分之二来自南京、苏州,他们是吴县、上元、金陵、溧水等地的有名良工。

《径山藏》最后完成的数量,有 10 多种说法,出入很大。据浙江省社科院的说法是:

> 《径山藏》的"正藏"含 210 函、1 654 种、6 956 卷、1 460 册,"续藏"和"又续藏"合计 90 函、256 种、1 604 卷、671 册。

关于这部经的数量有几种说法值得注意:一种说法是 1985 年《中国古籍善本书目》中记《径山藏》共有"六千九百五十六卷",但这数字不知是否包括续藏和又续藏在内;第二种说法是故宫博物院清理《径山藏》所得"2 141 部,10 889 卷",超过 1 万卷;第三种说法是童玮在《二十二种大藏经通检》中记《径山藏》有"2 090 部,12 600 卷",这是数字最多的一种说法。①

第四节　江苏家刻的杰出代表

前文提到,明代江苏的家刻有 970 家,刻书 1 637 种。在近千个刻书者中,绝大多数所刻的只有一二种个人著作,少数刻书数量较多,有鲜明的特色。其中有个别人是当时在职的官员,但所刻的书不是用官署的名义,不属于官刻的范围,所以也在家刻这一节中介绍。

1. 杨一清(1454—1530)　字应宁,祖籍云南,后入丹徒籍。成化八年(1472)进士,官至兵部尚书、华盖殿大学士。他喜欢编书刻书,所编书有《杨一清奏议》30 卷、《东征日录》1 卷、《吏部题稿》5 卷、《关中奏议》18卷、《石淙类稿》45 卷等 10 多种。所编奏议方面的书,多为陕甘边事,内

---

① 本节主要参考材料有顾志兴:《浙江出版史研究(元明清时期)》,杭州:浙江古籍出版社,1993年;章宏伟:《出版史研究中第一手资料的价值与意义——从〈嘉兴藏〉学术研究史角度来观照》,内部资料,尚未出版。

容丰富,富有史料价值。他还主纂过《(正德)镇江志》,刻印过《明伦大典》等。

2. 王延喆(1483—1541) 字子贞,吴江人,户部尚书王鏊长子,因父荫任大理寺右寺副,出任兖州府推官,因病辞归,潜心校刻图书,以翻刻精品著称。他曾以家藏130卷宋版《史记集解索隐正义》为底本,请工人到家翻刻,两年完成,质量可以乱真。他还刻印过《本草单方》8卷。其父王鏊刻印过《大唐六典注》30卷、《孙可之文集》19卷、《楚辞章句》17卷等。

3. 顾元庆(1487—1565) 字大有,长洲人,家富藏书,以笔记小说为多,书斋名"夷白斋",自称大石山人,一生恬心自适,没有出仕。他把家藏的小说陆续整理,从正德十二年(1517)到嘉靖十一年(1532)间陆续刊印小说40种、58卷,取名《阳山顾氏文房小说》,所收都是汉至宋代的笔记小说。过了几年,又刻书40种,初名《梓吴》,后改名为《顾氏明朝四十家小说》40种、43卷,大多是明朝的笔记小说。再后来,又另辑《广四十家小说》40种、47卷,杂收汉至明人的笔记小说,但和前面两种略有重复。

4. 黄鲁曾(1487—1561)、黄省曾、黄贯曾、黄姬水

黄鲁曾,字德之,吴县人。其父是邑中富户。黄鲁曾和其弟得父遗产后都用来买书,他不愿从严嵩为官,毕生未仕。所刻书有《孔子家语》10卷、《两汉博闻》12卷、《汉晋唐四传》14卷、《古列女传》7卷、《列仙传》2卷等。

黄省曾,鲁曾之弟,字勉之,自号五岳山人,志趣和其兄相同,刻有《山海经》8卷、《水经注》40卷、《李空同先生集》66卷、《申鉴》5卷等。

鲁曾还有个弟弟贯曾,也喜欢刻书,曾刻《唐诗二十六家》。

省曾之子姬水,字淳父,继承父业,刻有《前汉纪》《后汉纪》各30卷、《范忠宣公文集》20卷等。

黄氏一门所刻的书,大多由苏州雕版良工黄周贤雕刻,在书末有其署名。

5. 杨仪(嘉靖间人) 字梦羽,号五川,常熟人,嘉靖间进士,官至兵部郎中、工部主事,因病辞官回家,以读书著述为乐。杨仪生于官宦之

家，家富藏书，建"万卷楼"藏书。他喜欢抄书，所抄的书被认为是最精良的。他著的书有《南宜集》10卷、《格物通考》20卷、《高坡异纂》3卷、《螺头密语》8卷、《骊珠随录》10卷等。他还刊刻过古籍《桂翁词》6卷、《欧阳新曲》1卷等，还曾用铜活字摆印过《王岐公宫词》。

6. 袁褧（1495—1573）、袁表（1488—1553）

袁褧，字尚之，吴县人，屡试不利，绝意功名，博学工诗，闻名吴中。他与兄表、弟褒，以及堂兄弟衮、袠、裘，时称"袁氏六俊"，家中藏书丰富，称嘉趣堂。他最大的贡献，一是按宋版翻刻了《六家文选》60卷，用了16年才完成，用费浩繁，当时就被视为珍品；二是编刊了丛书《金声玉振集》50种、63卷，都是明朝人撰写的国史大事，有很高的史料价值。

袁表，字邦正，袁褧的胞兄，补庠生，官至江西临江通判，后辞官归里，和袁褧一同翻刻《唐皮日休文薮》10卷，人称"精美绝伦"。

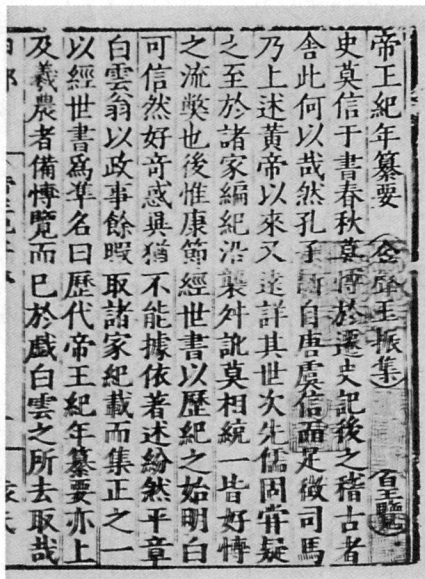

图4-7 丛书《金声玉振集》

7. 张之象（1496—1577） 字元超，松江华亭人，由诸生入国学，任浙江按察司知事，后辞官归隐，以著述为事，著有《太史史例》《楚范》《楚骚绮语》等书。他编的书以诗总集为多，有《唐雅》《彤管新编》《唐诗类苑》《古诗类苑》等。《唐诗类苑》将唐诗分为36类，以类隶诗，共200卷。《古诗类苑》以同样体例汇辑古诗，120卷。他汇编的诗篇幅很大，家贫不能完成，后来由同里俞显卿继续刊刻，再由吴门曹氏为之完成。

8. 王圻（1530—1615） 字元翰，上海人，嘉靖间进士，官至御史、陕西提学使，晚年辞官归里著书，所居称"梅花源"。他对历代典章制度有精深研究，编制成《续文献通考》154卷。后来清代官修《续文献通考》即以此书为据。他还编有类书《三才图会》106 卷、《稗史汇编》175 卷,这三部都是篇幅很大的类书。他还刊印过一些前人的著作,如薛瑄的《读书录》23 卷、《黄庭内外景经注解》4 卷、《古今考》1 卷、《续古今考》37 卷等,集编刊于一身。

    9. 归有光(1506—1571)　字熙甫,昆山人,举乡试,但八次应试都不第,便在嘉定读书讲学,学生数百人,人称"震川先生",后举进士,官至南京太仆寺丞等。著有《易经渊旨》《三吴水利录》等。家有世美堂,富藏宋元旧籍,编了一部极有价值的《诸子汇函》,收子书 94 家,上自周代《鬻子》,终迄明代《郁离子》,是清代以前收录子书最多的丛书。

    10. 唐顺之(1507—1560)　字应德,武进人,嘉靖间进士,官至南京兵部主事、左都御史等。他学识渊博,文武兼备,志操卓异。在图书编撰方面也有独特的想法,他要"尽取古今

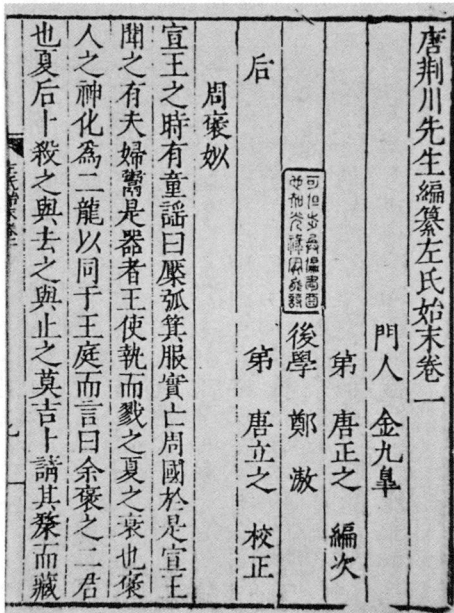

图 4-8　《左氏始末》

载籍,剖裂补缀,区分部居",成为六编:左、右、文、武、稗、儒,体制宏大,包罗万象。《左编》即《史纂左编》142 卷,"其意欲取千古兴衰治乱之大者,切着其所以然,故其体与他史稍异"(《四库全书总目》语)。用了 27 年时间,七易其稿而成。《右编》40 卷,搜集历代奏疏书议之作。《文编》64 卷,选择有精意。《武编》12 卷,论用兵指要,卷数虽少,篇幅却不小,分为 97 门。《稗编》原名《杂编》,120 卷,收"诸子百家之异说"。最后一编《儒编》,已佚。除了这部《六编》,他编辑的书还有不少,如《诗编》《明文选》《二妙集》《唐宋名贤策论文粹》《六家文略》《医纂》等。

    11. 焦竑(1541—1620)　字弱侯,江宁人,万历十七年(1589)殿试

第一,官翰林院修撰、皇子讲官。因主持应天乡试时录取了"文多险诞"的考生,被降为福宁同知。他自己著的书有《国朝献徵录》《澹园集》《焦氏笔乘》《易筌》《玉堂丛语》等 10 多种,编纂的书有《国史经籍志》《历朝名人实录》、《诗学会通大成》30 卷、《中原文献》24 卷等 10 多种,刻书有《两苏经解》(7 种 67 卷)、《东坡集》16 卷、《陶靖节先生集》8 卷,又首先刻印了李贽的《藏书》《续藏书》,引起思想界的震动。

12. 俞安期(1551—1627) 字公临,吴江人,布衣,笃学好古。唐代有 4 种类书传世,但重复缺漏,使用不便。他把 4 种书重编成《唐类函》200 卷,分成 43 部,用者称便。还编有《诗隽类函》《启隽类函》《类苑琼英》等。

13. 王肯堂(1549—1613) 字宇泰,金坛人,万历十七年(1589)进士,选庶吉士,授检讨。倭寇破朝鲜时上疏忤皇帝,被降官,引疾归里行医。著有《论语义府》《尚书要旨》《郁岗斋笔麈》《医论》《医辨》等。行医期间,综合前人经验和自己的实践,用十年时间编成《证治准绳》120 卷。又编有《古今医统正脉全书》,收古代医籍 44 种。还刊刻著名医书《千金翼方》。

14. 陈继儒(1558—1639) 字仲醇,松江府华亭人,成年后考取秀才,后焚儒生衣冠,绝意功名,隐居昆山。他博学强识,经史诸子,佛经道藏,无所不精,兼能绘画。朝廷要员一再举荐他,都以疾辞。一生喜欢收集刊布古籍,尤好奇书异册,他汇辑所藏善本,由秀水沈氏刻成《宝颜堂秘笈》220 种、457 卷,分成正集、续集、广集、普集、汇集、秘集六集。除刻书外,他还编辑过不少书,如《秦汉文脍》5 卷、《古文品外录》12 卷、《古论大观》40 卷、《文奇豹斑》12 卷、《建文史待》(引用 126 种书)、《逸民史》22 卷、《古今韵史》12 卷等。

15. 赵琦美(1563—1624) 原名开美,字仲朗,常熟人,国子监生,以父荫补太仆丞,迁刑部郎中、都察院都事。其藏书楼称脉望馆,他得到秘籍善本后,总要千方百计补齐翻刻。在得到宋李诫《营造法式》残本(缺 10 卷)后,先从朝廷秘阁中借出本子补了一部分,又继续寻访,经历20 年时间,终成全书。在得到《洛阳伽蓝记》5 卷本后,向四位藏书家借得四种抄本校勘,改正 488 处,数年后,又借到一种,改正 50 多处,前后历时 8 年,终于形成了比较完善的版本。他编的《古今杂剧》至今尚存 242 种,还有《铁网珊瑚》16 卷等书。

16. 许自昌(1578—1623) 字玄佑,长洲人,从小性好闲适,不乐仕进,以戏曲创作见长,家中常年置有戏班。著有《水浒记传奇》,并改订剧本《桔埔记》《节侠记》《种玉记》等。所刻书主要有《太平广记》500 卷(大字本)、《前唐十二家诗》24 卷、《分类补注李太白诗》25 卷、《唐荆川先生纂辑武编》12 卷。著书有《捧腹编》12 卷等。

17. 陈仁锡(1581—1636) 字明卿,天启二年(1622)殿试第三,官国子监祭酒,著有《系辞十篇书》《古文奇赏》等,刻书用"阅帆堂"名称。他收集了不少有关《资治通鉴》方面的书,通评通校成《资治通鉴纲目》431 卷,还刻有《宋元通鉴》157 卷、《潜确斋类书》126 卷、《经世八编类纂》285 卷、《大学衍义补》160 卷、《诸子奇赏》120 卷、《明文奇赏》120 卷等书。

18. 张国维(1594—1645) 字九一,浙江东阳人,天启二年(1622)进士。任应天、安庆等十府巡抚,常驻苏州,主持太湖水利,对图书出版有独特看法。编刊过自著的《吴中水利全书》28 卷,曾支持刻印徐光启的《农政全书》60 卷、周鉴的《将标》66 卷、陈子龙的《皇明经世文编》504 卷,还捐俸刊刻在苏州枯井中发现的奇书《心史》。张国维志操高洁,明亡后从唐王监国,唐王失败后,沉水殉国。张国维编刊的书,既有官衙名义的官刻,也有非官方名义的家刻。

第五节　江苏家刻一例

明代江苏无锡县有一位文人顾起经颇有文名。顾起经(1515—1569),字长济、元纬,号九霞,别号罗浮外史、冠龙山外史等。其父顾可学(1482—1560),是一位名医,因向嘉靖帝献秋石、红铅得宠,任礼部尚书。顾起经曾随父赴京,严嵩爱其才,拟荐举他任职,不从。后来以国子生谒选广东盐课提举,兼署市舶,曾助黄佐修《广东通志》《广西通志》。后回到无锡,与其弟顾起纶一起读书刻书。大概在嘉靖年间,完成了一部很有价值的关于唐代诗人王维的书。

王维是唐代有名的山水田园诗人，兼精绘画、音乐，但他的作品并没有结集出版过。明以前，只有一部刘辰翁评点的六卷本《王摩诘诗集》，缺失很多，士林深憾。顾起经花费不少心血，进行了辑佚、注释、研究等工作，编成了一部 19 卷本的书。书名极长，看书名就可以知道它包括哪些内容了：

《类笺唐王右丞诗集十卷　文集四卷　集外编一卷　年谱一卷
唐诸家同咏集一卷　赠题集一卷　历朝诸家评王右丞诗画钞一卷》

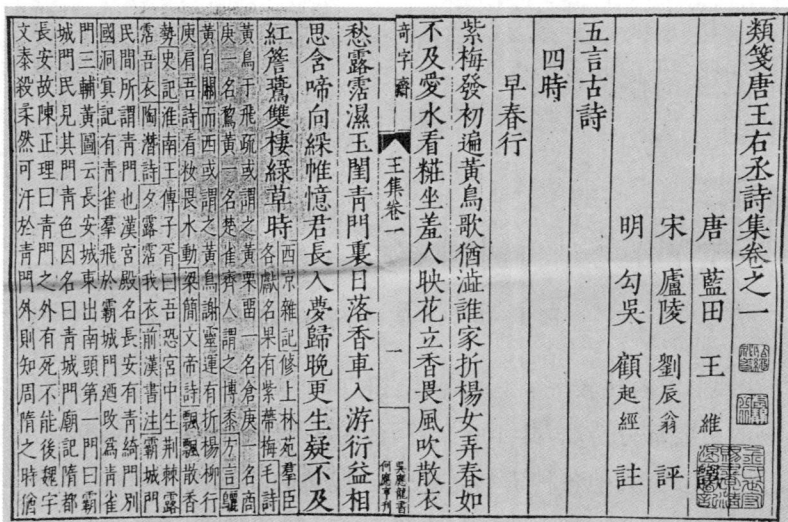

图 4-9　奇字斋本《类笺唐王右丞诗集》

顾起经十分珍视这部书，决定自己主持"开局"刊刻，便请了一批工匠，在嘉靖三十四年(1555)十二月望(十五)开工，地点在他的家园"奇字斋"。所请的工人计有 30 人：

写勘(缮写和校对)：吴应龙等 3 人(长洲 2 人、无锡 1 人)；

雕梓(刻字)：应钟等 24 人(计金华 1 人、苏州 4 人、武进 1 人、江阴 1 人、无锡 17 人)；

装潢(装订)：刘观等 3 人(苏州 1 人、无锡 2 人)。

30 个工匠，一共工作了 5 个半月，在嘉靖三十五年(1556)六月朔

(初一)完成。在这部书目录页的后面,有一页“开局氏里”,上面载了刊刻人员名单和工程起讫日期。这个工程一共费去多少银子,印了多少册,分送了哪些亲友,则未见记载。

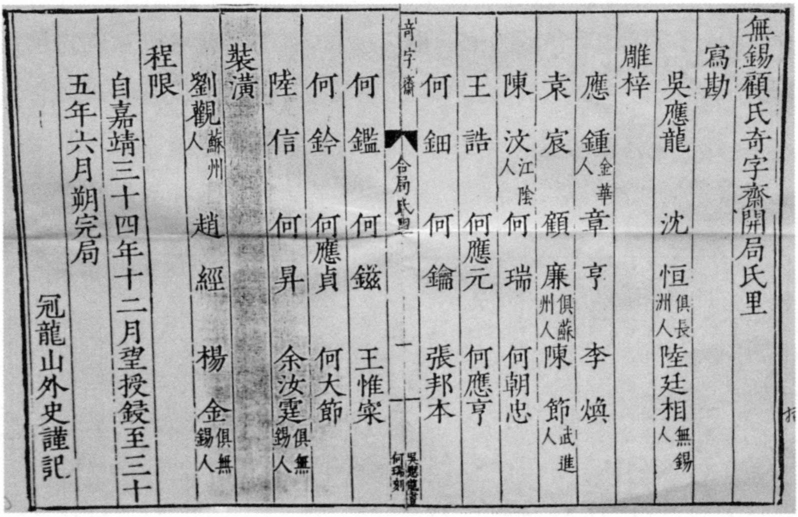
無錫顧氏奇字齋開局氏里
寫勘 吳應龍 沈恒(俱長洲人) 陸廷相(無錫人)
雕梓 應鍾(金華人) 章亨 李煥
袁宸 顧廉(俱蘇州人) 陳節(武進人)
陳汶(江陰人) 何瑞 何朝忠
王誥 何應元 何應亨
何鈿 何鑰 張邦本
何鑑 何鎡 王惟寀
何鈴 何應貞 何大節
陸信 何昇 余汝霆(俱無錫人)
裝潢 劉觀(蘇州人) 趙經 楊金(俱無錫人)
程限 自嘉靖三十四年十二月望授鋟至三十五年六月朔完局
冠龍山外史謹記

图 4-10 《类笺》刊刻人员名单

这部书内容比较完善,囊括了当时所能得到的关于王维的全部资料,书的主要部分诗歌,共 400 余首,诗的注释是顾氏撰著的,年谱一卷,也是他撰述的,其他各种资料是他苦心搜集的。明代和清初,这个本子一直流行。到清中期,才有人收集更多材料,出版了更加完善的 28 卷本。

《类笺》这部书,不单编选精当,而且刻印装帧也很精良。全书大约 30 万字,30 个工匠刻印了近半年时间,每人每天的工作量不到 100 字,慢工出细活,大字小字都刻得很精细,纸张、用料、装帧也很考究,出版界有“纸墨莹润,开卷悦目”之誉。

顾起经和他的弟弟顾起纶刊刻的图书还有:《小十三经》《国雅续国雅 国雅品》《大学衍义补摘粹》《拾遗记》《会真记》《玄言斋集》《标题补注蒙求》《皇明鸿猷录》《振秀集》等。其中《国雅》一书是顾起纶编集的,收集了明初的诗作,选编有见地,很受人欢迎。兄弟二人刻书的名义除用"奇字斋"以外,还有用"众芳书屋""祇洹馆"等名称的。

顾氏是无锡当地"豪家"。《类笺》这部书的各卷,还注出了刻于不同场所:卷一刻于待沐园,卷二刻于长康外圃,卷三刻于宛在亭,卷四刻于祇洹馆,卷五刻于对山开卷之阁,卷七刻于清华亭,卷八刻于木瓜亭,卷十刻于静思之室,文一刻于圜锻亭,文二刻于青藜阁,文三刻于思玄室。可见家里十分富裕,有一个很大的园林。

这部书存世甚多,据《中国古籍善本书目》载,全国有 30 多家收藏。郑振铎先生生前也藏有一部,他认为这部书是明代出版的王维诗文集中"最备、最善"的一种。

这部书的编撰、刊刻、流传,生动地记述了明代江苏家刻精品书的编纂、刊印过程,也是我国文化出版传承流绪的一例。

第六节　明代藏书家的贡献

出版事业中,藏书起着"一头一尾"的重要作用。所谓"头",是指原始资料的累积,除诗文可以原创以外,其他学科的著作都少不了要以藏书为基础。至于丛书、类书、字书、韵书、总集、校勘等类的书,更完全要靠藏书。所谓"尾",是指一个时代的出版实绩,要靠藏书家、藏书楼来收藏。书籍是脆弱的,很容易被损坏。我国古籍号称十多万种,保存下来的不到十分之一。明代有书名可查的书约 3.5 万种,保存至今的不及 1 万种。[①] 历来书籍多受火、水、兵、虫的灾难,没有藏书家的苦心保存,出版的实绩是无法验证的。

有关藏书家的辞典有三部:李玉安、陈传艺编《中国藏书家辞典》;梁战、郭群一编著《历代藏书家辞典》;王河主编《中国历代藏书家辞典》。三本辞典去重后共有藏书家 4 437 人。另据范凤书《中国私家藏书概述》一文所载,中国历代藏书家共有 4 715 人,两者相差不多。范凤书文

---

① 缪咏禾:《中国出版通史(明代卷)》,北京:中国书籍出版社,2008 年。

章中统计：明代以前 1 121 人，明代 869 人，清代和近代 2 725 人，现代 755 人。

古代藏书家集中在东南地区，最多的 10 个市县是：苏州 268 人、杭州 198 人、常熟 146 人、湖州 94 人、绍兴 93 人、宁波 88 人、福州 77 人、嘉兴 75 人、海宁 67 人、南京 60 人。其中 3 个市县属江苏。

所谓藏书家，以藏书多少为准呢？实际上并无公认的标准。乾隆皇帝为了编《四库全书》，曾下诏要臣民献书，称"其一人而收藏百种以上者，可称藏书之家"。意思是一个人收藏的书有百种以上，就可以说是藏书家了。这个数字听起来很少，其实要求并不低。

再说，藏书之最多可能达到多少呢？明人胡应麟认为，藏书的极限是三四万种。他说："大率人间所藏卷轴，不过三万，若任四万极矣。"他认为南朝梁代的任昉有 4 万种书，已经达到极限了。明人毛晋汲古阁的藏书是"八万四千册"，所用的量词是"册"。书的量词有种、卷、本、册、部等，一种书或只有一册，也可以有几册，甚至几十、几百册。不同量词含义大不相同，必须注意。

明代藏书家有 800 多人，据明末姜绍书《韵石斋笔谈》卷七"名贤著述"条的记述，明代最著名的藏书家有 50 多人，各有不同的特点。胡应麟则认为，藏书家有两类：一类是"列架连窗，牙标锦轴，多为观美，触手如新，好事家类也"；另一类是"枕席经史，沉湎青缃，却扫闭关，蠹鱼岁月，赏鉴家类也"。清人洪亮吉在《北江诗话》卷三中把藏书家分为五种，即考订家、校雠家、收藏家、赏鉴家、掠贩家，利用所藏的书出版传世是他们的共同旨趣。江阴李如一说"天下好书当天下人共之"，说出了他们的共同心愿。

藏书家对出版事业的贡献主要有四个方面：一是保存稿本，抄缮写本；二是为重刻本提供校勘底本；三是编制书目，撰写校勘记或题跋；四是辑佚钩沉，聚零为整，汇编罕见丛书。

以上四端的实例有很多，在本书有关章节中有不少记述，此处不再详述。综观出版业的历史，完全可以说，出版业和藏书业往往是合二而一、相得益彰的，江苏出版业的发达也得力于藏书家的贡献。

第五章　坊刻初具规模

坊刻又称"书林",指民间商业性的出版机构。

据文献资料统计,我国古代的出版机构中,官刻约占 5%,家刻约占 70%—80%,坊刻约占 20%—30%。

据《全明分省分县刻书考》著录,江苏明代坊刻约有 364 家,出书约 1 079 种,平均每个坊刻出书只有 3 种,说明那时坊刻的刻书能力还很弱。有些坊刻刻书数有数十种甚至上百种,比较少见。像汲古阁出书达 600 种,可以说是绝无仅有的。

商业因素进入出版行业,是明代出版业走向民间、走向近代化的契机,对于作者队伍的扩大、图书品种的创新、经营方式的改进,都有积极的推动作用。

出版机构在一定地区发展起来后,会产生"集聚效应",新的创业者会趋附而来,形成"一条街""聚书地"等地区产业中心,举办"书市"等经营活动。明代江苏境内刻书业的中心在金陵和苏州两地,这两个地方的刻书机构各有一百六七十家,而江苏其他府州县的书坊,加起来也只有近 20 家。

不少坊刻经营者既有较高的文化水平,又有敏锐的商业头脑,就会别出心裁,出版好书、新书、奇书,同时也获得大利。坊刻和家刻融合,出现了杰出的出版家毛晋;坊刻和民间文学家合作,出现了冯梦龙这样的通俗小说家,创造了江苏出版史上的佳话。

明朝政府对出版的管理相当宽松,开设书坊不需要办理什么手续,经营获利也不需要交税。内容方面,除历书不准随便刻印、经书必须依据"范本"外,很少有所限制和禁忌。因此,坊刻的品类十分多样,且有不少新型图书产生。但与此同时,坊刻图书中也出现了一些粗制滥造的现象。

第一节　明代江苏坊刻中心

明代江苏的坊刻事业,集中在金陵和苏州两地。据《全明分省分县刻书考》著录,金陵地区坊刻有 171 家,苏州地区有 166 家。这个数字与其他资料有些出入,如《江苏艺文志》一书中著录数字要多一些。有出入的主要原因是著录的标准不同,有些著录者的根据是现存明版书的"牌记"或可靠书目;有些著录者的根据是方志、艺文志、笔记等,采取所谓"不问存佚"的著录方法,自然数目要多出来了。《全明分省分县刻书考》收录比较严谨,所以本书据此做介绍和分析。

一、金陵坊刻

金陵坊刻集中在今南京三山街、清凉山一带,不少坊刻者以同姓相聚,综合如下:

唐氏:唐富春(富春堂)、唐绣谷(世德堂)、唐鲤耀(文林阁)、唐鲤跃(集贤堂)、唐鲤飞、唐少春(兴贤堂)、唐振吾(广庆堂)、唐晟(亦称世德堂)、唐文鉴(唐翀宇)、唐廷仁、唐龙泉、唐廷瑞、唐建元、唐谦、唐际云等。

周氏:周希旦(大业堂)、周曰校(万卷楼)、周近泉(大有堂)、周竹潭(嘉宾堂)、周昆岗、周宗孔、周宗颜、周四达、周廷槐、周如泉、周显、周前山、周用等。

王氏:王氏勤有堂、王举直、王敬宇、王凤翔、王世茂(车书楼)、王慎吾、王尚乐、王洛川、王荆岑(光启堂)等。

傅氏:傅春暝、傅梦龙、傅昌辰(版筑居)等。

吴氏:吴小山、吴少溪(锦绣堂)、吴谏、吴发祥、吴继宗等。

李氏:李潮(聚奎楼)、李洪宇、李澄源等。

陈氏:陈大来(继志斋)、陈尊山经房、陈龙山经房等。

杨氏:杨明峰、杨君既等。

胡氏:胡东塘、胡贤、胡少山等。

郑氏:郑思鸣(奎璧斋)、郑大经等。

叶氏:叶贵(近山堂、新科书林)、叶应祖、叶如春等。

徐氏:徐用和、徐小山、徐松野、徐自强(南京印经铺)。

其他姓:萧腾鸿(师俭堂)、赵群耀、余尚勋、雷鸣、龚邦录、蔡益所、毛少池、蒋氏石渠阁、刘氏孝友堂、姜家来宾楼、汪廷讷。

此外,还有不用姓氏只用堂名者:一贯斋、十竹斋、人瑞堂、九如堂、三山书房、三美堂、三多斋、大有堂、大盛堂、长春堂、文枢堂、文秀堂、文会堂、友石居、种文堂、积德堂、汇锦堂、光裕堂、两衡堂、宝圣楼、荣寿堂、荆山书林、亲仁堂、博古堂、槐荫堂、聚锦堂等。

上述这些书坊都有数量不等的出书记录,可惜对于他们的辈分、亲属关系、经营等情况没有清楚记载,无法对他们的业务关系做进一步的分析。

金陵的坊刻中,还有一些是从外地到金陵来经营的,如从安徽来的郑思鸣奎璧斋,从休宁来的汪廷讷环翠堂,新安人胡正言开设的十竹斋,嘉兴人周履靖开设的荆山书林等。这种外地人到金陵来开设的书坊,经营上有什么特点,史料中少见记载。

金陵地区坊刻图书的种类,相对集中在三个方面:一是传奇剧本,数量很多;二是演义小说;三是各种科举考试之书。

二、苏州坊刻

明代苏州府下设吴县、长洲、元和三县,一府三县,"同城而治",衙署都在城内,街巷交叉。苏州在历史上多有异名,诸如姑苏、古吴、吴郡、吴门、吴县、茂苑等,文人随意变换使用,并无定规,大致可用苏、吴两个字来概括,统计时应把不同称谓都计算在内。现按所用不同的前缀字大致总结如下:

1. 前面冠"金阊"或"阊门"字样的最多。阊门是苏州东北城门,商业繁华之地,查知书坊 38 家:金阊书林叶显吾、金阊叶敬溪、金阊叶瑶池天葆堂、金阊叶聚甫、金阊叶敬池书种堂、金阊叶昆池、金阊叶龙溪、金阊叶碧山、金阊叶启元玉夏斋、金阊书林舒载阳(文渊)、金阊书林舒冲甫

（疑即舒载阳）、金阊五云居、金阊东观阁、金阊世裕堂、金阊拥万堂、金阊黄玉堂、金阊五雅堂、金阊书业堂（一作吴郡书业堂）、金阊十乘楼、金阊雅言堂、金阊书林唐廷杨、金阊映雪草堂、阊门徐氏书堂、金阊陈氏嘉会堂、阊门陈龙山酉酉堂、金阊童涌泉、金阊书林振业堂、金阊安少云尚友堂、阊门席鉴（玉照）扫叶山房、阊门常春堂、金阊兼善堂、金阊书林叶瞻泉、金阊书林、金阊书林贯华堂、金阊书林绿荫堂、金阊步月楼、金阊同人堂、金阊传万堂等。

2. 前面冠"东吴""吴门""姑苏""吴郡""古吴"等字的 14 家：东吴书林、吴门文汇堂、吴门宝翰楼、吴门书林翁少麓、古吴龚绍山（一作龚少山）、姑苏经坊陆瑞芝、吴郡书林大来堂、吴郡书林嘉乐斋、吴郡书林嘉乐堂、古吴陈长卿存诚堂、古吴赤绿山房、古吴三多斋、吴门五车楼、古吴文盛堂等。

3. 前面冠"吴县"的 11 家：吴县书林大观堂、吴县书林天许斋、吴县书林叶清庵、吴县书林叶华生、吴县书林开美堂、吴县书林陈长卿、吴县书林奇赏斋、吴县书林衍庆堂、吴县书林李氏善庆堂、吴县书林童涌泉、吴县书坊三乐斋等。

4. 其他两家：张氏大雅堂、映雪斋。

苏州书坊刻书的年代，大多在万历或万历以后，嘉靖年间的极少，嘉靖以前的未见，说明苏州的坊刻在明朝的后期才兴起。

苏州坊刻图书的种类集中在科举、医药、通俗类书、童蒙、戏剧、小说等，尤以小说为著。

第二节　金陵名肆简介

金陵坊刻集中在今南京三山街、清凉山一带，被称为"图书之府""金陵名肆"。不同书坊刊刻的图书各有特色，兹以刻书记录多少为序，择要介绍如下：

一、富春堂（唐富春）

唐富春，字对溪，金陵人，所刻戏剧小说极为精审，《古典戏曲丛刊》

收作底本。唐氏族人也有用世德堂名称刻书者。唐氏族人很多,世系尚未考查清楚。现知,以富春堂名称刻书55种,以世德堂名称刻书22种。

以富春堂名称刻的书有:

戏剧34种,如《分金记》《祝发记》《白兔记》《南西厢》《紫箫记》等;

医书7种,如《外科启玄》12卷、《妇人良方》24卷等;

科举8种,如《统宗故事》4卷、《科馆标奇》21卷等;

其他6种,如《古今事文类聚》236卷、《武经总要》45卷等。

以世德堂名称刻的书有:

戏剧12种,如《玉盒记》《香囊记》《五伦全备》《千金记》《拜月亭记》等;

长篇小说3种,如《西游记》《两宋志传》《唐书志传》;

科举及其他7种,如《耳谈类增》50卷、《皇明典故纪闻》16卷、《历代翰墨选注》14卷、《书言故事》等。

二、万卷楼(周曰校)

周曰校,字应贤,号对峰,金陵人,刻书36种。另有周姓坊刻多家,如周桂山、周昆岗、周竹潭等,可能是同一家系,未统计在内。所刻图书有:

科举考试10种,如《百家举业》40卷、《举业卮言》5卷、《举业天衢》10卷、《历朝故事统宗》10卷等;

小类书6种,如《百子类函》40卷、《事词类奇》10卷、《百将传》10卷等;

医书7种,如《保赤全书》20卷、《黄帝内经》48卷、《雷公炮制大全》10卷等;

小说4种,如《海瑞公案》《包拯公案》《三国志》《大宋中兴志传》等;

其他9种,如《原始秘书》10卷、《汉隽》10卷、《经济宏辞》12卷等。

三、文林堂、文林阁(唐鲤耀)

唐鲤耀,字锦池,金陵人,所刻书或称文林堂,或称文林阁。与唐富春是否同族关系,不详。

用文林堂名称刻的书有9种,大多是所谓"奇书",如《李卓吾批评世说补》20卷、《顶门针鄙言》3卷、《五种秘窍全书》18卷、《奇门五总龟》4卷、《渊子平》5卷等。

用文林阁名称所刻的书有32种,其中有的用"唐锦池"署名,以传奇为多(24种),如《金印记》《投笔记》《红拂记》等,并有一种传奇的总集《文林阁传奇十种》,还刻过一种《官板宋朝文鉴》150卷。

四、十竹斋(胡正言)

胡正言,字曰从,原籍安徽新安,寓居南京,住鸡笼山侧,即今北极阁下,斋前种竹十余竿,故名十竹斋。他创制的饾版、拱花彩印受人欢迎,流传后世。他对书画篆刻和文字学颇有研究,刻印图书约30种,其中书画笺谱有《十竹斋书画谱》《十竹斋笺谱》等4种。书法、篆刻、六书方面的书有《书法必稽》《竹谱》《石谱》《印存》《六书正讹》等6种,医书5种,其他16种。

五、师俭堂(萧腾鸿)

萧腾鸿,字少渠,福建建阳人。他在金陵开设书肆,经营颇顺利,所刻书大多是江浙人的著作,刻书共30种,内容集中在两个方面:一类是剧本,有《明珠记》《麒麟毯》《画楼记》《异梦记》等11种;另一类是古籍的精本,如《五子隽》10卷、《苏文汇精》6卷、《左传隽》4卷、《战国策隽》4卷、《国语隽》4卷、《史记隽》6卷、《秦汉文隽》4卷、《皇明名公文隽》8卷等10多种。所谓"隽",是精华、精选之意。还刻过1种当时十分流行的万宝全书式的《十二家参订万事不求人博考全编》6卷。

六、继志斋(陈大来)

陈大来是金陵书林继志斋主,他刊刻的图书全部是传奇杂剧,传世27种。其中1种是总集《元明杂剧四种》,收元人杂剧《雷轰荐福碑》《李太白匹配金线记》、明人杂剧《铁拐李度金童玉女》《杜子美沽酒游春》;其余25种是单种剧本,如《荆钗记》《量江记》等;还有1种是剧说类书《古今大雅北宫词纪南宫词纪》12卷。

七、聚奎楼(李潮)

李潮,字时举,金陵人,刻书26种,大多是科举考试的急用书、小类书之类,如《十六翰林拟纂科场急出题旨棘围丹篆》《四六词坛》6卷、《十二家类钞》8卷等,还有1种百回本的《西游记》。没有刊刻过传奇类图书。

八、广庆堂（唐振吾）

唐振吾，字国达，金陵人。他和其他唐姓人的世系未考查清楚，故单独计数。刻书24种，大致有三类：一类是单本的传奇，如《红梅记》《偷桃记》《双杯记》等11种；第二类是科举书，如《癸丑科翰林馆课》4卷、《壬戌科翰林馆课》10卷、《戊辰科曹会元馆课试策》等6种；第三类是诗文集，如徐光启的《毛诗六帖讲义》4卷、《王文肃公文集》55卷、《猴山先生集》27卷等7种。

九、环翠堂（汪廷讷）

汪廷讷，字昌期，号坐隐先生，安徽休宁人。居金陵，官盐运使，家富裕，隐居不出，以著书刻书自娱，并开设书肆"环翠堂"，刊刻图书20种，有乐府、传奇11种，如《彩舟记》《投桃记》《狮吼记》等，又刻了他自己的《坐隐先生全集四种》18卷，还审定刻印了冯惟敏的《冯浮山堂词稿》4卷、陈大声的《乐府全集》12卷。

十、近山堂（叶贵）

叶贵所设近山堂为金陵名肆之一，他所刻的陈士元撰《象教皮编》6卷，被认为是版刻上乘。叶贵共刻书15种，有少数是科举考试之书，如《名儒举业分类注释百子粹言》6卷、《四六雕龙》8卷、《古今名喻》8卷等。其他大多是有特殊价值的书，如《孔圣全书》35卷、《国朝人物考》7卷、《古今事文玉屑》24卷、《四书人物注》40卷、《淮南鸿烈解》20卷等。

第三节　坊刻热门书目

一、科举考试之书

科举考试之书是坊刻最热衷的图书种类。

明代的科举考试要考三场：第一场考四书文三道，每道二百字以上，经义四道，每道三百字以上；第二场考论一道，判五道，诏、诰、表、内科一道；第三场考经史时务策五道。这三场考试都是写文章，文章的体裁规定："其文略仿宋经义，然代古人语气为之，体用排偶，谓之八股，通谓之制义。"①所谓"排偶",也就是四六句式的骈体文,不能用散文。

根据考试的内容,应试的考生们需要几种图书。顾炎武指出:"曰程墨,则三场主司及士子之文;曰房稿,则十八房进士之作;曰行卷,则举人之作;曰社稿,则诸生会课之作。"这四类图书的编撰以苏杭及松江为多,因为这几个地方科举中试的人最多,而刊印这类书则以福建为多。俞正燮说:"科举之书,尽出建宁书坊。"②江苏的书坊也是不落后的。

科举考试之书大致有以下三种类型:

第一种书是对四书五经基本内容的阐述。如《提章提节士魁四书》6卷、《四书醒人语》14卷、《四书最胜藏》10卷等,是对"四书"的阐说;《春秋胡传纲目》30卷、《春秋衡库》30卷、《春秋文俟》12卷等,是对"五经"中《春秋》的阐说。

第二种书是对前朝和本朝考试卷子的介绍和评析。如《古今名文珠玑》8卷、《类编古今文髓》6卷、《古文百段锦》5卷,都是从科举的角度选入的。本朝考试入选的文章选集更受人欢迎,如《国朝名文英华》11卷、《十六翰林科场急出题旨棘围丹篆》(不分卷)、《辛丑科翰林馆课》8卷等。考试二三场要做论、判、诏、时务等文章,有特定的要求,难度比较大,因此,专门切对二三场的选文集更多,如《名儒三场百段锦》5卷、《午未二三场程论玉谷》1卷、《卯辰二三场司南蜚关》6卷等。

第三种是文体格式、典故、辞藻的书。如《四六法海》8卷、《故事白眉》10卷、《书言故事》8卷、《翰林考正历朝故事统宗》10卷、《皇明新故事》6卷等,这类书大多采取分类方法编排。

科举考试之书以南京、苏州等地为编刊中心,往往在考试后不几天,这类书就能出版,并且对本届考试的命题试卷、行文得失做出分析评论,对下届考试做出种种揣摩猜测,谈言微中,大受欢迎。

二、白话小说

白话小说虽然发源较早,但真正成为平民普遍阅读的文本是自明朝开始的。明朝白话小说的成就有三:一是长篇白话小说从口头讲说到文

---

① [清]张廷玉等编:《明史》卷七十。
② [清]俞正燮:《癸巳类稿》卷十二,上海:商务印书馆,1957年。

学"写定"；二是新创作了不少长篇白话小说；三是短篇白话小说被收集、整理、编刊。

1. 长篇白话小说的写定

长篇白话小说往往先以说话、讲唱、演剧的形式流传，然后才由文人写下来，供阅读使用。写下来的本子最初可能比较粗糙，几经流变，最后由名家书写并确定下来，这个过程称为"写定"。《三国演义》《水浒传》《西游记》都有这个过程，这三部小说都是明朝时写定下来的。

《三国演义》在元朝至治年间就有最初的写定本《全相三国志平话》；明嘉靖年间有《三国志通俗演义》（罗贯中改本）共 24 卷、240 回，又有建安余氏的《新刻按鉴全像批评三国志传》20 卷、240 回；明后期，有李卓吾评本、李渔评本、钟伯敬评本、毛宗岗评本等。

图 5-1　李卓吾评本《三国演义》

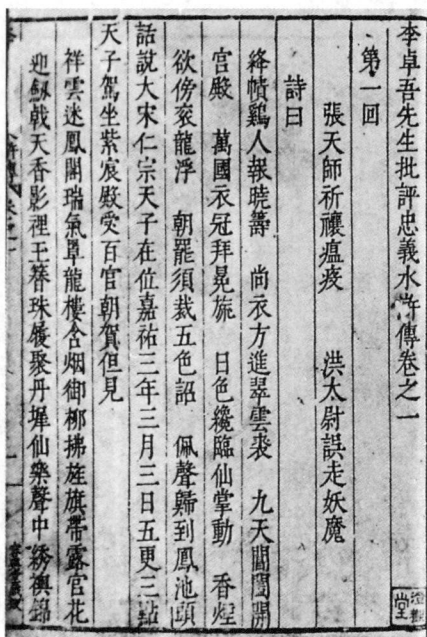

图 5-2　李卓吾评本《水浒传》

《水浒传》有繁、简两个系统，繁本系统有正德年间的《京本忠义传》、嘉靖年间的《忠义水浒传》，以及后来的李卓吾评本、钟伯敬评本、金圣叹评本等，共 100 回或 120 回；简本系统有《新刊京本全像新增田虎王庆忠义水浒传《京本增补校正全像忠义水浒志传评林》等，共 70 回。

图 5-3 《西游记》插图

《西游记》在元代有《西游记平话》（华阳洞天主人校本），还有《新刻出像官板大字西游记》（金陵本），以及《唐僧西游记》等。

2. 长篇白话小说的创作

据有关书目著录，明代章回体小说有 100 种左右①，内容集中在历史、时事、社会、神魔等四个方面。

历史题材长篇小说有《盘古至唐虞传》《开辟衍绎通俗志传》《有夏志传》《有商志传》《春秋列国志传》《两汉演义》《全汉志传》《三国志通俗演义》《东西两晋志传》《唐书志传通俗演义》《残唐五代史演义传》《隋唐两朝志传》《隋唐演义》《南北两宋志传》《大宋中兴通俗演义》《岳武穆尽忠报国传》等 30 多种，从上古到明代，可以连贯起来，而且每个朝代不止一种。

明代时事小说有《英烈传》（开国故事）、《鱼服记》（惠帝遁荒事）、《于少保萃忠全传》（土木堡事）、《三宝太监西洋记通俗演义》（郑和下西洋事）、《征播奏捷通俗演义》（征杨应龙事）、《神武传》（刘伯温事）、《王阳明出身靖难录》（王阳明擒宸濠事）、《胡少保平倭记》（胡宗宪平倭事）、《青词宰相传》（严嵩事）、《戚南塘剿平倭寇志传》（戚继光事）、《辽东传》（熊廷弼事）、《镇海春秋》（朝鲜事）、《魏忠贤小说斥奸录》（魏忠贤事）、《剿闯通俗小说》（李自成事）等 30 余种，几乎明朝所有重大时事都被写成长篇白话小说。

---

① 江苏省社会科学院明清小说研究中心编：《中国通俗小说总目提要》，北京：中国文联出版社，1990 年。

图 5-4 《英烈传》插图

明代社会小说有《金瓶梅》等 20 余种。

神魔小说有《西游记》《关帝志传》《钱塘渔隐济颠禅师语录》《封神演义》《达摩出身传灯录》《八仙出处东游记》《南海观世音菩萨出身修行传》《唐钟馗传》等 20 余种。

3. 短篇白话小说的编刊

白话小说的底本称为"话本"，有长篇，也有短篇。据说南宋皇帝喜欢叫说话人讲说，而且要求说话人把这种底本进呈，"日进一峡"，但这种话本没有系统地整理、结集、出版。最早把这种短篇白话小说结集出版的是嘉靖年间洪楩编刊的《清平山堂话本》，又名《六十家小说》，分为《雨窗集》《长灯集》《随航集》《欹枕集》《解闲集》《醒梦集》六集，每集上下两卷，每卷 5 篇，共 60 篇，现存 27 篇。

图 5-5 《金瓶梅》插图

"三言二拍"的编刊出版是明末东南地区出版界的大事。在这次出版活动中,苏州书坊贡献最大,涉及的出版单位有苏州、金陵两地的10个书坊,简列如下:

天许斋　衍庆堂　映雪斋　叶敬池　叶敬溪　安少云尚友堂
同人堂　长春阁　兼善堂　王振华三桂堂

"三言二拍"中的第一本《古今小说》大约出版于天启初年(1621),《二刻拍案惊奇》出版于崇祯五年(1632),前后历时11年。

"三言二拍"对东南地区市民阅读的影响是巨大的,在文人中间和出版界引起了不少连锁反应,一直延续到清末,才逐渐式微。从出版业来看,围绕着"三言二拍"出现了三类图书:

第一类是"别本"。即翻刻"三言二拍"中的部分作品,或通过版片买卖购得其中某几卷残版后,拼凑修版补刻成另一本书。如《别本二刻拍案惊奇》等。

第二类是"选本"。"三言二拍"共5集200篇作品,"观览难周",便有书商从中选出一部分,成为选集(不是"节本")。据程国赋先生考证,到清末为止,这种选本共有13种,最有名的一种是《今古奇观》,抱瓮老人选编;其他几种是《觉世雅言》《人中画》《今古传奇》《警世选言》《警世奇观》《再团圆》《幻缘奇遇小说》《西湖拾遗》《二奇合传》《今古奇闻》《续今古奇闻》《海内奇谈》等。

第三类是"拟话本"。即模拟话本的宗旨、体裁、语言创作的短篇小说。明末清初有30余种,如《石点头》《醉醒石》《照世杯》《幻影》《豆棚闲话》《连城璧》《十三楼》《西湖二集》《五色石》《美人书》等。这些作品几乎全是沿袭"三言二拍"的老调,空洞说教,一部书中往往只有一二篇略有可观,其他很少有可读性,令人生厌。鲁迅说这种拟话本"诰诫连篇,喧而夺主,且艳称美遇,回护士人,故形式仅存,而精神与宋迥异矣"。所以,这种拟话本小说到清末时几乎绝迹了。

三、戏剧

明代,北方流行杂剧,南方流行传奇。一些流行的戏作往往既有杂剧,又有传奇,相互借鉴改编。

剧本的创作和改编都由文人执笔。明初戏剧刊印少,当时的一些书目上少有记载,直到明中后期的书目上才略有著录,可见剧本是一种后起的出版物。

明代剧本编纂出版的形式有三种:一种是剧本的专集,一本戏印成一本书,这是基本形式;另一种是多个剧本合成一部书,即戏剧的总集,如臧懋循《元曲选》收元曲 100 种,毛晋的《六十种曲》收传奇 60 种;再一种是折子戏的合集,黄文华《词林一枝》收折子戏 20 个,到了清朝的《缀白裘》收折子戏 493 个,是收得最多的合集。

明代创作剧本的文人很多,卢前认为"若论籍贯,吴人为多,浙人次之"。据他的统计,明代江苏籍剧作者有 55 人,按地区分列如下:

南京 6 人　句容 1 人　溧阳 2 人　武进 2 人　无锡 3 人
吴县 12 人　昆山 7 人　常熟 5 人　太仓 3 人　吴江 6 人
宜兴 3 人　松江 2 人　上海 1 人　江都 2 人①

明代的剧本一共出版了多少种,很难确指。庄一拂的《古典戏曲存目汇考》中收录明代戏文 36 个、杂剧 362 个、传奇 740 个,共 1 138 个。但这个数字是剧目数,不是出版物数,因为有些戏只有剧目,曾经演出过,但没有印成图书。据庄氏统计,在 1 138 个剧目中,只有 354 个是印成书的(不同版本 533 种)。这说明,大多数戏剧只在舞台上演出,并没有编印成书。

明代江苏人创作的戏剧,从内容而论,是多方面的,有的以伦理教化为主旨,如《五伦全备记》《大节记》等,其他还有爱情戏、神仙戏、社会新闻戏等,种种不一。

明代江苏人编撰的戏剧中,比较著名的有:

郑若庸编《玉玦记》《大节记》《五福记》《绣襦记》;

李日华、陆采编《南西厢记》;

陆采编《明珠记》《怀香记》《分鞋记》;

张凤翼编《红拂记》《祝发记》《窃符记》《灌园记》《㶚虏记》;

① 卢前:《明清戏曲史》,扬州:扬州师范学院中文系词曲研究室编印,1982 年。

梁辰鱼编《浣纱记》《鸳鸯记》《红线女》；

沈璟编《义侠记》《博笑记》《十孝记》；

沈自晋编《望湖亭》《翠屏山》《耆英会》《一种情》；

袁于令编《西楼记》《珍珠衫》《鹔鹴裘》《玉符记》《双莺传》；

顾大典编《青衫记》《葛衣记》《义乳记》；

徐复祚编《宵光剑》《红梨记》《投梭记》；

王稚登编《一文钱》《梧桐雨》《全德记》《彩袍记》《相思谱》；

许自昌编《水浒记》；

顾允默编《五鼎记》；

顾懋宏编《椒觞记》；

邱园编《虎囊弹》《党人碑》《蜀鹃啼》《御袍恩》；

王衡编《郁轮袍》《没奈何》《再生缘》《裴湛和会》《真傀儡》；

沈自徵编《渔洋三弄》；

吴炳编《画中人》《疗妒羹》《绿牡丹》《情邮记》。

图5-6 《绣襦记》插图

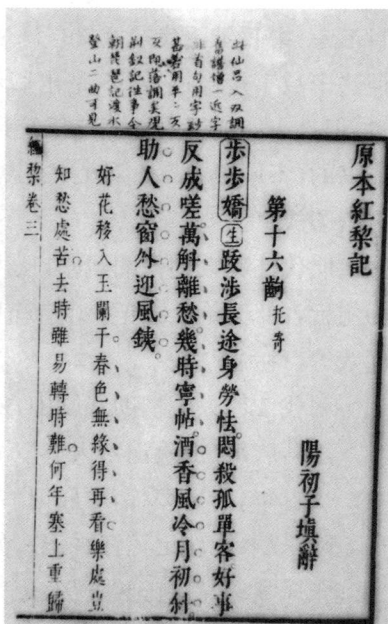

图5-7 《红梨记》

在众多剧本中,引人注意的是一部分时事剧。每当发生重大时事新闻,往往很快会产生相关的小说和戏剧。如丘浚的《双忠记》,写靖难之役;无名氏的《平逆记》,写王阳明平宸濠之乱;沈以忠的《三节记》,写辽东战事;沈应召的《去思记》,写抗倭战事。魏忠贤倒台后,出现了好几种戏剧,王应遴的《清凉扇》、三吴居士的《广爱书》、白凤词人的《秦宫镜》,陈开泰和张岱二人都编了《冰山记》剧本。

戏剧类图书有一个值得注意的现象:同一种戏往往有多种内容大为不同的版本。一般图书在刊印新版本时,都力求和"祖本"完全相同,而戏剧书却相反,新编本往往从主旨、情节到曲调、唱词、辞藻,都追求新异。这在《西厢记》最为典型。据统计,明代出版的《西厢记》有 38 种版本①,差不多每种版本的内容都不相同,有所谓"六幻"说法。所谓"六幻"意谓书的内容有六次重大的幻变:唐元稹的《莺莺传》是"幻因",金董解元《西厢记搊弹词》是"搊幻",元王实甫《西厢记》是"剧幻",元关汉卿《西厢记》是

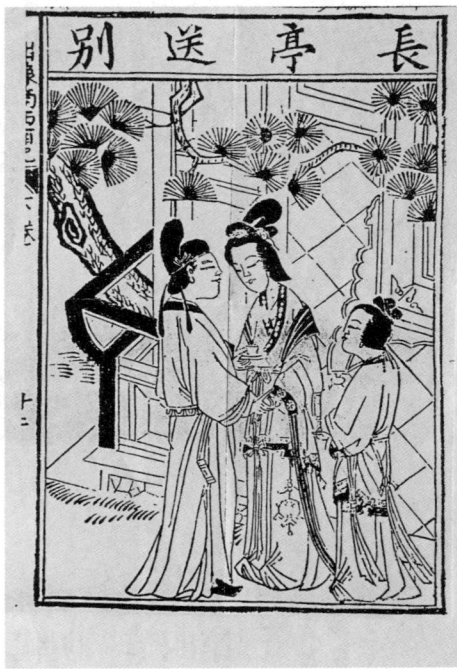

图 5 - 8 《西厢记》

"赓幻",明李日华《南西厢记》是"更幻",明陆采《南西厢记》是"幻住"。

明代文学家冯梦龙一生改编了 12 种传奇,手法有"更定""窜定""重定""详定""评定"等,是戏剧改编的又一例证。

明代还有一本《琵琶记》,最初剧本的内容是蔡伯喈负心,元末明初

① 蒋星煜:《论徐士范本〈西厢记〉》,《中华文史论丛》1980 年第 1 期。

高明的改编本则是蔡伯喈一夫二妻,化解矛盾,皆大欢喜。朱元璋对这个改编本大为赞赏,故整个明代的《琵琶记》就以此为准了。

图 5－9　《琵琶记》插图

第四节　明代坊刻的新创

一、日常应用类书和商人之书

日常应用类书是出版业相对成熟之后才出现的品种,但是它的渊源很早,可以追溯到历书。历书上有种种吉凶宜忌的提示建议,诸如"宜迁徙""不宜造屋""不可动床""诸事不宜"等内容,正是这类图书的滥觞。

生活常识方面的书以识字不多的市民、商人等为对象,大多采取类书的方式编纂,以衣食住行、婚丧嫁娶、种地造屋等分类,提供所需的资料。出版史研究者或称这类书为"小类书",民间则称为"万宝全书"。有代表性的几本书是:

《天下便用文林妙锦万宝全书》，全书分为38门：天文、地舆、诸夷、官品、律法、武备、八谱、琴学、棋谱、书法、画谱、文翰、启札、伉俪、体式、诗对、涓吉、卜筮、星命、相法、茔宅、修真、养生、医学、全婴、训童、算法、农桑、劝谕、侑觞、笑谈、风月、玄教、卜员、祛病、杂览。这本书的序言、牌记上反复说明，此书受到各界欢迎，"大行天下"，多次印刷，以致"板朦"，不得不一再补刻，还用葫芦为记，要读者辨清真假。

《新刻天下四民便览三台万用真宗》，分为43卷，上下两册。日本学者仁井田陞认为此书是"十六世纪具有代表性的日用百科全书之一"。

《居家必备事类全集》，共10集，内容有为学、家法、仕宦、宅舍、染作等，还有一门"宝货辨疑"，郑振铎称这部分大概是教典当人员辨识珍宝真假之用的。这本书最初是"经厂刊本"，由皇家出版机构刊印，后来收到"格致丛书"中去，有了坊刻本。

类似图书还有《不求人全编》《万物皆备类纂》《万家纂要通达便览》《四民捷用学海群玉》《高宝全书》等。

这类图书中，有一部分以商人和下级吏役为对象，如：

提供文书契约的"活套"的书。所谓"活套"就是模式、格式的意思，有房屋典卖、银钱借贷、买卖奴婢等契约，史学界从中获得十分珍贵的资料。

书信格式的书。这类书有很多，如冯梦龙编的《折梅笺》，邓志谟编的《一札三奇》，每件事作为"一札"，设计三种去信、三种复信，口气不同，用词不同，也采用"活套"的形式。

经商路程的书。如《一统路程图记》，作者黄汴，他恐天下人"厄于歧路"，就和二京十三省的人联系，收集资料，用27年时间编成此书，出版后连印3次。还有一本《一握乾坤》，两者内容相似。

计算方法的书。如《盘珠算法士民利用》2卷，作者徐心鲁。该书提供一百多个应用题，附图，用珠算计算，所举实例都是日常遇到的实际问题。

提供官商所需社会资料的书。如《新刻徽郡原板诸书直音世事通考》，介绍各地风俗习惯；《缙绅便览》，介绍各地地方官的名录；类似的书还有《士商类要》《士商要览》《仕途悬镜》等。

这些以商人、雇员为对象的书，出版史上或称为"商人之书"，这不单说明了一种新的出版取向，而且提供了不少有价值的社会资料。可惜多数收藏家对它不大重视，藏品保存得也不好。

二、杂志的雏形

明朝后期，东南江浙一带出现了一种类似杂志的图书。这种书采用类书的形式，但内容与日常应用类书不同。郑振铎先生有一段说明："他们不是居家必备一类的家庭实用百科全书，也不是诸书法海、事文类聚、翰墨大全一类的平民实用的万事须知、日用百科全书。他们是超出于应用的目的之外的。他们乃是纯文学的产物，一点也不具有实际上应用的需要的。"①这种看法和明人的看法一致。《国色天香》的作序者谢友可说："毋论江湖散逸所需之笑谈，即缙绅家辄籍为悦耳目。"

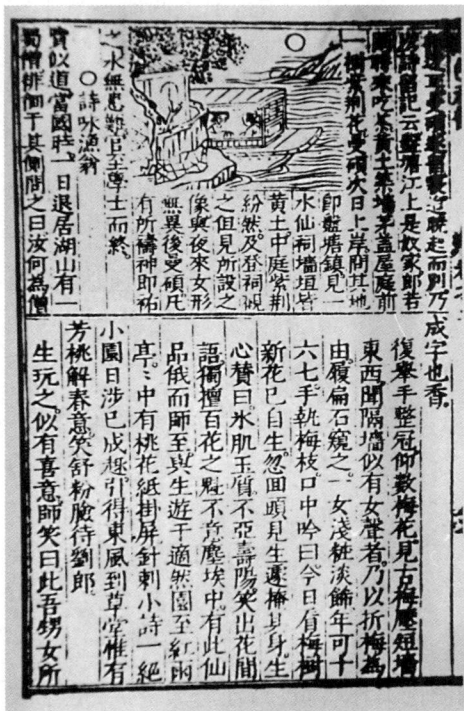

图5-10 《国色天香》

这种书大致分为两类，一类以传奇故事为主，另一类以戏曲唱词为主。

以传奇故事为主的有《万锦云林》《国色天香》《燕居笔记》等。《燕居笔记》有好几种版本，如何大抡本、林近阳本、冯梦龙本等，或称"重刻"，或称"新刻""增刻"，内容大同小异。何大抡本题名"左临琴涧居士何大抡居士题"，金陵书林刊印，藏于日本内阁图书馆。这本书共

①郑振铎：《西谛书话》，北京：生活·读书·新知三联书店，1983年。

10卷,开本比较大,正文上、下两层。上层5篇:《天缘奇遇》《钟情丽集》《花神三妙》《拥炉娇红》《怀春雅集》,类似中篇小说;下层有15篇记、8篇传、其他3篇,如《江庙泥神记》《张于湖宿女贞观》等。

以戏曲唱词为主的有《玉谷调簧》《词林一枝》《天下时尚南北新调》等。《玉谷调簧》5卷,吉州景居士汇选,书林刘次泉绣梓。正文分上、中、下三层,上、下层都是戏曲选段,其中颇有罕见曲目。中间一层篇幅较小,载时调、妙曲、灯谜、酒令等。书中每卷的卷目有单面图画,正文中也嵌有小图,图颇精美。

这类书有不少读者,胡士莹说:"这些书既是当时的启蒙读物,又是一般市民的日用便览,也可供商人书信摘录词藻之用,所以在当时传播很广。"①

图5-11 《词林一枝》

杂志需要满足两个基本条件:一是内容多样,二是定期出版。上述这些图书虽具备第一个条件,但是没有做到第二个条件。终明一代,并没有出现真正的杂志。

三、木版年画

明代不少地方有彩色年画出版。北方有杨柳青、武强、朱仙镇等,南方有漳州、楚雄、四堡,江苏有苏州的桃花坞、扬州等。这些年画发达的地方,都自称是从明朝开始经营的。

年画的内容各地大致相同,如历史故事、传统戏文、时事新闻、人情风俗、繁华百戏、节日时令、风景人物、男耕女织、六畜兴旺等,往往采取

① 胡士莹:《话本小说概论》,北京:中华书局,1980年。

谐音双关的手法，讨人欢喜。如画一个大胖娃娃抱一条大鱼，谐音"吉庆有余"；复杂一点的，画一只猴子骑在马上，头顶上有一只蜜蜂在盘旋，谐音"马上封侯"。

年画发达的地区往往采取家族联营的经营办法，有的发展到上百户人家参加，或雕版，或敷色，或外销，分工协作，整个村镇以此为生。河北的武强地区有42个村、100多个作坊；河南朱仙镇有作坊200多家，年产年画3000万张，每年入冬，全国各地客商云集，车装船载，十分兴旺。

图5-12　苏州桃花坞年画

苏州桃花坞年画也是在明末兴起的，至今还在经营。有一张《寿星图》，上面标明万历二十五年（1597）制作，雕刻印制精良。当年苏州人把这幅年画送给了日本朋友，中国已不存。20世纪50年代，日本美术家到苏州访问，返赠一张复制品给苏州桃花坞年画社，桃花坞才又复制了一份发行。

过去出版史中往往不谈年画，把它放到美术史、木刻史中去叙述。其实，木版年画也是一种出版物，出版史中应当有所体现。

第六章　明代对外出版交流

出版事业的对外交流,主要包含以下内容:一、不同国家之间的出版物,以赠予、交换、买卖等形式交流;二、通过翻印、重刻、改编、翻译出版物等多种形式,进一步渗透到对方文化之中;三、出版物资的流通、出版技术的传授、出版人物的出访等。

明代,江苏有不少对外出版交流的实绩。元末明初,中国的"雕版良工"俞良甫等,以民间活动的方式受雇到日本刻书,形成了日本"五山版"图书文化现象,江南的工匠陈孟荣等也参与其事。明初,郑和七次下西洋,向东南亚国家赠送了一批中国书籍。

上述两项活动的规模和影响并不大。在文化史、出版史上具有更广泛而长久影响的是以下两项活动:

第一是关于"汉字文化圈"的出版交流活动。"汉字文化圈"指使用汉字的国家,主要是中国、日本、朝鲜和越南等国。大量中国的图书传入这些国家,这些国家则大量购买、收藏、翻印汉籍,同时,这些国家的文人也用汉文撰著刊印图书。"汉字文化圈"的活动频繁而丰富,出现了种种文化现象,至今仍有很大的影响。

第二是明后期随天主教东传而来的东西方图书翻译活动,内容包括宗教、哲学、自然科学、社会科学诸多方面。代表人物是徐光启和利玛窦,参与其事者数百人,出版图书500多种,延续数十年,这是一场十分重要的文化交流活动。梁启超评价说,这是中国历史上第二次重要的译介活动,"中国智识线和外国智识线相接触,晋唐间的佛学为第一次,明末的历算学便是第二次"。这次译介活动的一部分是在南京完成的。

第一节　远渡日本的江苏刻工

元末明初，一批身怀技艺的雕版工人东渡扶桑，到日本从事雕版印书，获得很好的效果。

雇请中国工人的是日本京都的"五山"。所谓"五山"，其实是五座寺庙，指京都的南禅寺、天龙寺、建仁寺、东福寺、万寿寺。这五座寺庙是日本雕版印书的中心机构，所印书籍称为"五山版"，内容不限于佛经，涉及中国经史子集各类图书。"五山版"图书前后绵延两百余年，而以应永时期（1394—1427）为最盛。主持其事的是精通汉文化的"学问僧"，有些僧侣曾经几次出使中国。

"五山"诸佛寺藏书丰富，不单有宋元精刻本，甚至有隋唐时的抄本。"五山版"的书大多按宋元版本摹刻，版式字体酷似原刊，受人珍视，所刻的书有300多种。这样严格要求的图书，当然要聘请精于此道的良工来制作。

在明初受雇的中国工人中，刻书最多、影响最大的是俞良甫刻书群体。俞良甫，福建莆田人，家居仁德里台谏坊，元末时到日本，住在东京附近的嵯峨。在日本刻书前后 26 年，他个人署名刻的书有 13 种，其中有一部分是他个人以私财刊刻的。他刻的书在日本被称为"俞良甫版"，是最珍贵的日本汉籍品类之一。

到日本刻书的工人们，往往在所刻图书的末页刻上一段"刊记"，记载刻工的姓名、祖籍、里居，刊刻的过程和甘苦，刻书的年月等，留下了十分可靠可贵的文献资料。这种在图书上留下"刊记"的做法，只有日本"五山版"的图书有，国内出版界是没有的。在国内出版界，只有刊刻活动主持人留下"牌记"的做法。"牌记"和"刊记"不同，"牌记"是主办人的识语，"刊记"是刻工的识语。

下面是"五山版"《文选》上俞良甫留下的刊记：

> 《文选》之板世鲜流布，童蒙不便之。福建道兴化路莆田县仁德里人俞良甫，顷得大宋尤袤先生之书，于日本嵯峨自辛亥四月起刀，至今苦难始成矣。甲寅十月谨题。

这段刊记告诉我们,俞良甫刻《文选》用了三年半时间。

又如,"五山版"《传法正宗记》上俞良甫留下的刊记:

> 福建道兴化路莆田县仁德里住人俞良甫,于日本嵯峨寓居,凭
> 自己财物置板流行。岁次甲子孟四月□日谨题。

这段刊记说明,这本书是俞良甫自费刊刻的,不是雇主出钱要他刻的。

俞良甫刻工群体,有据可查的有66人。其中有一些来自江苏,他们是陈孟荣、陈孟才、陈伯寿等,其中陈孟荣刻书最多,如:

日本贞治六年(1367)即元至正二十七年刊《禅林类聚》,刻工:(陈)孟荣;

《天童平石和尚语录》(刊年不明),刻工:陈孟荣;

《昌黎先生联句集》(刊年不明),刻工:陈孟荣;

《重新点校附音增注蒙求》(刊年不明),刻工:陈孟荣;

日本应安四年(1371)即明洪武四年刊《宗镜录》,刻工:江南陈孟荣、(俞)良甫、(陈)伯寿、陈尧、福、元、林、沈;

日本永和二年(1376)即明洪武九年刊《集千家注分类杜工部诗》,刻工:陈孟荣等;

《大广益会玉篇》(刊年不明),刻工:(陈)孟才、(陈孟)荣、彦明等。

在上述图书《宗镜录》卷一百的书末,有一段刊记:"应安辛亥结制日,天龙东堂比丘春屋妙葩命工雕之,江南陈孟荣刊刀。"这本书的书口处,还有(陈)伯寿、(俞)良甫等中国刻工的署名,足证他们都是受雇于天龙寺的。但在正式署名的刊记中,只有陈孟荣一人。因此有人推测,江南的陈孟荣可能是刻工中的董事或是有威望的管事人。

第二节　郑和下西洋与图书交流

一、赠给东南亚国家的图书

郑和下西洋从永乐三年(1405)开始,宣德八年(1433)终止,前后7次,历时28年,行程10万余里,到达30多个国家,涉及地名500多处。

这是一次规模巨大、时间持久、影响深远的政治、经济、文化活动。每次的出发点，在江苏境内的太仓浏河或南京下关。

这次活动在文化方面的表现主要有：向所到国家颁赠历书、冠服，介绍科举制度，赠予度量衡器、图书，传授建筑、绘画、雕刻艺术，采集奇异动植物品种，交流药物处方等。这些交流活动的影响一直延续至今，在东南亚各国的社会面貌和国际关系上有所表现。

郑和所到的国家的社会文明程度和明朝有一定的差距，双方的文化交流只是浅层次的，出版方面的交流很少，见于记载的图书赠予，只有《历书》和《列女传》两种。

《历书》

古代中国周边的国家中，有些国家奉行中国历法，即"大统历"。每年的冬至节，钦天监编成历书后，就分送给周边国家，数量十分可观。明英宗时，为节约费用，印数从五十多万册减至十一多万册。① 郑和出使时，"所至颁中华正朔，宣敷文教"。② 所谓颁中华正朔，就是把中国的历书送给所到的国家。当时的东南亚国家，"不解正朔，但看月生为初，月晦为尽，如此十次盈亏为一岁"。③ 所以他们对明朝历书都十分重视。奉行相同的正朔，是思想文化认同的标志。

明朝历书有两种，一种是民历，一种是王历，两种历书上都有繁多的历注。王历的历注有 30 事，如祭祀、封拜、进表、颁诏、冠第、行幸、宴会、招贤、出师、遣使、入学、缮郭、畋猎等。民历的历注则更顾及百姓的生活和生产，有 32 事，如祭祀、嫁娶、冠带、会客、出行、安床、裁衣、沐浴、剃头、疗病、动工、破土、移徙、栽种等。每种事都注明应当如何做和宜忌事项。一本历书相当于一本小型的实用百科全书、生活指南，发挥"变其夷习"的作用。

《列女传》

《列女传》是一本很古老的书，汉刘向编撰，内容是后妃和官员、庶人的妻女的嘉言懿行，为女子树立榜样。全书共七卷，分为母仪、贤明、仁

---

① ［明］余继登：《典故纪闻》卷十一，北京：中华书局，1981 年。
② ［明］马欢：《瀛涯胜览校注》卷首纪行诗，冯承钧校注，上海：商务印书馆，1935 年。
③ ［明］严从简：《殊域周咨录》卷七，北京：中华书局，2009 年。

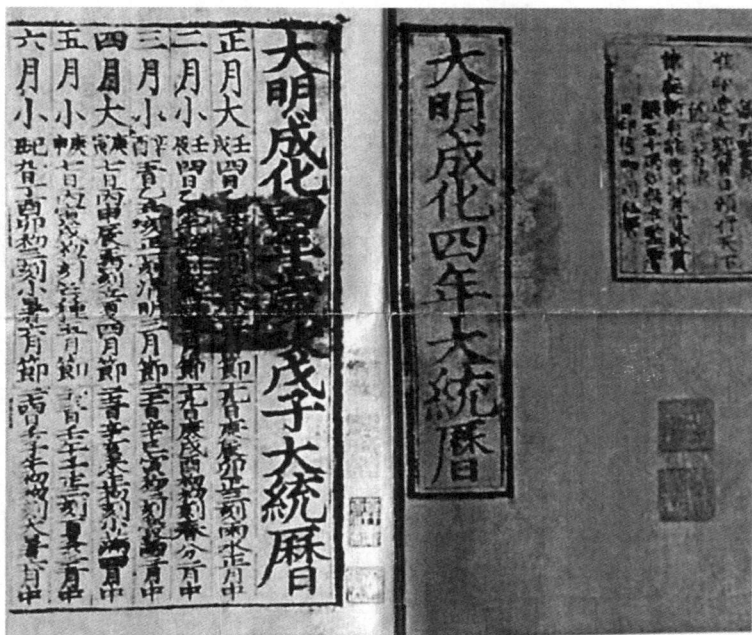

图6-1 《明大统历》

智、贞顺、节义、辩通、孽嬖七个部分,历代都有增修。永乐帝继位后不
久,也马上动手修订,永乐元年(1403)修成,次年九月,命礼部装订万册
给赐诸番。① 凡郑和所到之国,都赐给若干部,其中暹罗国就送了"百
部"。永乐帝把这本书送给周边国家,是因为他认为妇女之道是"生民之
始,万福之源",女仪和妇德是"天下之大本""经纶之道",女德完善可以
达到"师民知所以教,而闺门知所以学,庶修身者不致以家自累,而内外
有以相成全"的治理效果。②

永乐版《古今列女传》,内容生动具体,文字浅白,一人一事一图,插
图精美,有很强可读性,是改变民风陋俗,建立文明社会伦理的良好
教材。

二、专记郑和下西洋的图书

郑和下西洋后,产生了一批相关的图书,或记录航程海图,或描述有

①《古今列女传》永乐帝序。
②《古今列女传》永乐帝序。

关国家的风俗民情,为我国图书宝库增添了异彩。

《郑和航海图》

原书名很长:《自宝船厂开船,从龙江关出水,直抵外国诸番图》。原书已失传,幸亏茅元仪的《武备志》中收录此书,才得以流传至今。[1] 这幅海图采取自右向左展开、上南下北的格局,与现代地图不同。起点是南京宝船厂,终点是非洲东岸慢八撒(今肯尼亚蒙巴萨)。图上所注的地名共 500 多处,其中中国地名 100 多处,国外地名 300 多处。

《星槎胜览》

前后两集,共 4 卷,费信撰,记载了 40 多个国家的情况。费信,昆山人,曾跟随郑和下西洋 4 次(第 3、4、5、7 次)。

《瀛涯胜览》

1 卷,马欢撰,记载了 20 多个国家的情况。马欢,会稽人,回族,通番语,曾随郑和下西洋 3 次(第 4、6、7 次)。

《西洋蕃国志》

1 卷,巩珍撰,记载了 20 多个国家的情况。巩珍,南京人,随郑和下西洋 1 次(第 7 次)。

《西洋朝贡典录》

3 卷,吴县人黄省曾著,书中涉及 23 个国家,记载了郑和下西洋的航路。黄氏并没有参加下西洋活动,此书是据《星槎胜览》《瀛涯胜览》《针位》等书编撰而成的,成书时间约在正德十五年(1520)。《针位》一书现已不存,幸此书中略有采录,留下了一些鳞爪。

第三节　"汉字文化圈"的多元互动

一、"汉字文化圈"的形成和解体

大约在公元前三四世纪的时候,汉字先后传到朝鲜、日本、越南三个国家以及其附近的一些小国。这些国家使用汉字,奉行汉正朔,在很多

---

[1] [明]茅元仪:《武备志》卷三百四十,北京:华龄出版社,2021 年。

方面认同汉文化,如尊重四书五经、实行科举考试制度、写作五七言格律诗等。这些共同使用汉字的国家和地区被称为"汉字文化圈"。

汉字文化圈从形成到解体,前后有一千多年时间。在这段漫长的时间里,有关国家从中国输入图书,或者翻刻翻印中国图书,本国的人士也用汉字著作刻印图书,这些书统称为"汉籍"。在汉字文化圈解体,这些国家有了自己的文字后,汉字并没有截然退出,而是经过了一个长达数百年的并用阶段。

2004年,在中国武汉举办的第十一届国际出版学研讨会上,韩国学者金胜一发表《汉字文化圈近现代翻译的作用与协作方案的考察》一文,对"汉字文化圈"作了如下定义:"汉字文化圈范围,是以中国为核心形成的进贡体制范畴的东亚国家。这个地域的共同特点是,除汉字以外有佛教、儒教、律令制等。这种地域共同体,大约是从2 000多年以前开始形成的。"金氏的定义和我们的认识大致相同。

明清两代是汉字文化圈图书交流最活跃热络的时期,由于历史渊源关系,中国和日本、朝鲜、越南等三个国家之间的出版交流特别丰富,但这些资料大多没有作分省的记述,因此,这一节是总体的介绍。

二、与日本的出版交流

1. 频繁的往来

明朝常以政府名义赠书给日本。如洪武四年(1371),"赐怀良(日本王)《大统历》";永乐五年(1407),日本使臣"请赐仁孝皇后所制《劝善》《内训》二书,即命各给百本";成化十三年(1477),日本使臣"求《佛祖统纪》,诏以《法苑珠林》赐之"。

中日两国在官方使臣往来时,常派遣有学问的僧人参加,或由高僧担任正使。据日本学者木宫泰彦统计,明代来华的日本僧人有110人之多。[①] 最著名的有如明(1376年,指来华时间,下同)、惠明(1436年)、雪舟(1468年)、向明(1475年)、周良(1539、1547年两次)等。

入明的使者来华前,往往拟好书单,提请明廷照单赠书。如洪武五年(1372),中国的使者天伦道彝和一庵一如奉明太祖之命到日本,与日

139

---

① [日]木宫泰彦:《日中文化交流史》,胡锡年译,北京:商务印书馆,1980年。

本僧人切磋交流时,日本僧人提请中国赠给《华严清凉国师大疏》《圭峰行愿品记》等5种书。天顺八年(1464),日本建仁寺住持天与清启受室町幕府足利义政的委托来华时,提请中国的赠书单中列有14种书:

> 《教乘法教》《三宝感应录》《宾退录》《北堂书钞》《兔园策》《史韵》《歌诗押韵》《退斋集》《张埙体画堨集》《遁斋新览》《石湖集》《挥麈录》《百川学海》《老学庵笔记》。①

景泰四年(1453),日本使者天龙寺僧人东洋允澎来华,有船9艘、1 200人,带回去的书有《劝忍百箴孝经》《清江贝先生文集》《诸史会要》《翰墨全书》等。这种由僧人担任外交使节的活动,历史上称为"僧侣外交"。

中日之间对民间往来有种种限制,先是有"勘合贸易条约",规定每年只可以有少数几艘船往来贸易,后来又限定极少数口岸可以通商。中国开通的是明州、泉州、广州三地,日本开通的是长崎一地,但是事实上远远不止这些规定的地方。据朱国祯《涌幢小品》的"倭官倭岛"条记载,嘉靖三十六年(1557),朱国祯到长崎,就看到"明商不止二十人,今不及十年,且二三千人矣。合诸岛计之,约有二三万人"。②据朱氏统计,从万历到崇祯年间,明朝到日本的民间商船约30—60艘,载去的货物有丝织品、药材、砂糖、矿物、染料、皮革、纸张和书籍等。到日本的船只称为"唐船",唐船有多种形制,其中有一部分是"南京船"。

日本的僧人和学者常开出购书的清单,委托商船购买中国书。赴日使者郑若曾在《筹海图编》"倭国事略"的"倭好"一条中,对日本人购书的选择有很详细的分析,"五经则重《书》《礼》,而忽《易》《诗》《春秋》;四书则重《论语》《学》《庸》,而恶《孟子》,重佛经,无道经。若古医书,必见必买,重医故"。日本人对中国的地方志更是特别重视,后文将有专节介绍。

由于民间多个渠道向日本输送汉籍,日本形成了两个著名的收藏中

---

① 王辑五选译:《一六○○年以前的日本》,北京:商务印书馆,1983年。
② [明]朱国祯:《涌幢小品》,上海:上海古籍出版社,2012年。

国书的机构：足利学校和金泽文库。此外，还编制了多种汉籍书目，如《赍来书目》《二酉洞》《商舶载来书目》等。

2. 出版交流产生的多种出版物

（1）汉籍图书

日本人称中国人著作刊印的图书为"汉籍"；日本人用纯粹的汉文写作的、在日本刊印的汉文书也称为"汉籍"。本段所讲的是指后一种。这种日本人所著所刻的汉文书，在中国现在的图书馆中还保存不少。王宝平在中国 68 个图书馆中做了调查，共有 2 646 种之多，涉及各类图书：文学 441 种、医学 425 种、佛教 300 种、中国思想 105 种、日本思想 105 种、地理 103 种等。[①] 例如，日本人德川光圀（即"国"字）著的《大日本史》、吉田意休著的《刺针家鉴》（针灸）。

在日本有了自己的文字之后，仍有不少日本人习惯用汉字著作图书，这种现象在 18、19 世纪还屡见不鲜。

（2）和刻本

日本刻印的中国汉籍图书称为"和刻本"，数量很多，仅王宝平统计的中国 68 个图书馆中所藏的"和刻本"就有 3 063 种，其中经 592 种、史 352 种、子 1 516 种、集 598 种、丛 5 种。[②] 日本学者长泽规矩也著的《和刻本汉籍分类目录》中统计有 5 000 余种（不包括佛、医两种书），两种书目去重后，不会少于六七千种。这一数字是汇总统计的历代数据，其中明代的"和刻本"则只有少数几种。

汉籍的"和刻本"有各种类型。据传，"和刻本"最早始于日本正中二年（1325），所刻的书是据宋本刻印的《寒山诗》。"和刻本"的类型，有的是完全影写汉籍原样刻印的，如本章第一节中所说的"五山版"图书；有的是按新款式重新缮写刻印的；更有一种"和刻本"，还加上简要的标志，以便不熟悉汉文的日本人阅读。所说的"简要标志"是指"乎古止点"、反切、黑笔训点、旁注、白书假名等。"乎古止点"是训点发明以前，古代日本人阅读古汉籍时所加上的符号，通常由"返点"的"送假名"等构成，通

---

① 王宝平主编：《中国馆藏日人汉文书目》，杭州：杭州大学出版社，1997 年。
② 王宝平主编：《中国馆藏和刻本汉籍书目》，杭州：杭州大学出版社，1995 年。

过用朱墨加注一些符号的方法，使汉籍符合日语语法的顺序。这类"和刻本"称为"训读本"。

图6-2　训读本《尚书正义》

左图是苏州图书馆所藏的"训读本"《尚书正义》，日本平安书林在永安六年（1587）所刻。这本书上所用的"简要标志"有：√、上、中、下、一、二、三等。

（3）"翻案"

日本辞书《广辞苑》对"翻案"一语的解释是"换言、改写前人所作之趣意，特指借用本国古典、外国小说戏曲等的梗概内容，而在人情、风俗、地名、人名等方面加上己意的改作"。简单点说，就是采用外国小说戏剧的主旨和情节，换上日本的人名、地名、时代、名物，这是一种仿作、嫁接、移植，把外国作品来一番入乡随俗、改头换面。

明初文言短篇小说《剪灯新话》在日本被翻成《奇异怪谈集》，在日本流行。白话短篇小说"三言"被翻成《古今奇谈·英草纸》等，在后文冯梦龙一章中将有介绍。

长篇白话章回小说也有被"翻案"的。《水浒传》在日本有数十种"翻案"本，如《湖中八雄传》（北壶游著）、《本朝水浒传》（建部绫足著）、《坂东忠义传》（三本成为著）、《建久水浒传》（振鹭亭著）、《梁山一奇谈》（山东京传著）、《天明水浒传》（多岛散人著）等。①

3. 江苏地方志在日本

中国的地方志很早就传到日本。《十州记》、南朝顾野王《舆地志》、唐《括地志》、宋《州县图经》《海州图经》、清《扬州图经》等，在日本都有流

① 严绍璗、王晓平：《中国文学在日本》，广州：花城出版社，1990年。

传。江苏地方志大规模流传到日本则是在明末清初,即日本的江户时代(1603—1867)。江户初期,日本实行锁国政策,只允许长崎一地(后来增加平户)和中国、荷兰两国通商,中国也只许明州、泉州、广州三地和日人通商,还有"勘合符"的规定,但是实际上并不能完全限制民间的往来通商。中国商船被称为"唐船",唐船的大宗是所谓的"南京船",还有其他如宁波船、福州船等。

运到日本的货物主要有瓷器、绸缎、药材、茶叶等,图书也是其中的大宗。图书中的地方志特别受欢迎,日本的买主常叮嘱从中国各地驶去的船户,把当地的地方志带去,他们愿出高价收买。中国的船户见贩运地方志有利可图,便从国内搜罗载去。

方志的买家在官方主要是幕府的红叶山房文库,这是江户时代日本最高等级的图书机构、汉籍的收藏流播中心,也是地方志流播中最大的受益者。① 据《御文库目录》记载,1634 年以前,红叶山房收集到的江苏地方志有《大明一统志》《应天府志》,后来又收到《扬州府志》《姑苏志》《江都志》《三山志》《宜兴县志》《常州府志》等,甚至连明朝政府颁发的修志文件《修志文移》也收藏入库。在日本,红叶山房有优先收买中国方志的特权,此外,地方诸侯各藩也积极收买,如贺藩、佐伯藩、德山藩等,少数藏书家和研究者也参与其中。

日本收集中国方志,主要是为了了解中国各地的山川形势、民情风俗,特别是要了解各地物产、土特产的种植技术、药材的加工方法等。在奈良时代,日本政府还曾命令各诸侯国编纂《风土记》,不少地方模仿《大明一统志》或其他志书的体例编撰成书。可以说,日本方志类图书的兴起和质量的提高,与中国方志的东传有密切关系。

据巴兆祥统计,在江户时代,中国地方志输入日本者共有 1 026 种之多,江苏占 121 种。其中明代方志 335 种,江苏占 43 种。在这 43 种中,有 4 种在中国已经不存,只在日本还有保存,这 4 种方志是:《(万历)应天府志》、《(隆庆)长洲县志》、《(嘉靖)新修靖江县志》、《(万历)帝里盱眙县志》。

① 巴兆祥:《中国地方志传播日本研究》,上海:上海人民出版社,2008 年。

在日本收藏的明代方志中,还有两本值得江苏人关注:一本是明初的《大明一统志》,朝鲜曾有翻印成朝鲜文的活字印本,然后来朝鲜和中国的版本都已不存;另一本是苏州籍文学家冯梦龙在福建寿宁县知县任内所编的《寿宁待志》,原书中国已不存,只在日本保存一部。20世纪70年代,日本藏本《寿宁待志》返传回福建,国内陆续出版了影印本和排印本两种版本。

附:日本各地所藏江苏明版方志①

(1) 应天府7种

《(洪武)京城图志》1卷 《(嘉靖)南畿志》64卷 《(正德)金陵古今图考》1卷 《(嘉靖)金陵世纪》4卷 《(万历)应天府志》32卷 《(万历)上元县志》12卷 《(万历)江浦县志》12卷图1卷

(2) 苏州府15种

《续吴郡志》2卷 《(洪武)苏州府志》50卷图1卷 《(正德)姑苏志》60卷 《(崇祯)吴县志》54卷首1卷 《(隆庆)长洲县志》14卷艺文志10卷 《(嘉靖)昆山县志》16卷 《(万历)昆山县志》8卷 《(弘治)太仓州志》10卷 《(嘉靖)太仓州志》10卷图考1卷 《(弘治)常熟县志》4卷 《(嘉靖)常熟县志》13卷 《(万历)常熟县私志》28卷 《(崇祯)常熟县志》15卷 《(嘉靖)吴江县志》28卷 《(弘治)震泽编》8卷

(3) 常州府3种

《(万历)重修常州府志》20卷 《(万历)宜兴县志》10卷 《(嘉靖)江阴县志》21卷

(4) 镇江府2种

《(万历)重修镇江府志》36卷图1卷 《(隆庆)丹阳县志》12卷

(5) 扬州府10种

《(万历)扬州府志》27卷首1卷 《(嘉靖)维扬关志》5卷 《(万历)江都县志》23卷 《(隆庆)高邮州志》12卷 《(崇祯)泰州志》10卷图1卷 《(嘉靖)新修靖江县志》8卷 《(万历)靖江县志》12卷

---

① 资料来源:巴兆祥:《中国地方志传播日本研究》;江苏省地方志编纂委员会办公室编:《江苏旧志收藏整理普查总表》,2008年。

《(万历)通州志》8 卷　《(嘉靖)重修如皋县志》10 卷　《(万历)兴化县新志》10 卷

（6）淮安府 3 种

《(万历)淮安府志》20 卷　《(万历)帝里盱眙县志》12 卷　《(万历)盐城县志》10 卷首 1 卷

（7）徐州 3 种

《(嘉靖)徐州志》12 卷　《(万历)徐州志》5 卷　《(万历)沛志》25 卷图 1 卷

三、与朝鲜的出版交流

明朝时，中国和朝鲜的关系十分密切，朝鲜经常派人出使中国，向中国派遣留学生，参加明朝的科举考试。朝鲜国内也举行科举考试，引进中国图书，使用雕版印刷术印制图书。中国的十七史，朝鲜有精美的汉字本；中国的佛藏，朝鲜也有几种刻本。最著名的一种号称"八万大藏经"，从 1101 年至 1187 年，共用了 80 多年时间，刻了 81 258 张版片，至今犹存。

明朝政府经常赠送图书给朝鲜，如洪武二年（1369），"赐之《六经》《四书》《通鉴》"，又赐《春秋会通》《大学衍义》；永乐十年（1412），又赠儒学经典；宣德八年（1433），"赐《五经》《四书》《性理》《通鉴纲目》"诸书；景泰五年（1454），赠给朝鲜久所盼望的《宋史》。

朝鲜使臣不仅在会馆里开市贸易买书，还喜欢自己上街购买，"来朝贡陪臣多大僚……至阙必收买图籍。偶欲《弇州四部稿》，书肆故靳之，增价至十倍。其笃好如此"。①

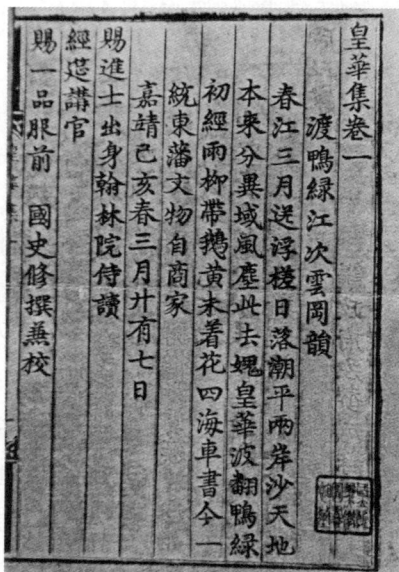

图 6-3　《皇华集》

---

① ［明］沈德符：《万历野获编》卷三十，北京：中华书局，1980 年。

145

朝鲜人来中国，不单喜欢购买经史医书，也喜欢小说。朝鲜的《朴通事谚解》卷下中有一段话，记载了两位朝鲜使者上街买《赵太祖飞龙记》和《唐三藏西游记》的经过，认为这些小说书"热闹，闷时节好看"。①

朝鲜人用汉文著作的史书和诗文集有很多，明朝使臣与朝鲜文士的唱酬作品《皇华集》，竟编刊了23辑之多。

在中朝出版交流中，印刷技术和印刷材料方面有一些突出的成绩，中国的雕版印刷技术很早就传到朝鲜，朝鲜使用活字印刷的时间也较早；朝鲜生产的纸张很受中国文化界看重，称为"高丽纸"，多用来绘画和印书。

四、与越南的出版交流

中国和安南（1803年安南改称越南）长久以来保持良好的关系。安南使用汉字，奉行明朝的正朔，常派人到中国来学艺，购买经传等书籍，抄录礼仪官制、文武职掌、刑律制度，回国仿行。安南皇朝也设立国子监，有祭酒、司业、博士、教导等官职，并且实行科举制，考试的考期、考题等都与中国相似。在这样的文化背景下，汉籍在安南很受欢迎。

永乐十七年（1419），明政府曾派监生唐义向安南颁赐《五经》《四书》《性理大全》《为善阴骘》《孝顺事实》等图书，而且一直送到府、州、县一级的儒学。事后，这些府、州、县还派人到中国表示谢意。②

万历年间，明人严从简所著的《殊域周咨录》一书卷六"安南"条中提到，他在安南市场看到的汉籍图书颇多，文中录出的有35种，如《左传》《汉书》《三国志》《文选》等。张燮在《东西洋考》中说，安南人"嗜书，每重赀以求焉"。③

明末清初，中国著名学者朱舜水不愿意接受清朝的统治，曾侨居安南。他向一位安南官员询问，家里有些什么汉籍图书，那位官员竟答出了数十种，其中有：《通鉴纲目》《前后汉书》《二十一史》《史记》《文献通

---

① [朝鲜]崔世珍：《朴通事谚解》卷下，香港：亚细亚文化社，1973年。
② [越南]吴士连：《大越史记全书》卷一，东京：国文社，1884年。又见《明太宗实录》卷一二二。
③ [明]张燮：《东西洋考》，北京：中华书局，1981年。

考《潜确类书》《焚书》《藏书》《古文奇赏》等,惟《鸿藻》一书没有。① 可见中国书籍在安南流行很广。

安南人用汉文写作的书也不少,有史书《大越史记全书》(吴士连纂修)、《大南实录》(张登桂纂修)、《大南一统志》(高春育等编)等。安南人还用汉文写小说。2011 年,上海古籍出版社出版了《越南汉文小说集成》,所收小说 100 多种,其中明代作品 10 余种。

第四节　中西文化交流与图书译介

一、中西文化的碰撞

明代后期,在东方大地上,出现了一次中西文化交流的大事,那便是天主教东来后在中国开展的一次译书活动。梁启超说,这是我国历史上第二次伟大的译介活动。第一次指唐朝玄奘到印度取回了佛经,在白马寺开场翻译佛经的事。

明末的这次译书活动,西方参加者以意大利人利玛窦为代表。利玛窦(1552—1610),意大利人,万历十年(1582)奉派来中国。先在广东肇庆传教,后移韶州,经南昌到南京,北上北京,向万历帝进呈自鸣钟、地球仪、万国地图等物,担任在华耶稣会会长,与中国士大夫结交,向他们介绍自然科学知识。著译有《几何原本》(与徐光启合译)、《天主实义》等,在北京居住近 10 年,1610 年在北京去世,葬于北京。

图 6-4　利玛窦(左)与徐光启(右)

与利玛窦前后来华传教的还有八九十人,较为著名的有葡萄牙人麦安东(1585 年,指来华时间,下同)、孟三德(1585 年)、费奇观(1604 年)、罗儒望(1598 年)、阳玛诺(1610 年),意大利人石方西(1590 年)、郭居静(1594 年)、熊三拔(1606 年)、龙华民(1597 年)、艾儒略(1613 年),西班牙人庞迪我(1599 年),瑞士人邓玉函(1621 年),德国人汤若望(1620年),法国人金尼阁(1610 年)等。

中国方面参加者以徐光启为代表。徐光启(1562—1633),上海人,字子先,号玄扈,万历三十二年(1604)进士,官至礼部尚书兼东阁大学士。其研究范围很广,以农学、天文学、数学为主,从利玛窦学西方天文、历法、测量、水利等科学技术,是介绍欧洲科学的积极推动者,还主张训练新兵。他对农学、兵学有所研究和实践,主要著作有《农政全书》,主持编译《崇祯历书》,译著《几何原本》。

与徐光启一同从事这次译介的还有杨廷筠(1557—1627,钱塘人)、李之藻(1565—1630,杭州人),他们三人都是朝廷命官,富有学问。除这三人以外,积极参与译介活动的还有瞿太素、冯应京、李天经、张彝、孙元化、王徵、韩霖、段衮、金声、瞿式耜等,他们都是饱学之士或有识见的官员。

这场译书活动参与者人数众多,时间也很长,大约从万历初期(约1580 年)一直持续到明朝灭亡,长达 60 年左右,活动中心主要在北南二京。万历四十四年(1616)时,发生了打击天主教的"南京教案"事件,宗教活动因此受挫,但译书活动没有终止。清朝入关后,教士们继续从事传教译书活动,清王朝仍旧信用他们。例如,德国传教士汤若望,明朝时在皇宫出入,清朝时仍然长期在皇宫中活动,担任钦天监监正,加太常寺卿衔,赐号"通玄教师"。

这场译介活动一共翻译了多少种图书,各种文献的统计数不一,大多在二三百或三四百种,有四种材料可供参考:

1. 1647 年,毕嘉神父在广州狱中写的报告称,从 1561 年到 1664年,耶稣会教士共印书 300 多种,其中有:天主教义 131 种,算学 100 种,伦理物理 55 种,中国教徒所撰教义 14 种。[1]

---

① 沈福伟:《中西文化交流史》,上海:上海人民出版社,1985 年。

2. 法国传教士费赖之著《在华耶稣会士列传及书目》中记,来华传教士有 467 人,其中明代来华的有 90 人(最后一人为意大利人卫匡国),这 90 人的主要译著有 254 种,其中宗教类 127 种,科学类也是 127 种,各占一半。①

3. 徐宗泽著《明清间耶稣会士译著提要》一书中统计:宗教类译书 167 种(圣书 66 种、圣教辩护 66 种、神哲学 16 种、教史 19 种),占三分之二;科技类如数学、水利等,具体数字不详,约占三分之一(百种左右)。②

4. 彭斐章主编《中外图书交流史》一书,对各种材料综合分析后得到的数字是:宗教 66 种、宗教哲学 7 种、政治伦理 10 种、教育 4 种、语言字典 3 种、文艺 2 种、心理 1 种、地理舆图 4 种、天文数学 51 种、水利物理 2 种、地质矿冶 2 种、生物医学 2 种、军事 1 种、汉学 1 种,共 100 多种。③

上述译介图书的作者有一部分是西方传教士,著作较多的人有:汤若望 35 种、利类思 32 种、艾儒略 30 种、利玛窦 24 种、高一志(王丰肃)23 种、罗雅谷 22 种、阳玛诺 15 种、龙华民 11 种、庞迪我 11 种、潘国光 8 种、邓玉函 8 种、孟三德 7 种、卫匡国 7 种、郭纳爵 6 种、何大化 6 种、熊三拔 5 种、孟儒望 5 种、安文思 5 种。

二、译书概况

要评价这次译介活动的价值,必须先了解这次活动译介了哪些图书,不能只用一二种书来做论据。

在讨论之前,先要指出一点,通常翻译的著录形式应该是"西人某某著,中国人某某译",但这次译介活动大多是非典型的,译介的方式多种多样。有的图书是"西人某口授,中国人某笔述",有的是"西人某述,中国人某演",又有译述、选译、摘译、演译等多种说法。这些说法的意思是,原著不一定是一本书,也可能是口头讲说;接受方不一定完全依据原

---

① [法]费赖之:《在华耶稣会士列传及书目》,冯承钧译,北京:中华书局,1995 年。
② 徐宗泽:《明清间耶稣会士译著提要》,北京:中华书局,1949 年。
③ 彭斐章主编:《中外图书交流史》,长沙:湖南教育出版社,1998 年。

著,也可以综合多种原著,再加上自己的领会、意见、发挥,糅合在一起,成为一本中西融合的新书。甚至,在购买外国的火炮、机械时,把外国人的说明、演示记下来,也可以成一本书。在"奇器"类图书中,翻译过来的外国"奇器"若干件,又加上中国人模仿设计的若干件,就可以合成一本书。凡此种种,都可以属于"译介"的范畴,这反映了当时中西热烈多样的交流情况。

数学

《几何原本》6卷,原书15卷,前6卷是平面几何,7至10卷是数论,11至15卷是立体几何。利玛窦和徐光启从万历三十三年(1605)开始翻译,万历三十五年(1607)五月完成,译出的是前面6卷,题"泰西利玛窦口译,吴淞徐光启笔授"。徐光启在这本书的序中说,这本书"不用为用,众用所基",是一本基础科学书。利玛窦死后,教士们向万历帝请求赐给利氏一块葬身之地,宦官们反对。首辅叶向高向皇帝进言说:"毋论其他事,即译《几何原本》一书,便宜赐葬地矣。"可见中国的有识之士对其译介西学的评价很高。

图6-5 《几何原本》

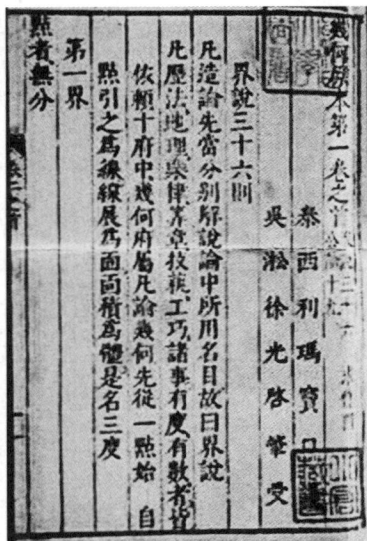

图6-6 《几何原本》内页

《同文算指》10 卷。李之藻据克拉维斯《实用算术概论》和程大位的《算法统宗》编译而成。这是第一本介绍欧洲笔算方法的书,1614 年刻于北京,题"西海利玛窦撰,浙西李之藻演"。

《圜容较义》,万历四十二年(1614)刊于北京,利玛窦著,李之藻笔述,专论圆的内接和外接。

《测量法义》,万历三十五年(1607)徐光启从利玛窦译出,内容是应用几何。

《测量异同》,徐光启著,比较中西测量方法的异同。

《乾坤体义》,徐光启编译,上卷论天体,下卷论数理。

《勾股义》,徐光启编译,对中国古代勾股算术做阐述,并做中西比较。

《几何体论》《泰西算要》《几何用法》三书,徐光启的学生孙元化著,抄本,未刊。

《大测》《割圆八线表》,邓玉函著,收入《崇祯历书》中。

《测量全义》10 卷,罗雅谷著。

机炮技术

天启元年(1621),明帝命阳玛诺、毕方济译兵书。

崇祯九年(1636),明帝命汤若望设铸炮厂,铸成大炮 20 门,又命孙元化编著《西洋神机》一书。

泰昌元年(1620),李之藻的门人张焘、孙学诗至澳门购火炮,并合著《西洋火攻图说》一书。

崇祯十六年(1643),"泰西汤若望授,宁国焦勖述",编成《火攻挈要》(又名《则克录》)一书,3 卷,讲火炮的制造、施放以及炮战。

机械制造

天启七年(1627),于北京刊印《远西奇器图说》一书,题"邓玉函口授,王徵笔述",3 卷。一年后,又加进了王徵自己的发明创造 9 种,编成《新制诸器图说》,1 卷,图 11 幅。后不久,王徵又加进新器 24 种,成《额辣济亚牖造诸器图说》一书,"额辣济亚"是拉丁语"天主圣宠"的意思。王徵,陕西泾阳人,天启年间进士,善于制作奇器。相传,在他家里有"空屋传声"的设备,一人在空屋说话,前后几十间房屋都可以听到。

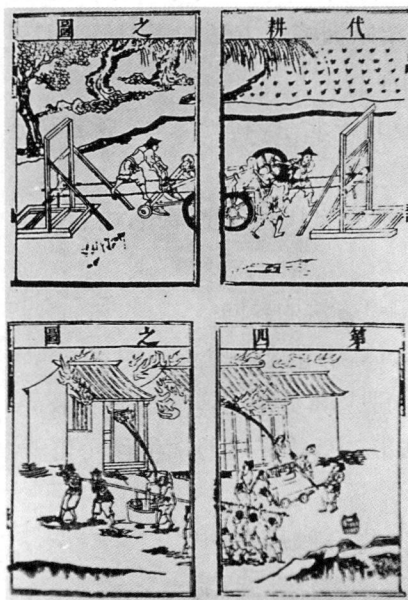

图 6-7 《远西奇器图说》内页　　图 6-8 《远西奇器图说》插图

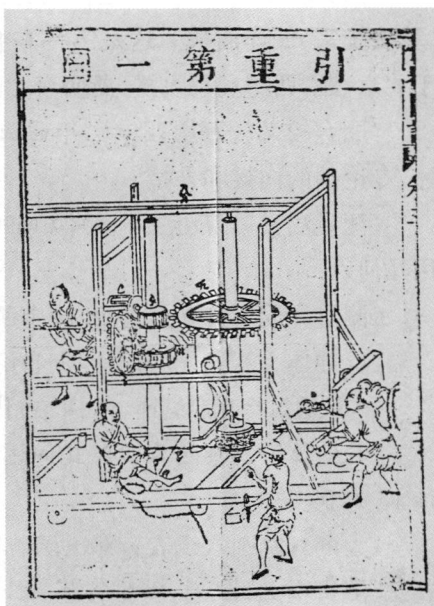

水利工程

《泰西水法》，万历四十年（1612）在北京刊行，西方教士熊三拔向徐光启传授，后由徐光启写定。6卷，介绍了龙尾车、玉衡车、恒升车、水库、寻泉、作井等方法，前5卷讲水法，第6卷是图式。《四库全书总目》评论这本书说："奇器之中，水法尤为切于民用……固讲水利者所必资也。"

地理学和地图

世界地图的传布是这次中西文化交流的重要内容之一。利玛窦传入中国的世界地图有好几种版本，将在下一小节中详细介绍。最后一种版本是在北京绘制的，名《坤舆万国全图》。

利玛窦之后，耶稣会教士继续绘制世界地图，如艾儒略刻印过《万国全图》。艾儒略和杨廷筠还合作刊印过《职方外纪》一书，5卷，题"西海艾儒略增译，东海杨廷筠汇记"。这本书系统介绍了五大洲各国的位置、物产、气候等内容，在杭州刊行。

医学

《泰西人身说概》,邓玉函撰,毕拱辰译。毕拱辰是山西掖县人,万历四十四年(1616)进士,他在北京看到汤若望有一份《西洋人身图》,又看到了邓玉函的《泰西人身说概》,听说邓来华后曾解剖过一个日本传教士的尸体,深为惊异,便决心译介这份材料。另外,罗雅谷也著有一本《人身图说》2卷。

熊三拔著有《药露说》一书,1卷,介绍用蒸馏法制药的方法。

伦理学、教育学

利玛窦著有《交友论》,万历二十三年(1595)出版,多次重印。

庞迪我著有《七克》,万历三十二年(1604)初刻,以后重印过7次,"七克"是指克服7种罪恶的诱惑,如傲、贪、淫等。

《畸人十篇》,万历三十二年(1604)出版,次年在南京再版,上下共10篇,是利玛窦答复中国人提问的通信集,所论都是人生观、生死观等问题。

教育方面的书有《西学凡》一书,艾儒略著,天启三年(1623)出版,题"杨廷筠序,许胥臣引"。这本书概要介绍了西方大学各科的教育大纲,作序的杨廷筠是南京国子监长官,又是天主教信徒。

语言文字学、逻辑学

这次文化交流产生了一批中外文辞书。万历四年(1576),西班牙人奥斯汀、地理学家拉达用西班牙文编成《华语韵编》,郭居静和利玛窦合编《西文拼音华语字典》。万历十二年至十六年(1584—1588),利玛窦和罗明坚合编《葡华字典》,中文题为《平常问答词意》。万历三十三年(1605),利玛窦在北京印行了他编的《西字奇迹》,这是在中国刊印的第一本拉丁拼音语文书。

影响最大的一本辞书是法国传教士金尼阁编的《西儒耳目资》。金尼阁于万历三十八年(1610)来华,他编写这本工具书的目的是使"中国人在三天内通晓西方文字体系"。题"泰西金尼阁撰述,晋绛韩云诠订,秦泾王徵校梓"。这本书于天启六年(1626)在杭州由张问达出资刊印,共3册。这本词典解决了中西语言文字上的阻隔,成为中西文化交流的钥匙。编者金尼阁还把《伊索寓言》译成中文,书名叫《况义》。他从西方募集了"西书七千本"运到中国，准备办一个西方图书馆。这批书运到澳门后，因"南京教案"之故，没能运到目的地，更没能翻译成中文，最后不知下落，十分可惜。

逻辑学方面的书，有葡萄牙教士傅泛际诠译的希腊《名理探》，题"傅泛际译义，李之藻达词"，10卷，崇祯四年（1631）在杭州刊行。这本书后面还有20卷，由比利时教士南怀仁在康熙二十二年（1683）完成，全书正名为《穷理论》。

绘画和音乐

万历三十七年（1609），罗如坚著《天主圣像图说》，介绍了比利时的雕刻术。

崇祯二年（1629），毕方济著《画答》，之后又有《睡答画答》合订本，介绍西洋画法。

崇祯十三年（1640），汤若望向崇祯皇帝呈天主图像，又转赠葩槐国君玛西理赠给崇祯的圣像64张、图48幅。

崇祯十年（1637），艾儒略著《出像图解》，图57幅，于北京刻印。

这些西洋画所运用的透视、明暗等画理，为中国画家提供了新的表现方法，出现了所谓"传神派"画家，代表人物是莆田的曾鲸。

利玛窦曾送给万历帝一张西琴，并撰有《西琴曲意》1卷，介绍西洋音乐的乐理和记谱法。

以上种种足以说明，这次中西译介活动是全方位的，内容十分丰富，不单有基础理论、基础科学，也有应用科学、应用技术；有自然科学，也有社会科学，涉及许多学科门类，是一次伟大的中西文化交流活动。

不过对于这场译介活动的评价一直存有争论。时至今日虽然学界大部分人已经肯定这次活动的积极意义，但仍有人认为，这次译介活动是在国际上殖民主义扩张的大背景下出现的，也有人认为译介过来的科学知识中，有些并不是当时最先进的科学。

三、南京的参与和贡献

在这次译介活动中，南京发挥了重要的作用。

传教士们来华后北上，要经过南京。南京是南都所在地，文化深厚，经济发达，是一个思想活跃的都市。这里集中了一批思想通达的高官、监生、党社领袖,还居住着李贽这样有远见卓识的人士。他们如饥似渴地吸纳西方的自然科学,对于陌生的教义、伦理观、人生观能审慎地评价,对于闻所未闻的天地宇宙和地球学说也如饥似渴地学习,这在利玛窦刊印世界地图的过程中得以充分体现。

利玛窦来到中国后,每至一处,都要在墙壁上挂一张自己绘制的世界地图。为了适应中国人的心理,他把零度线调整在图的左边,使中国出现在地图的中心。他总是向到访的人详细介绍地球的知识,文人官员觉得新奇,要求复制,他总是积极配合。由此,产生了多种版本的"利玛窦世界地图",其中主要有4种,即肇庆版、南昌版、南京版、北京版。

万历十一年(1583),利氏初到肇庆,肇庆知府王泮看到利氏墙壁上的世界地图后,就照样刊刻了出来,分送亲友,题名《山海舆地图》。这是第一张利氏世界图,已失传。但有一幅辗转传到应天巡抚赵可怀手里,赵非常喜欢,把它刻到苏州"姑苏驿"的一块石碑上,可惜这块石碑也已不存。①

万历二十三年(1595),利氏在南昌刊印第二张世界地图,题名《舆地山海全图》,已失传,在章潢的《图书编》中有摹本保存。

第三张利氏世界地图是在南京绘制刊印的,彩色版,大幅,由南京吏部主事吴中明"出吏部公帑重梓",题名《山海舆地全图》,已失传,摹本保存在冯应京(江苏盱眙人)的《月令广义》和王圻的《三才图会》中。可惜这两个摹本都太简略。例如,原图图注地名有300多处,而摹本上却只有70多处,可见这个摹本已经大大简化了。南京版地图上有3个人的序:南京吏部主事吴中明序、贵州巡抚郭子章序、湖广按察使佥事冯应京序。

第四份利氏地图是在北京绘制的,题名《坤舆万国全图》。据洪业《利玛窦的世界地图》记,这份地图"高四尺六寸,阔一丈零六寸"②,为巨幅挂图,各地翻印过33次。③

---

① 事见《(同治)苏州府志》卷一四一,光绪八年江苏书局刻。文云:"山海舆地图,中丞赵宁宇刻,在姑苏驿。"姑苏驿在苏州城西,清代尚存,今已不存,石碑今亦不存。
② 北京图书馆编:《中国版刻图录》第2册,北京:文物出版社,1960年,第34页。
③ 洪业:《考利玛窦的世界地图》,《禹贡》1936年第5卷第3、4合期。

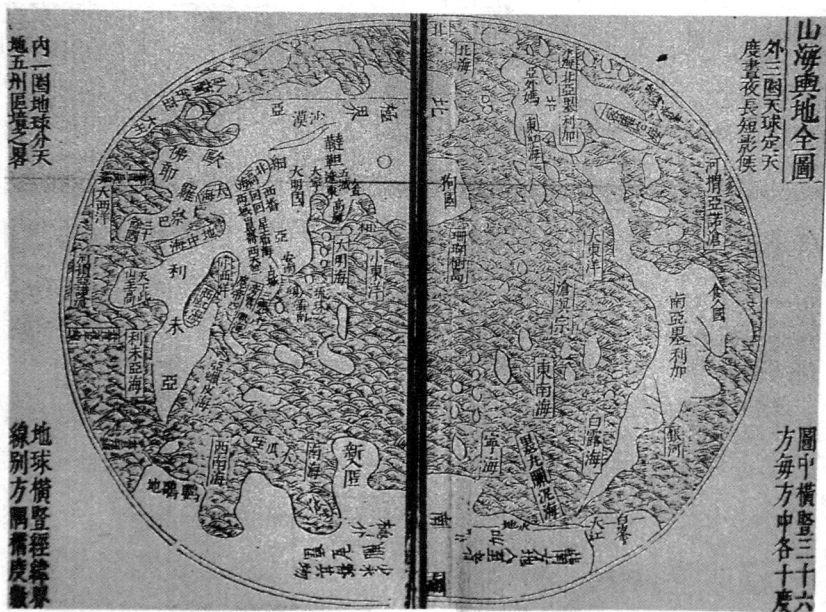

图 6-9　《山海舆地全图》南京版

这份世界地图传入中国,打破了中国原来的舆地观,影响十分深远。从上面的介绍可知,世界地图传入中国,曾几次改变名称,修改内容,可考知的改动就是这四次。利玛窦自己说过,刚开始在肇庆绘制时"不曾尽心绘制",后来不断改进,比较精确。南京是第三次改动,修改之处比较多,改正了地球周长、直径、厚度、每一度的实长等多处数据,最后传入北京的地图基本以此为准。南京在这一过程中发挥了传承接力棒的作用。①

自从利玛窦等在中国传教站稳脚跟后,西方传教士陆续来华,先后有数十人,中国人信教者日增,"传至明代版图十三省……至论教友之数,一六一七年有一万三千"。② 传教活动影响越来越大,也发生了一些争端和纠纷。万历四十四年(1616),南京吏部侍郎沈㴶和余懋孳联名

① 关于利玛窦世界地图的引述,详见黄时鉴、龚缨晏:《利玛窦世界地图研究》,上海:上海古籍出版社,2004 年。
② 徐宗泽:《中国天主教传教史概论》,北京:商务印书馆,2015 年。

向皇帝上了一道《参远夷疏》，建议逮捕为首教士，驱逐一般教士，并影射徐光启等明朝官员和外国教士有来往。徐光启在《邸报》上看到这份奏疏后，向皇帝进呈了一篇三四千字长的《辨学章疏》进行反驳，力陈传教士并非奸细，说传教士们"实皆圣贤之徒，且其道甚正，其守甚严，其学甚博，其识甚精，其心甚真，其见甚定"。①

徐光启在《辨学章疏》中还提出，让传教士和明朝大臣一同选译一些西方图书，判断是非。他还建议把已经流行的西书选出 30 部，进呈给皇帝披览，看看内容如何，如有不妥之处，愿意一同受罚。徐光启的驳论很奇特，他建议将出版物的内容作论据来进行一场辩论。可惜，皇帝最后采纳了沈潅、余懋孳的主张，万历四十四年（1616）七月，下令逮捕南京教士王丰肃、谢务禄。十二月，下禁教令，将王丰肃等人用木笼子"递送广东抚按，督令西归"；北京的庞迪我、熊三拔等也"令归还本国，不准逗留"。这就是所谓的"南京教案"事件。

---

① ［明］徐光启：《徐光启集》下，上海：上海古籍出版社，1984 年。

第七章　明代印刷技术的改革

　　雕版印书从唐五代开始到明代中叶,前后经历了五六百年的时间,技术已经十分成熟,并且寻求新的技术突破,以得到更好的制作效果。在技术创新的努力中,江苏的出版人在活字印刷和彩色印刷两个方面均作出了突出贡献。

　　活字印刷是出版业追求效率的"应有之义",但真正要实现却并不容易。关键是活字用什么材料制作,如何做出一个个有统一规格的字来,先要有小规模的"实验室"试验,更要有大型图书的成功实践,以及相当数量的实践。这两项实践是在无锡、常州两个地方获得成功的,在这个过程中,发生过许多令人感动的事迹。在明代的出版物中,用活字印成的书,大约有两三百种、两三千卷,可以说略成气候。

　　彩色印刷的试验发生在南京的十竹斋等处,胡正言、吴发祥等先贤率先,用色从二色发展到三色、五色、七色,方法从敷彩发展到饾版、拱花,取得了可喜的成功。

第一节　活字印刷

一、三种活字印书

　　明代活字书所用的活字由三种材质制成:泥、木、金。

　　用泥作材料的活字有胶泥制成的泥字、陶字、磁字三种;用木材作材料的活字有枣、李、黄杨、梓、樟等多种;用金属制成的活字有铜、锡、铅三种。

1. 泥活字

《梦溪笔谈》中记载毕昇发明的活字是用"胶泥"制成的。有人认为胶泥是一种特殊的混合物,由赤石脂、白矾、滑石、胡粉、牡蛎壳、盐卤、醋等混合制成,即所谓"六一土"。20世纪80年代,中国科技大学科学史研究室曾经做过一次模拟实验,认为并没有这么复杂。他们用附近八公山上的普通黏土,做成泥字坯子6 000个,获得成功,做出来的泥字还印了一页样张,说明泥活字用普通黏土就可以制成。① 用黏土做成一个个泥坯,风干到一定程度,就可以在上面刻字做成活字,这便是所谓"胶泥"版活字。

除胶泥字以外,陶活字和磁活字也是用"泥土"作为原料。清朝有陶活字书,也有磁活字书,但明朝时期未见有泥、陶、磁三种活字书。

2. 木活字

明朝的活字图书中,有木活字图书,但数量不多,最多的是金属活字。

元代王祯有一篇详细说明木活字印书的记载。王祯是山东东平人,元贞元年(1295)担任宣州旌德县县尹时,撰写了《农书》一书,约13万字。他想用木活字来印这本书,便命人制字,用了两年时间制成3万多字。大德二年(1298),先用来印《旌德县志》,获得成功,但此书没有传世。两年后,王祯调到江西永丰担任县尹,他把这套活字带到了永丰,下落不明。他自己的《农书》并没有用这套活字印制,《农书》是后人用雕版印刷的,一直到清朝,才有人用木活字印了《农书》,圆了王祯的梦。

《农书》书末所附的《造活字印书法》是一份宝贵的印刷史文献。文章详细记载了木活字制字方法和印书过程,其过程大致有六步:(1)刻字;(2)锼字(用细小的锯子把字一个个锯开);(3)修字;(4)作盔嵌字(盔就是木框);(5)造轮(轮就是安放活字的圆形木架);(6)取字。

木活字容易制作,一套木活字3万枚就可以周转,一部13万字的书,只要3万枚活字就够用,省力不少。明代尝试用木活字印书的人不少,例如,南京监生胡昱就制成了一套木活字,印了《庄子鬳斋口义》一

① 张秉伦、刘云:《泥活字印刷的模拟实验》,上海新四军历史研究会印刷印钞分会编:《活字印刷源流》,北京:印刷工业出版社,1990年。

第七章 明代印刷技术的改革

书;又如,南京李登家有一套"合字",印成自著的《冶城真寓存稿》8卷;嘉定徐兆稷向友人借来一套木活字,为其父徐学谟摆印了100本《世庙识余录》26卷等。

3. 金属活字

文献中提到的金属活字有铜、锡、铅三种,其中锡、铅两种推行不广,又没有实物传世,只在文献中有片言只字,如上文王祯《造活字印书法》中提到锡字,"近世又有铸锡作字,以铁条贯之作行,嵌在盔内,界行印书,但上项字样难于使墨,率多印坏,所以不能久行"。提到铅字的,只有明人陆深《俨山外集》卷八《金台纪闻》:"近日毗陵(即常州)人用铜、铅为活字,视板印尤巧便,而布置间讹谬尤易。"

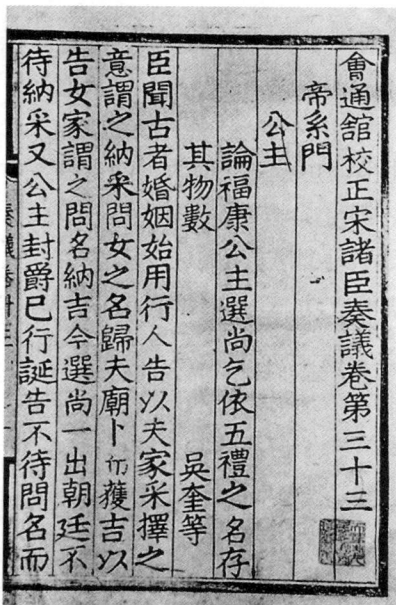

图7-1 《宋诸臣奏议》内页

金属活字中有一定规模而且有实物传世的是铜活字,传世的第一部铜活字书是明弘治三年(1490)印成的《宋诸臣奏议》。江苏境内用铜活字印书的有无锡、常州、苏州、南京等地,其他省份如浙江、福建、广东也有少量记载。

铜活字的制作和印刷,有两个问题还没有完全清楚。

第一个问题:铜活字是浇铸出来的,还是雕刻出来的。浇铸就是像制作青铜器一样,雕刻则是在一个个铜坯上刻字。文献上既有用"铸"字的(指浇铸)、"范"字的(指模子),也有用"雕""镂""镌"(这三字都指用刀刻制)字的。即使到了清朝,也同样有这个疑问,康雍间印《古今图书集成》,也是铜活字,乾隆帝说是"刻铜字为活板",而大臣包世臣、吴长元却说是"铸成"。笔者曾询问扬州雕版印刷博物馆,得到的回答是:用两种方法(浇、铸)都可以制成铜活字。

另一个没有弄清楚的问题:无锡华氏的活字,究竟是铜质,还是锡质。过去一般都认为是铜质的,但1980年潘天祯提出应该是锡质的,因为至少有4处文献上说,华氏活字书是"铜板锡字",意思是用铜做底版,上面摆锡质的活字。① 潘天祯的新见引起人们极大注意,但由于缺少文献以外的实证,这一问题还未有定论。

图7-2 活字字盘模型

二、无锡华氏活字印书

华燧(1439—1513),活字印刷的主要代表人物,无锡人,生于明正统四年(1439)。据《勾吴华氏本书·华燧传》中说:"会通公燧,字文辉,少于经史多涉猎,中岁好校阅异同,辄为辨证,手录成帙。……既乃范铜板锡字,凡奇书难得者,悉订正以行。曰:'吾能会而通之矣。'名其读书堂曰会通馆。"后来,华燧制成了一套铜活字。弘治三年(1490)华燧51岁时,印出了第一部传世的铜活字书《宋诸臣奏议》150卷,当时印了

图7-3 华燧像

① 潘天祯:《明代无锡会通馆印书是锡活字本》,《江苏图书馆工作》1980年第1期。

50 部,但质量较差。之后,华燧不断改进摆印,现在能查知的由其刻印的最后一部书是正德元年(1506)印成的《君臣政要》,当时华燧已经 67 岁,这说明华燧经营活字印刷前后近 20 年。华燧在正德八年(1513)去世,年 74 岁,葬于无锡西寿山。他用铜活字印的书,可考的共 19 部,其中《九经韵览》和《十七史节要》两书是他自己的著作。

图 7-4 会通馆

华氏家族中还有几位也从事活字印书活动。

华燧族叔华珵,字汝德,号尚古,成化八年(1472)进士,做过一任北京光禄寺署丞,所印书也用"会通馆"名称,印有《渭南文集》等 2 种。

华燧亲侄华坚,是华燧兄华炯的第三子,字允刚。印书用"兰雪堂"名称,有《白氏长庆集》等 10 种。

华燧儿子华镜,在会通馆正德十年(1515)出版的《艺文类聚》100 卷的尾页上写有"后序",可能也参与会通馆活字印书的活动。

华燧弟弟华煜,为会通馆活字书写过序。

据统计,会通馆印书计 19 种 1 617 卷,罗列于下:

1.《宋诸臣奏议》150 卷,弘治三年出版,印 50 部。

2.《锦绣万花谷》100 卷,弘治五年出版。

3.《锦绣万花谷》前集 40 卷、后集 40 卷、续集 40 卷,弘治七年出版。

4.《容斋五笔》74 卷,弘治八年出版。

5.《文苑英华纂要》84卷,正德元年出版。

6.《文苑英华辨正》10卷,正德元年出版。

7.《古今合璧事类》前集69卷、后集81卷、续集56卷、别集94卷、外集66卷,弘治八年出版。

8.《百川学海》100卷,弘治九年出版。

9.《校正音释春秋》12卷,弘治十年出版。

10.《校正音释诗经》20卷,弘治十年出版。

11.《九经韵览》14卷,弘治十一年出版。

12.《盐铁论》10卷,弘治十四年出版。

13.《校正音释书经》10卷,弘治十八年出版。

14.《十七史节要》□卷,弘治十八年出版。

15.《纪纂汇海》200卷,弘治间印。

16.《会通馆校正选诗》,《晁氏宝文堂书目》著录。

17.《校正音释易经》4卷。

18.《书经诗经白文》。

19.《君臣政要》□卷,正德元年出版。

华坚"兰雪堂"印书计10种285卷:

1.《白氏长庆集》71卷,正德八年出版。

2.《元氏长庆集》60卷,正德九年出版。

3.《玉台新咏》10卷,正德九年出版。

4.《蔡中郎集》10卷《外传》1卷,正德十年出版。

5.《艺文类聚》100卷,正德十年出版。

6.《春秋繁露》17卷,正德十一年出版。

7.《意林》5卷,正德间印。

8.《史鉴》,弘治、正德间印,《晁氏宝文堂书目》著录。

9.《晏子春秋》,弘治、正德间印,《晁氏宝文堂书目》著录。

10.《广成集》12卷,正德十年出版。

华珵会通馆印书计2种58卷:

1.《渭南文集》50卷,弘治十五年出版。

2.《剑南续稿》8卷,弘治十五年出版。

三、无锡安氏活字印书

安国(1481—1534)，字民泰，生于成化十七年(1481)。他用活字印书，比华燧稍迟十数年。

明徽君誥贈奉真大夫户部員外郎安桂坡先生之像贊
撫孤恤族藏資邺窮南遊淮海北錫岱宗襟懷瀟洒風起雲湯
郭解任侠原思屡空惟我先生富甲吴中敦書説禮下士謙恭
間游白邦孳畫崇閣萬民利賴鐘鼎銘功贈拜遺像肅肅雍雍
綢穆康焗立百世可風
通家年姓唐順之頓首拜題

图 7-5 安国像

明《常州府志》和《无锡县志》都有安国的事迹记载，说他是当地三大巨富之一，人称"安百万""富儿敌国"。当地有民谣说："安国、邹望、华麟祥，日日金银用斗量。"他曾捐资抗倭、疏通白茆港海口、修常州府城墙，这三件事都是要花大钱的。他家居胶山西村，种了桂树，延袤二里，因自号"桂坡馆"。家里有一个二百亩的池子，中间有仿制的金、焦二山，"曲桥飞楼，逶迤夭矫"，为"二百年来东南名区"。他又爱好古玩古书，用铜活字印书也是他的一项爱好。

当时，铜活字印书是富裕文人的雅玩。明人唐锦在《梦余录》中

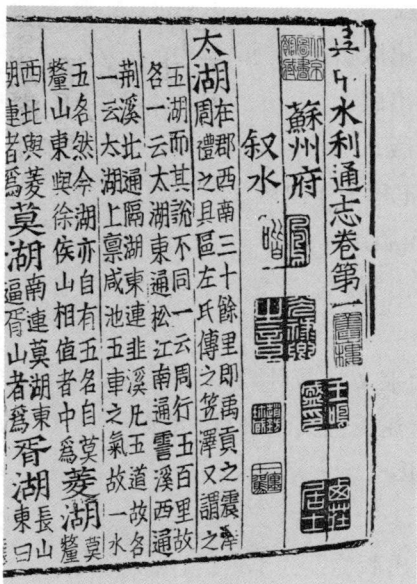

图 7-6 《吴中水利通志》

说："近时大家都镌铜活字,颇便于用。"在正德七年(1512)左右,安国制成了一套铜活字,吏部尚书廖纪听说后,便请他摆印一部《东光县志》,正德十六年(1521)完工,这是我国第一部用铜活字印的地方志。安国用活字摆印的第一部书是《吴中水利通志》17 卷,嘉靖三年(1524)完成。安国共印了 10 部书,约 300 卷,规模比华氏小一些,大多没有记录出版年份。

安氏印有《石田诗选》(沈周撰),是华汝德选的,华汝德即华珵。华、安两家都在无锡,他们之间在活字印书上有没有合作或竞争,未见记载。

安氏所印书中,有《初学记》和《颜鲁公集》两种,二者既有雕版书,又有活字书,为什么两种印刷方式并用,出于何种考虑,未见记载。

安国子孙中有不少是进士,但没有印书的记载。

安氏活字印书如下所列:

1.《东光县志》6 卷,正德十六年出版。

2.《吴中水利通志》17 卷,嘉靖三年出版。

3.《重校魏鹤山先生大全》110 卷,嘉靖三年出版。

4.《颜鲁公文集》15 卷《补遗》1 卷《附录》1 卷《年谱》1 卷,嘉靖二年出版。

5.《古今合璧事类备要》,《前集》69 卷《后集》81 卷,嘉靖间出版。

6.《初学记》30 卷,嘉靖间出版。

7.《春秋繁露》□卷,有钱受之跋。

8.《五经说》7 卷,嘉靖间出版。

9.《熊朋来集》。

10.《石田诗选》,正德间出版。

四、江苏其他活字印书

上述所列是华、安两氏所刻活字书,都是铜活字,地点也都在无锡。江苏其他府州县也有活字印书的记录,铜活字、木活字都有,列举于下,按地区分列,注明是铜活字还是木活字。

应天府(南京)(3 种 10 卷)

1.《冶城真寓存稿》8 卷,李登用"家藏合字"印,万历间出版。(木)

2.《开元天宝遗事》2 卷,题"建业张氏铜板印行",出版时间

不详。(铜)

　　3.《庄子鬳斋口义》□卷,正德十三年南京国子监生胡昱印,贾泳所藏古本,首都图书馆藏。(铜)

　　苏州府(5种300卷)

　　1.《晏子春秋》8卷,正德间出版,《中国版刻图录》著录。(铜)

　　2.《璧水群英待问会元》90卷,嘉靖间丽泽堂印。(木)

　　3.《石湖居士集》34卷,苏州金兰馆印。本书印制精雅,被认为是明代活字印书的代表作。

　　4.《西庵集》10卷,弘治十六年苏州金兰馆印。(铜)

　　5.《唐五十家诗集》158卷,正德四年题"吴门崦西林舍活字本"。(铜)

　　昆山县(1种38卷)

　　1.《水东日记》38卷,正德间活字本。(木)

　　常州(2种□卷)

　　1.《杜氏通典纂要》,《晁氏宝文堂书目》注"常州铜板"。(铜)

　　2.《艺文类聚》,《晁氏宝文堂书目》注"常州铜板"。(铜)

　　无锡县(1种50卷)

　　1.《国朝文纂》50卷,隆庆六年出版,题"江右居无锡吴梦珠独排"。(铜)

　　常熟县(6种69卷)

　　1.《凤洲笔记》24卷《续集》4卷,隆庆三年黄美中印。(木)

　　2.《思玄集》16卷,万历二年桑大协印。(木)

　　3.《春秋国华》17卷,万历间严氏印。(木)

　　4.《玉台新咏》10卷,嘉靖间五云溪馆印。(铜)

　　5.《襄阳耆旧传》1卷,嘉靖间"常熟五云溪馆铜活字本"。(铜)

　　6.《王岐公宫词》1卷,嘉靖间常熟杨仪印,题"五川精舍活字印本"。(铜)

　　太仓州(2种20卷)

　　1.《含玄斋遗编》4卷《别集》10卷《附录》1卷,万历二十二年太仓赵宦光活字本。(木)

2.《含玄子》16卷,万历间太仓赵宧光活字本。(木)

松江府(1种5卷)

1.《海叟集》4卷《外集》1卷,隆庆四年松江人何玄之印。(铜)

华亭县(2种126卷)

1.《唐诗类苑》100卷,万历十四年印,版心下有"崧斋雕本"四字。(木)

2.《世庙识余录》26卷,万历间华亭徐兆稷印。(木)

上海县(2种14卷)

1.《松筹堂集》12卷,万历元年上海顾从德印。(木)

2.《壬午平海记》2卷,崇祯间木活字印本。(木)

江阴县(1种5卷)

1.《对床夜话》5卷,正德十六年江阴陈沐木活字印本。(木)

上文介绍的江苏各地活字印书,可以查知的共有:华氏31种1 617卷,安氏10种338卷,江苏其他地区26种637卷,合计67种2 592卷。

五、大型活字书的摆印

宋代有四部诏令纂修的大书:《太平御览》1 000卷、《册府元龟》1 000卷、《文苑英华》1 000卷、《太平广记》500卷。因为篇幅巨大,刻印的次数很少,到了明朝,得到续绪的机会,《文苑英华》是福建巡抚胡维新集福州、泉州地方力量完成的;《册府元龟》是巡按御史李嗣京组织官府和地方力量合力完成的。另外两本《太平御览》和《太平广记》则是江苏、福建两地私人合作用铜活字印制完成的,制作过程十分艰辛。

当时发起印《太平御览》的是福建建阳人游廷桂、饶世仁二人,他们大概是书商,因为周堂为《太平御览》写的序中有"闽贾饶世仁"之语。隆庆三年至五年(1569—1571),游、饶二人到无锡请人制作铜字,完成了十分之一二后,无力继续,不得不把一半铜字卖给当地人顾肖岩、秦虹川,另一半卖给常熟解元周光审。周光审决心续印,顾、秦表示愿意合作。游、饶二人则"反主为奴",愿意当摆排工人,游廷桂的儿子游榕也做排版工作,历时七年,终于完成。这时,周光审已经去世,他的儿子周堂完成此事,并由他写了序。因此,这本书的署名比较复杂,有多种写法:闽中饶世仁、游廷桂整排,锡山赵秉义、刘冠印行;宋板校正闽游氏全板活字印一

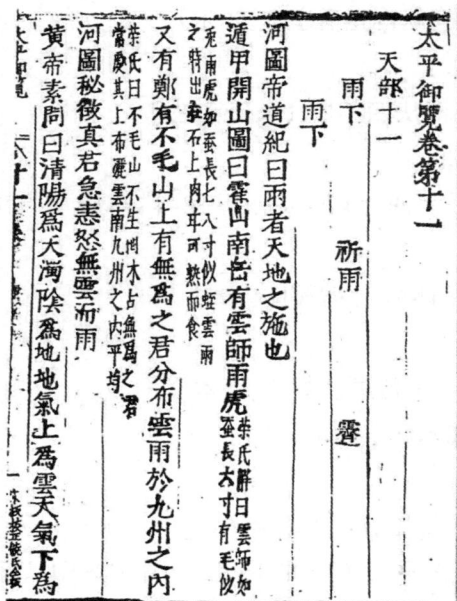

河圖帝道紀曰雨者天地之施也
遁甲開山圖曰霍山南岳有雲師雨虎……
……雨虎如……
又有鄭有不毛山上有無爲之君分布雲雨於九州之內
河圖秘徵……
黃帝素問曰清陽爲天濁陰爲地地氣上爲雲天氣下爲

太平御覽卷第十一
天部十一
雨下
祈雨　雹
雨下

图7-7　《太平御览》

百余部；宋板校正闽游氏；宋板校正闽饶氏。

《太平御览》的出版，是福建、江苏几位热爱出版事业的人士苦心经营的结果，是行业友谊的体现，令人感动。这部书现在在首都图书馆、浙江图书馆等处均有珍藏。

《太平广记》是隆万间印成的，牌记是"建阳游榕活板印行"，另外还有《异物汇苑》18卷、《文体明辨》84卷两书，也都题"建阳游榕活板印行"。后两部书都是在万历年间印成的，字体与《太平御览》相同。版本学者由此认为，这套流转苏、闽两地的活字后来归游榕所有。

第二节　插图

我国古来有"有书就有图"的说法。唐代的雕版经卷往往一段文字（黑色），一段图画（红色），相间穿插。到了明代，图书中的插图使用更多，从内容到形式都有新的发展。图书之乡江苏，在这个趋向中引领于前，作出了一定的贡献。

一、各类图书广泛使用插图

明代图书的插图不仅用在小说和戏剧等图书上，而且广泛使用于各类图书，例如：

经书、子书类图书：《三礼图》通志堂刻本、《纂图互注荀子》明初刻本。

历史类图书:《帝鉴图说》万历二十二年金陵刻本、《列女传》永乐内府刻本。

地理类图书:《新镌海内奇观》万历三十八年杨氏夷白堂刻本。

科举类图书:《状元图考》明刻本。

占候类图书:《大明天元玉历祥异图说》万历四十七年金陵刻本。

日用百科类图书:《三才图会》万历三十七年刻本、《图书编》明刻本、《人镜阳秋》明刻本。

技术类图书:《新刻京板工师正式鲁班经匠家镜》明末刻本、《天工开物》崇祯十年涂伯聚刻本、《新制诸器图说》崇祯四年刻本、《两浙盐场图咏》明刻本。

农业类图书:《农政全书》明末平露堂刻本。

医药类图书:《本草纲目》南京胡承龙本、《元亨疗马集》明末刻本。

武备类图书:《军器图说》崇祯刻本、《利器图》万历刻本、《神器图》万历刻本。

文集类图书:《新镌考正绘像注释古文大全》万历元年刘龙田刻本、《吴骚初集》《吴骚二集》万历四十四年苏州刻本。

启蒙类图书:《新刻出像音释古今幼学联珠统宗故事》万历金陵王氏刻本。

由上可知,插图已经成为明代各类图书的有机组成部分。

二、插图数量可观、篇幅增大

明代图书的插图,在一部书中往往不止数十幅、上百幅,有的甚至达到数百幅、上千幅。如金陵富春堂刻传奇 10 套 100 种,每种传奇插图数量不等,少的三五幅,多的三五十幅,总数近千幅;《古本戏剧丛刊》一至三集,其中明刻本 212 种,插图 3 800 幅;《西厢记》明刻本有 40 多种,都有插图,最多的有 150 余幅。

此外还有:《农书》插图 281 幅,《人镜阳秋》《闺范图说》各有插图上百幅,《三宝太监下西洋记》插图 100 幅,《海内奇观》插图 130 幅,《李卓吾评水浒传》插图 200 幅,《筹海图编》插图 114 幅,《园冶》插图 200 多幅,《天工开物》插图 164 幅,《登坛必究》插图 510 幅,《武备志》插图 740 幅,《农政全书》插图 230 幅,《本草纲目》插图 1 160 幅。

插图的篇幅则大小不一，有扩大的趋势。大多采取"二节版"或"三节版"，插图占三分之一版面，或二分之一版面，上图下文，或上文下图。最大的占一整页。突破一整页，占双单两页的，称为"双幅合页"，在戏剧类图书和小说类图书中，用得最多。

再进一步，有两页以上的连续画页，实际上是把长卷切开。这类书不多见，汪廷讷环翠堂的《棋谱》是一例，有连续 6 页图画。这类连续画页的书与连环画不同，连环画是情节相连，但一幅幅画面并不相连；连续画页是一条长幅，切开成若干页。

三、插图风格和特色

明代插图在不同地区有其风格特色，主要有四派：金陵派、安徽派、苏州派、杭州派，各派在构图、风格、用刀等方面有很明显的区别。但由于工人之间的相互流动，这四个派系的风格也有融通的现象。

金陵派以南京为中心，包括镇江、常州等地，规模较大的出版机构有富春堂、世德堂、文林阁等。金陵派本身也有前后期不同特色，富春堂本《白兔记》插图是其前期作品的代表，线条挺劲，画面简古；继志斋本《玉簪记》插图是其后期作品的代表，细致工丽，人物与背景并重。环翠堂汪氏本人来自安徽，所以作品完全是徽派风格。

苏州派的特点是富丽多姿，博采众长。因为苏州插图书比较后起，因此能吸收各派的长处，兼有金陵派的豪放、安徽派的婉约、福建派的古朴。苏州派的代表作是《水浒全传》的 200 幅插图。

明代后期图书插图的构图有一个明显的进步，便是突破了舞台所见的局限，将视角投向广阔的天地，有近景、中景、远景之分，近山远海，天上人间，充分展开，尽收眼底。

明代后期江苏地区图书插图的丰富多彩，离不开著名画家的积极参与。例如，唐寅为《西厢记》画插图，又参加杭州 26 人合作的《曲选》的插图绘画；仇英为《列女传》画插图；陈洪绶为《离骚》《水浒》画插图；程起龙为《孔子家语》画插图；郑千里为《名山图》画插图；顾正谊为《百美图咏》画插图；汪耕为《北西厢》画插图；刘素明为《玉簪记》画插图等。

插图不仅要由精于绘画的画家创作，还要由高超的刻工操刀。明末,东南一带有一些画图和雕版兼精的高手,最著名的有刘素明和刘次泉二人,他们曾在苏、皖、杭、闽版的插图上留下名字。只是关于他们的籍贯则颇多争议。以刘素明为例,郑振铎说他是杭州人,谢水顺说他是金陵人,王重民说他是建阳人。以刘次泉为例,郑振铎说他和刘素明是一家人,瞿勉良说他是安徽人。其二人籍贯众说纷纭,作品则见于多地,不能简单划归于哪一个派系,并且刘素明二人的特殊情况也冲淡了所谓地区的界分。

第三节　彩色印刷

一、彩印书概况

印刷术发明之初,彩色印刷也同步萌芽,留下的实物有唐代的佛经和宋代的纸钞等。20 世纪,发现了元至正六年(1346)中兴路江陵资福寺刻印的《金刚经注释》,红黑二色,经文黑色,卷首的灵芝和文中的图画红色,这是早期的套印版印刷书。

到了明朝后期,彩色印刷有了新的进步,可以从工艺和品种两个方面来做分析。

1. 彩色印刷工艺

在雕版印刷的条件下,要想使印刷品呈现彩色效果,只有"敷彩"和"套印"两种办法。

"敷彩"又称"涂彩""着色"。其方法是雕一块黑色轮廓线的图版,用黑色印出来,然后在印品上敷填不同色彩。佛像和民间吉祥画都是这样做出来的。这是最简易的办法,是印刷术和人工作业的结合。

"套印"又称"套版"。在同一块版面上,要想取得几种色彩的效果,便分别制几块版子。印刷时,不同的版子分别一次次印不同的色。二三色、四五色、六七色都有,七色以上的少见。使用这种方法印的文字书称"套版书",大多是不同注家的诗文集。有一部名为《洗冤录》的书,上面由不同老吏作注,一位老吏用一种颜色,全书共用九色。这种方法也可以印图画书。

除上面两种基本方法外,还有一种"彩印",制作方法是只用一块主版,印刷时在主版上敷不同的颜色。例如,在花朵上敷红色,在叶子上敷绿色,而且可以涂出深浅不同的效果,趁颜色没有干的时候,用白纸覆上去拭印,揭下来就可以得到一张有不同色彩渲染效果的图页。也就是说,使用这种印法,产品虽然有不同色彩,但底版只有一块,只刷印一次。这种印品的操作者实际是在底版上作画,必须有一定的绘画功底。这一类印刷品有万历时的《花史》一书。另外,安徽的《程氏墨谱》中有一部分作品也是用这种方法制作的,如《巨川舟楫》图。郑振铎先生认为应该给这种方法起一个专门名词——"彩印",以免和"套印"混淆。

另有一种"分色法",即只有一块底版,敷色时一段地方敷黑色,一段地方敷红色,印出来就是红黑间色的效果。佛经经卷常用这种印法。

2. 彩色印刷品种

明代人把彩印工艺运用到不同的出版物上,便出现了多种彩印品,主要有:

敷彩年画

明代的年画大多用敷彩方法上色,先印出黑色轮廓,再敷彩色。这种方法后来向套印方向发展,印好后再在细部补笔,补充敷色,成为"敷彩"和"套印"相结合的产品。

套印图书

套印工艺用在文字书上便是"套印书"。江苏的苏州、浙江的吴兴最喜欢印这种书,用来表现不同的注家、不同的评论。但一本书要用不同的颜色多次印,有点浪费,所以也受到批评。陶湘曾批评这类书说:"一书而用数书之费,非有巨资不克成功,有时流入滥调,经传词曲,概以批尾之术施之,有伤品类。"①

饾版和拱花

"饾"即"饾飣",原意是用五色的小饼作花卉、禽鸟、宝品,堆在盘盒中。"饾版"借用这个意思,意为用几块甚至几十块大小不同的版子、不同的色彩,拼合印制成一幅图画。

———————————

①《明吴兴闵板书目》陶湘序。

如果在刷印时不敷色彩，只是拭压比较用力，像现代按"钢印"一样，只用压力，不用色彩，这便是"拱花"。饾版和拱花相结合，则印出来的印件既有色彩，又有凹凸感，成为一件有品位的工艺品，可以用来做信笺、诗笺、请柬，成为文人的雅玩。

二、彩色精品简介

1.《十竹斋画谱》《十竹斋笺谱》

作者和制作者都是胡正言（1582—1672），字曰从，号次公。原籍安徽休宁，迁居南京，住鸡笼山侧，精篆刻，善制墨、造纸、绘画。因所居门前有一丛竹子，遂名其斋为"十竹斋"。他最大的贡献是制作了《十竹斋画谱》和《十竹斋笺谱》。这两种书是饾版和拱花的代表作，制作的工艺一直流传到今天，成为宝贵的非物质文化遗产。

《十竹斋画谱》天启七年（1627）出版，内容包括书法、翎毛、梅、兰、竹、菊、果、石，共 160 幅。出版的原意是"供幽人韵士之癖好者"，同时也作为学习图画的师法入门之教材。

图 7‑8 《十竹斋画谱》

《十竹斋笺谱》是在《画谱》出版后 17 年问世的，即崇祯十七年（1644），两书是姊妹书。当时社会上所用的信笺、诗笺、请柬等，上面往往印有套色图画，称为"彩笺""诗笺"，质量大多不好。胡正言看了不满

图7-9　《十竹斋笺谱》

意，便请当时的著名画家做底稿，再请雕刻良工雕版印制，成为雅致的艺术品，大受欢迎。这种彩笺汇集起来，印成一本书，可以供欣赏之用，同时也是商品广告，客户可以选择其中的某几幅加印。《十竹斋笺谱》共4卷，图284幅。

在制作这种笺谱时，胡正言表现出了专注敬业的精神。他请名家作画，请良工雕刻，和工人"不以工匠相称"，对他们很尊敬，对工艺"朝夕研讨，十年如一日"。为《笺谱》写序的李克恭指出，这种饾版工艺有三难："画须大雅，又入时眸，为此中第一义；其次则镌忌剽轻，尤嫌痴钝，易失木稿之神；又次则印拘成法，不悟心裁，恐损天然之韵。"

2.《萝轩变古笺谱》

1963年，上海博物馆收到一部《萝轩变古笺谱》，2册。作者吴发祥，江宁人，住在南京城南的牛首山。他志趣高雅，学问渊博，能诗画，富收藏。这本书也是用饾版和拱花两种工艺制成的，于天启六年（1626）出版，比《十竹斋画谱》早1年，比《十竹斋笺谱》早18年。于是，版画界引起了讨论，有人认为"要改写版画史的有关章节"，把饾版和拱花的发明者改为吴发祥。

潘天祯对这场讨论做了令人信服的考证。他指出，胡正言生于明万历十二年（1584），卒于清康熙十三年（1674），90岁。吴发祥生于明万历七年（1579），卒于清顺治十五年（1658），79岁。吴比胡早生5年，两人同时生活在南京达50年。他们二人虽然没有互相交流的直接史料证据，但有一些共同交游的朋友，如吴士冠、顾梦游等，再加上他们所印的彩笺并没有技术保密可言，所以潘氏认为，他们二人都用了饾版工艺，难分先后，是他们二人"首批运用这项新技术"。这个论断得到出版界的认可。①

　　饾版和拱花是印刷工艺的精尖，在当时的生产条件下，将工艺技术发挥到了极致，对我国彩印工艺有很大的影响。清代的《芥子园画谱》一脉相承；鲁迅和郑振铎大力提倡，印了《北京笺谱》；之后北京的荣宝斋、上海的朵云轩又有继承和发展。

① 潘天祯：《明清之际南京的彩色套印版画集》，《江苏出版史志》1990 年第 3 期。

第八章　明代图书的印制

出版的过程可以简单概括为编、印、发三段。中间一段"印"是把一份原稿复制成千百本图书，属于工业生产的范畴。明代印书主要使用雕版印刷术，制作的工艺承袭前代，已经十分成熟。

雕版印刷工艺的第一步是把原稿缮写到薄纸上，选用什么字体是第一要义。起初，所用的字体是当时社会上通用的颜柳楷书，并没有专门为刻书创造设计一种字体。为了方便和高效，到了明朝中后期，出现了一种"横细竖粗、四角崭方"的所谓"宋体字"。这种字体逐渐成为雕版图书用字的主流，并一直沿用到今天。

雕版图书的刻字和印刷这两道工艺，也是承袭前代的做法，并没有多大的改进，雕版用的刀具也还是那简单的几把钢刀。倒是装订的方法，经过不断摸索后有了新的突破，创造了"方册装"这种好方法。

图书的装订看似简单，其实并不容易，要得到既方便又牢固的效果，竟费了前人不少琢磨，如经折装、蝴蝶装、包背装等。方法虽多，却总是不能使人满意，而且其间还夹杂着争论，有所谓"梵夹尊重，方册轻亵"的成见，费工费料的梵夹装不肯退出历史舞台。到了明朝的后期，方册装终于胜出，成为雕版图书装订的主流。

印刷的耗材主要是木板、纸张、墨料。由于社会需求扩大，这三种材料的生产基地也逐步扩大，大多在长江上中游，木筏沿江而下，运到江苏十分方便。明朝政府还派专员到江西督造纸张。

明代江苏地区已是全国印制图书的佼佼者。到明代中期，以苏州为中心的苏式本图书已成为当时官员和文人心中书籍的最高标准，影响遍及全国。苏式本模仿宋刻本，特征是字体方整，笔画平直，版式多为白口，左右双边，风格典雅大方。当时有条件的文人、官员会想方设法刊刻苏式风格的书籍，或从苏州招募工匠。胡应麟在《经籍会通》中评价各地刻书质量称："余所见当今刻本，苏、常为上，金陵次之，杭又次之……"①

第一节　字体和版式

一、宋体字成为图书用字主流

雕版印刷刚开始时，图书的字体是当时通行的楷体字，肥一点的用颜（真卿）体，瘦一点的用柳（公权）体。佛经大多用混穆凝稳的接近颜字的"经体字"。元朝时，又增加了赵（孟頫）体一种。明朝前期的图书用字还是这一格局，并无改变。

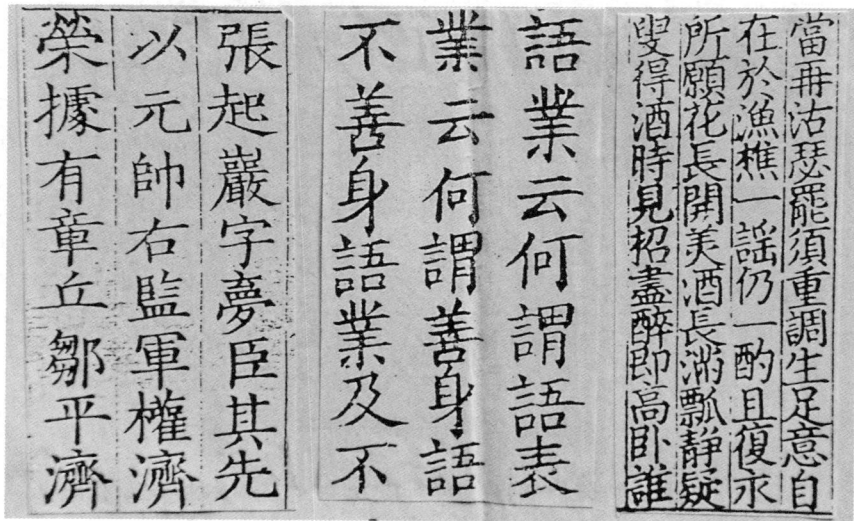

图 8-1　明初雕版字体

---

① 李开升：《中国雕版印刷时代的转折点》，《文汇报》2019 年 8 月 2 日。

到了明朝中后期,刻书界出现了一种新的字体——宋体字。这种字体到明后期占据了主流地位。近年来有学者认为,明代图书中出现新的宋体字是在明嘉靖年间(1522—1566)。嘉靖朝是明代出版业的第一个高峰,刻书规模达到了三千种以上。"嘉靖以前,中国雕版印刷字体大体均为自然书写的楷书体;嘉靖以后,雕版印刷形成自然书写的楷体等与职业写工写的宋体字并立的局面。嘉靖朝遂成为中国雕版印刷时代的转折点。"①

宋体字成为图书用字的主流,这在出版界来说是一件大事。清代蒲松龄认为:"隆万时有书工,专写肤郭字样,谓之宋体,刊本有宋体字,盖昉于此。"②钱泳则认为:"有明中叶写书匠改方笔,非颜非欧,已不成字。"③对于宋体字的流行时间和评价,这两段话说得很明白。这里有几个问题,须做些探讨。

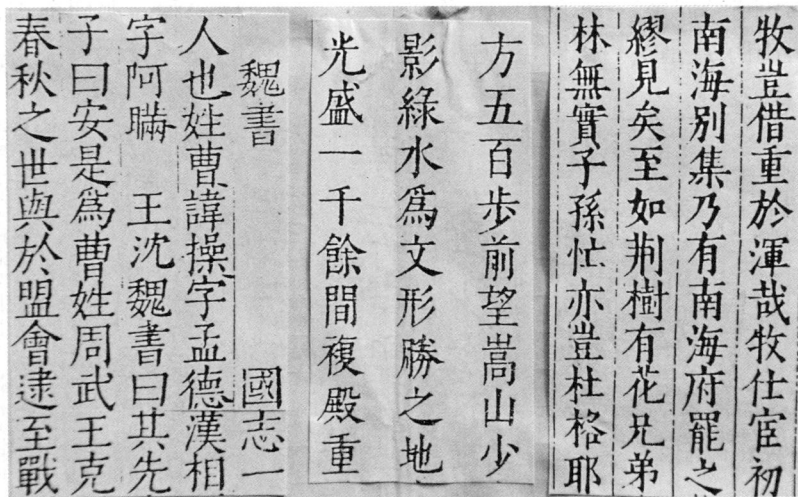

图 8-2　明后期雕版字体

第一是宋体字的名称问题。这种字体被称为"宋体字",实际是一种误解,在宋代的图书中,其实并没有这种"横细竖粗、四角崭方"的字

---

① 李开升:《中国雕版印刷时代的转折点》。
② [清]蒲松龄:《聊斋笔记》卷上,上海:上海九州书局,1935年。
③ [清]钱泳:《履园丛话》卷十二,上海:上海古籍出版社,2012年。

体。张秀民先生查看了400多种宋版书,没有看到有一本书是用这种字体的,所以他认为应该叫"明体字"。① 日本出版界就把这种字体叫作"明朝字"。但是"宋体字"这个名称已经沿用至今,成为学界和大众约定俗成的认识。

第二是宋体字究竟是谁发明首创的,首先在哪一本书上使用,哪一个地区、哪一个年代首先使用的,现在只能做比较笼统的回答。宋体字初见的年代是明隆万间,初见地区是江浙地区,至于哪一本书是首见,是何人书写,则未能确指,尚未查考清楚。明末苏州地区出版的书,不少有"写书者"署名,可知名字的有:杨凤、方卫、周慈、吴曜、俞质夫、叶益荪、林异卿等,但不知他们中有没有宋体字的创造者。

第三是对宋体字的评价问题。从上述蒲松龄和钱泳的评价来看,宋体字最初出现时,似乎颇有非议,说它是"不成字""肤郭字",所谓"肤郭",是"粗陋"的意思。其实这一问题随着出版业的发展早已有了结论,宋体字失去的是书法的艺术性,得到的是大规模生产所需要的规范化品质。原先,出版物的缮写要找书法的能手,比较难得,而"宋体字"只要求规范化,便于批量复制。在图书市场需求量巨大的近现代,人们自然使用宋体字作为书版字的首选了。

明代图书用字中还有用篆字的,如嘉靖中许宗鲁宜静书屋所刻的《吕氏春秋》《国语》,自称"说文体",使人无法阅读,意在骇俗。还有些书喜欢用异体字,如"闻"字写成"�";"惧"字写成"愳",徒然增加阅读的困难,是不可取的。

二、版式多样

版式指正文在版面上安排的形式,包括边栏、界行、书口、字距、行距、插图位置、书名页等。明代基本上承袭前代的做法,只略有变化。

边栏

版框四周的边栏,或用单边,或用双边。明代有些出版物的四周边栏饰以竹节、回文等连续图案,如明末南京金陵富春堂的传奇《白袍

① 张秀民:《中国印刷史》,上海:上海人民出版社,1989年。

记》《虎符记》等,差不多成为其专利标记,具有时代和地区的特色。

二节版、三节版

二节版是把版面横分为上、下两个部分,上图下文,或上文下图,两个部分的篇幅不一定相等。个别图书的二节版有特殊的做法,如崇祯时雄飞馆刊《精镌合刻三国水浒全传》,上部刻《三国》,下部刻《水浒》,因为《水浒》字多,便删去了一些。这种做法实在没有任何意义,把两本独立的书合在一起,并无必要,当然未能推广。

三节版是把版面横分为上、中、下三层。有的书三部分互有联系,如《全像忠义水浒志传评林》,上层刻注释,中层刻插图,下层刻正文。有的书三部分并无联系,如《新调万曲长春》一书,上、下层是曲文,中层是"汇选江湖方语"。

书名页

明代不少书有书名页,相当于今天的封面。书名在正中,占主要地位,左右两侧署出版单位、出版年月等有关文字。有些书名页设计美化得很漂亮。

插图

明代图书中的插图在版面上趋于多样化,所占位置大多在一页以内,也有超出一页的,或双幅合页,或连续几页。插图的风格有地区差别,如金陵派、苏州派、杭州派等,各派在构图运刀上都有不同。有的插图以舞台为构图,舞台所见即画面,没有近景、中景、远景之分;有的插图突破窠臼,有近、中、远之分,以苏州容与堂的《忠义水浒传》最为精彩。

第二节　雕版和刷印

一、雕版

缮写好的书稿贴在木板上,便进入雕刻工序,雕刻的好坏与刻工的技术水平密切相关。有些良工是世代相传的,有相当知名度,各地开雕图书时,往往用重金延请,并且把他们的姓名留在书上,能刻图画的更受欢迎。

图 8-3　雕版

　　这种刻工往往以地区、宗族为联系结成集团。江苏的南京、常州、苏州等地有不少良工集团，他们常受聘到省内外各地去刻书，同时，外地的良工群体也受聘到江苏来刻书，来得最多的是安徽、浙江、福建三地的刻工。刻工集团的经纪人会根据工作量的大小、难易、文与图的要求等配置工匠，工匠们组成集团，接受任务，克日完成。有些大的集团能同时派出几批人到外地处理业务。

　　雕版的工效如何，一个熟练工人一天能刻多少个字，可靠的资料并不多。明初，有一本《宋学士文粹》，后记上有一段小记，常被人们引用作证：

　　　　以字计之，一十二万二千有奇，于是命刊工十人镂梓以传，自今年（即洪武十年）夏五月十七日起手，至七月九日毕工，凡历五十二日云。

　　上述数字说明，一本约 12 万字的书，大约要 10 个刻工花费 52 天才可完成，平均每人每天刻字约 235 个。用这个数据衡量明代的刻书工效，还是很高效的。

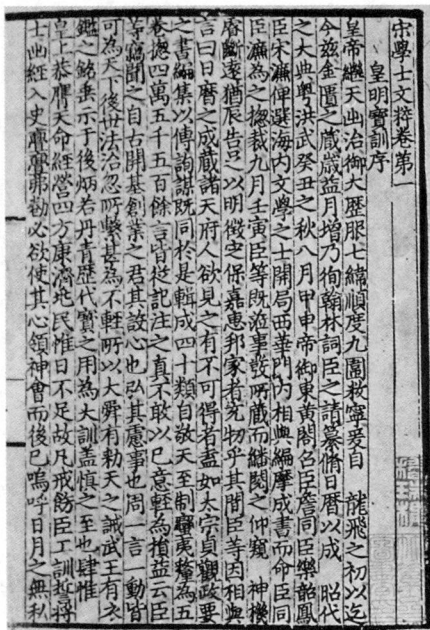

图8-4　《宋学士文粹》

图8-5　刷印

二、刷印

雕好的版子平置在作台上，用墨刷子蘸墨汁刷上去，再覆上白纸，用干净的刷子在背面拂拭，揭下来，便是一个"印张"。刷印的耗材是纸和墨，刷印的工具是两把刷子，一把是干净的，一把是蘸墨汁的，刷印的黑墨是水质的，不是油质的。

上墨的刷子是用棕做的，不免会损坏版面，再加上木版长时间浸渍墨汁，笔画会变粗变胖，所以每印一二百张要"休息"，称为"歇版"。古代印书大多以百为量，一般书只印三五百部。有些单张的佛经页子，印数达数万张，如佛徒起愿抄经，往往是"八万四千张"，大概是有几套版子，只是简单地刷印单张经页。据说，一套书版如果及时歇版，保存得好，印两三千次是没有问题的。据《太学经籍志》记载，太学藏版70种，其中47种已"不堪印"，或许就是因为没有做到及时歇版。

第三节 装订方式的改进

装订的基本要求是：牢固、翻看方便、操作简单，这三个要求看起来简单，却不容易兼得。为追求最佳的装订方式，几百年来图书装订方式经历了几个阶段：经折装、蝴蝶装、包背装，最后才优选为线装，即方册装。

明初，图书的装订主要有蝴蝶装和包背装两种，佛经则维持经折装的方式。据有关书目记载，采用蝴蝶装的书有《大诰》《元史》《相鉴》《说苑》《玉海》《唐律疏议》等，采用包背装的书有《永乐大典》《诸佛世尊如来菩萨尊者名称歌曲》等，采用经折装或梵夹装的有《南藏》《北藏》《正统道藏》等。

这三种装订方法有一个共同的缺点便是容易脱页，一旦失散，就不可收拾。古代笔记中常有讲经时书夹脱落，书页四散，讲经无法继续的记载。解决的办法是改用线缋方册装，操作方法是：

1. 把印张一页页折起来，无文字的一面向内，有文字的一面向外，书名页放在首页，叠好后用纸捻订（或用丝质线）固定，称为"草订"，或称"第一次固定"。

2. 再加上厚一些的纸或有色的纸做封面、封底，打洞（4 个洞），用线穿订，即"线装"，又称"缝缋"，这是"第二次固定"。

3. 完成后贴书签、包角。

这样装订出来的书十分牢固，即使外面的线断了，还有里面的纸捻订，不会再散页，而且价格也便宜得多。

在图书装订史上，这是一次重大的改革。反对这种方法最激烈的是佛教徒，他们认为"梵夹尊重，方册轻亵"。但是最后打破这种成见的也是佛教徒们。明末，在江苏、浙江印成的佛藏《径山藏》，不再理会陈见，用线装方式装订成的《径山藏》只用了 1 200 本方册，而原来的梵夹装要用 7 000 卷。

方册线装的装订方法说起来简单，细分起来也有好几道工序。《中国印刷史》上说有 21 道工序，蒋元卿《中国书装订术的发展》一文则归纳为 12 道工序：1. 折页，2. 分书（又称"排书"），3. 齐线，4. 添副页（空白页和书名页），5. 草订（用纸捻或丝捻，即第一次固定），6. 加书面，7. 截书（即用大刀切齐），8. 打磨，9. 包角，10. 钉眼，11. 穿线（即第二次固定），12. 贴书签。

第四节　印刷材料和刀具

雕版图书的主要材料是版料、纸张和墨，其次还有装订用的线、丝和制书函用的硬纸、绫、绸等。

一、版料

明代刻书的木料主要是枣、梨、梓，这三种木材轻软，不容易腐朽，适合做书版。这三种都是落叶乔木，全国各地都有生长，在产地锯下树身后编成木筏，经长江水运到江苏各地，起货待干后纵锯成一指多厚的木板，再剖成书版大小，就成为雕版用的版片了。

图 8‐6　版架

据记载,这种版料还要经过石灰和盐水蒸煮,以便长久保存,不生虫,便于奏刀。一般版片两面均可使用,文献书目上记载的版片数字,须核实是双面用还是单面用。

除上述三种木材外,江苏人就地取材,也有用白杨木、乌柏木的,雕刻精细的图画书或小字书时,还会用黄杨木。普通木材不能多印,据说梨木、黄杨木可以印到两万次。一块木板的价格,据《径山藏》记载"每块给价银三分",比较低廉。

二、纸张

明代雕版书用的纸张主要有竹纸和皮纸两种。宋应星《天工开物》第十三卷"杀青"中详细介绍了这两种纸的制造方法。

竹纸的主要原料是竹和麻,皮纸的主要原料是楮树的皮。楮树即构树,又名榖树,制成的纸称桑皮纸。还有一种用檀树的皮加上稻草和石灰制成的纸,即宣纸。

制纸的工艺很复杂,不同原料配比,不同制作方法,可以做出不同的纸。明代的纸有 100 多种,或以产地命名,或以原料命名,或以用途命名,其中苏州的纸,明人以为"天下第一"[1],但这种纸不是印书用的。江苏地区印书用纸,大多要采购江西、福建、四川、安徽等地所产的纸。

胡应麟在《少室山房笔丛》中,对明代印书用纸有一段评价:"凡印书,永丰绵纸上,常山柬纸次之,顺昌书纸又次之,福建竹纸为下。绵贵其白且坚,柬贵其润且厚,顺昌坚不如绵,厚不如柬,直以价廉取称,闽中纸短窄鬹脆,刻又舛讹……余他省各有产纸……大率闽、越、燕、吴,所用刷书,不出此数者,燕中自有一种纸,理粗庞,质拥肿而最弱,久则鱼烂,尤在顺昌下,惟燕中刷书则用之。惟滇中纸最坚……其坚乃与绢素敌,而色理疏慢苍杂,远不如越中。"[2]

为了选用优质的纸,督造皇室用纸,永乐年间,朝廷曾派出官员到江西西山,"置官局造纸"。

江苏毛晋汲古阁印书用纸,除早期绿君亭印《屈子》用棉纸外,几乎

---

① [明]胡应麟:《少室山房笔丛》卷四,上海:上海书店出版社,2001 年。
② [明]胡应麟:《少室山房笔丛》卷四。

全用竹纸。据说毛晋每年要到江西去定造,厚的名毛边纸,薄的名毛太纸,这两种纸现在还能买到。因为纸名上有一个"毛"字,有人认为这是汲古阁的专用纸,其实不然,之前经厂用纸就有用"毛太纸"的记载。

三、墨

墨也是出版业的重要生产资料,主要产地在安徽,称为"徽墨",北方也产"京墨",但数量和质量远远不如"徽墨"。质量差的墨被称为"泥墨",手一拭就会洇出,不堪印书之用。江苏境内的松江也产墨,称为"松江墨",主要用来拓碑片,印书不常用。

制墨的方法说起来很简单:在松树林的平坡上,用竹篾扎一条棚子,一节节相连,与船篷相似,长七八丈,甚至十多丈,两端相通,篷的内部用席子和纸糊严实,中间要有出气孔。然后,燃烧松枝,也可以燃烧清油或桐油,连续烧几天。熄火后就可以取烟墨,尾部(出口处)的墨最好、细密,用来做上等墨锭,作书画用,称为"清墨";近火源处一二节地方的墨最粗,只能在建筑刷墙时用,称为"粗墨";中间一段质量中等,可用来印书。

安徽有数百家像这样的作坊,最有名的是程氏和方氏两家,他们制成的墨锭供文人书画之用。方、程两家都印有《墨谱》《墨苑》,作为商品广告。制墨时还要加进香料等物,所谓"书香",就是由此而来。印书用的松烟墨料包装严实,书坊采购后还要进行一些调制。常熟汲古阁旧址有一个巨大的梅花形石槽,据说是当年汲古阁印书时贮存墨料用的。

四、刀具

雕版印书的主要工具是刻字用的刀。刀具比较简单,可随身携带。明末清初方以智《物理小识》中说,刻字刀有三种,以地区分:第一种是旌德拳刀;第二种是雀刀,金陵、江、广用之;第三种是挑刀,福建人所用。

今江苏广陵古籍刻印社雕版用的刀有十余件,扬州中国雕版印刷博物馆潘复泰先生绘图并编号说明用途如下:

1号:板凿——用时以肩窝顶住刀柄端,刻版时用以铲平局部平面,修版时可用以凿去大面积破损之处。

2号:平头凿——刻版时用以凿槽及铲平槽底。

3号:小平头凿——作用和2号平头凿同,用于较小部位。

4 号：小弯凿——铲字与行线间的小空档。

5 号：弯凿——铲空行。

6 号：刮刀——上样前用以刮平版面。

7 号：双面平口凿——有大、中、小三种，修补工用来修凿弯角处，刻工用以铲小空档。

8 号：斜口刀——用于局部修平，刻版、修版通用。

9 号：刻刀——俗称"鲫鱼背"，因其刀尖处略厚，又因其刀刃形似鹰嘴，故又名"雕刀"，这是刻工最常用的一种刀。

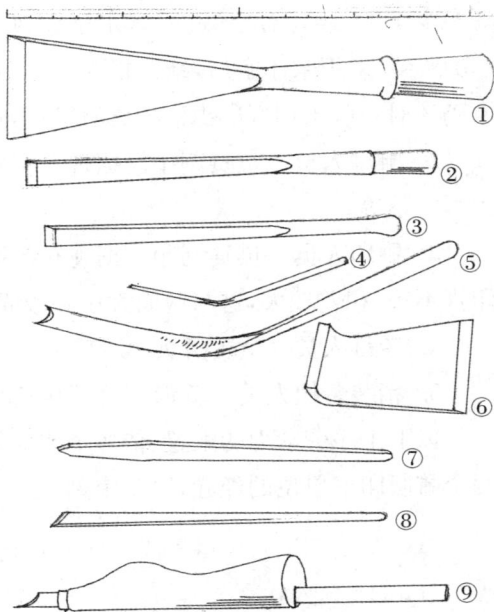

图 8-7 刀具简图

上述刻刀主要有三种用途：一种是刮平版面（6 号），另一种是铲去大大小小空档（1、2、3、4、5、7 号），再一种是刻字的笔画细部（9 号）。

除刻版面的刀具外，装订时要用到一种特大号的刀，用来切齐多卷（册）本之用，现代印刷厂称其为"三面刀"。

第五节　劳动力组织和刻书周期

雕版印刷的劳动力组织和刻书周期，是由印件的字数多少决定的，进一步推究，则是由工人每人每天刻字的数量决定的。落实到具体书坊、具体图书，则各有不同。

一、劳动力组织

雕版工艺刻印人员有以下各类工种：

1. 缮写、校对人员　缮写人员负责将原稿写到薄纸上，一人一天能写多少字,大致是有定数的。《永乐大典》重抄时的定额是一人一天抄2 520字。采用宋体字后,缮写的工效大为提高。写好后由校对人员与原稿核对。版子刻好印出清样(蓝色)后,还要再校对一次。

2. 雕刻人员　负责刻字。据现有资料记载,一人一天的刻字数,一二百字不等。

3. 刷印人员　负责刷印。据现有数据,一人一天500印张到1 500印张不等,相差较大,这与版面大小和版面的精细度有关。

4. 装订人员　负责折页、装订。

5. 精装装帧人员　负责包角、做函套、加书签等。

以上工序劳动力的配置,依各个印件的具体情况而定。据江苏现存两个雕版印书单位的经验,以1个刻字工人为基准,大体比例为:

> 刻字工1人∶缮写工0.1～0.2人∶刷印工0.1～0.2人∶装订工1～2人

以上比例说明,雕版工艺人员的配置,大致是:10个刻字工人刻出来的版子,只要1个刷印工人就可以印好;1个刷印工人印出来的印张,大约要三五个装订工人跟在后面装订;如果装订讲究,要包角、做函套,则还需要更多的工人。

下面看几个实例:

1. 皇室出版机构司礼监经厂在嘉靖十年(1531)时的人员配置是:笺纸匠62名、表背匠293名、折配匠189名、裁历匠80名、刷印匠134名、黑墨匠77名、笔匠48名、画匠76名、刊字匠315名。司礼监当时所印书大多采用包背装,要用函套,装帧讲究,所以表背匠特别多。

2. 常熟毛晋汲古阁有"聚印匠二十人",工人总数则是"家畜奴婢二千指",即200人,刷印匠约占十分之一。

3. 无锡顾起经在嘉靖三十四年(1555)刻《类笺唐王右丞诗集》一书,聘请的人员是:"写勘三人、雕梓二十四人、装潢三人。"这个数字中,没有刷印人员,可能是雕梓人员兼做的。

二、工价

明代雕版图书的工价很低廉,文人要印一本自己的著作,佛教徒要许愿印一部经书,所费并不多,这是明代出版事业繁荣的重要原因,且看下面的几组数据。

1. 《大乘楞伽经唯识论》,《径山藏》的一种,刻于明代的最后一年即崇祯十七年(1644),牌记上说:"共字九千六百十五个,写银三钱八分五厘,计刻银三两三钱六分五里,共板十三块,计工价银六钱五分。"由此可知,写和刻的工价比大约是1∶11。

2. 《佛说不空羂索咒经》,刻于清顺治十二年(1655),牌记上说:"共字五千二百六十四个,写刻银三两七钱九分,板七块五钱六分,筌头纸煤八分。"该书与上书相差约10年,工价贵了不少。

3. 《豫章罗先生文集》17卷,明嘉靖三十二年(1553)沙县谢鸾刻,141叶,版83块。该书序后有识语云:"绣梓工资二十四两。"这本书约8万字,则每百字大约三分银,与汲古阁"三分银刻百字"相同。

4. 徐康《前尘梦影录》中说:"毛氏广招刻工,以十三经、十七史为主,其时银串每两不及七百文,三分银刻一百字,则每百字仅二十文矣。"这段话中有几个确切的数据十分重要。

5. 刘若愚《酌中志》中记载,因为"妖书"事件,把刻"妖书"的徐承惠捉了起来,徐在供词中说,刻书的费用是"银一百字四分,因为要在僻静无人处刻,另加五厘银"。他刻了"妖书"八百字,共得到三钱四分银子,即每百字四分银。

6. 《宛署杂记》中有一条记载,藩王潞王之国时,印了一部《之国供应事宜书册》500本,版材、刻工、纸张、刷印"共价四两二钱三厘一毫"[1]。

目前所见资料中,刻工价最低的是《分韵四言对偶启蒙音律启蒙》一书。这本书是万历年间在端州(今广东高要)刻的,书中说:"对偶启蒙音律启蒙共书一百三十四篇,计字三万八千三百五十六个,每百工银二分算,共该银七两八钱五分八厘,用过梨板十一块,每块价银一分六厘,共银一钱七分六厘在内。"这段记载说明当时二分银刻一百个字,工价是很低的。[2]

---

① [明]沈榜:《宛署杂记》,北京:北京古籍出版社,1982年。
② 沈津:《美国哈佛大学哈佛燕京图书馆中文善本书志》,上海:上海辞书出版社,1999年。

明代实行银本位。明初,一两银大约可买三四石米;明后期,一两银只能买一二石米。由此可推算,"百字三分银"的实际购买力是很低的。

三、生产周期

生产周期指一本书从定稿付梓到印订成书所费的时间,以"天"为计量单位。现代出版业中,图书的生产周期十分重要。雕版印刷虽然生产力低下,但如果集中众多工人,赶刻赶印,也可以在短时间内突击完成大工程。现代出版业虽然工艺先进,但如果各个环节拖延时间,多次校对耗费时间,也可能使生产周期变得很长。下面列举一些明代图书的生产周期,按时间长短排次:

1. 明代南京、北京科举考试时,发榜后两三天,就可以印出《登科录》出售。

2.《元史》210 卷,130 万字,装订成 120 册。洪武三年(1370)七月开雕,十月三日"镂板讫功",制版时间只有 90 天。

3. 明顾起经奇字斋《类笺唐王右丞诗集》10 卷,"嘉靖三十四年十二月望开锓,至次年六月朔完局"。刻工 24 人,刻字用了五个半月。

4. 郑济主持为其师宋濂刊刻《宋学士文粹》10 卷,12 万字,10 个刻工,52 天完成。

5. 吴郡顾凝远诗瘦阁刊《济北晁先生鸡肋集》70 卷,牌记上说:"于崇祯乙亥春照宋刻寿梓,至中秋工始竣。"大约用了半年时间。

6. 南京胡承龙刊《本草纲目》,万历十八年(1590)开始,万历二十四年(1596)完成,用了 6 年时间。数年后,江西夏良心重刊,只用了 6 个月时间。

上文列举的材料说明,图书的生产周期,并不单纯由生产力的先进程度决定,而是由三种因素综合作用,即工艺水平、投入人力和各环节的衔接。只要人力投入多,各环节衔接紧凑,也能在短时间内印成大书。

第九章　明代图书的销售

　　明代中后期,学校较为普及,读书识字的人多了起来。由于商品经济的发展,市民阶层兴起,图书的读者群扩大了,对图书的需求也日益增长。

　　图书到达读者手里,有颁发和出售两个渠道。明代中后期,这两个渠道传播的图书各占多少,没有史料记载。从书林出书和私家出书的态势看,图书通过商业渠道流通的数量快速增长,占据主流地位。

　　在大中城市热闹之处,开设有"书林",规模较大的书林集出版的编、印、发于一家,门面出售图书,后面则有编书楼和刻印的作坊。多家书林聚在一起,便成为图书业的"一条街"。在刻书集中的地区,水陆交通方便之处,还有定期的"书市",或有图书批量交易的"聚书地"。在文化活动的节日和场所,如科举开考之日、佛事开场之所,则又有临时开设的"帐棚"和"摊点",出售新版图书或精印佛经。由于南北图书品种不同、价格有别,出现了行商南北长途贩运图书的现象。

　　在江苏水网地区,运河南北,太湖沿岸,出现了"书船",这是水乡江苏特有的景观。书船客们来往穿梭于作者、读者、书贩、藏书楼之间,介绍书稿,推销新书,互通消息,代客补缺觅异,赠送交换,十分活跃,成为江浙图书销售业的一大特色。

　　在图书出版繁荣之际,出版者的版权意识日渐觉醒,不少图书印上"翻刻千里必究"的警示语,成为数百年来出版业的一句行业语。标新立异、广告宣传、防伪措施、行业垄断等现象逐渐滋生,对行业发展产生种种影响。

第一节　读者群体与图书品类

读者群体与人口总数中的识字人数密切相关。明代江苏的人口数，据《明史·地理志》记载，明初洪武二十六年（1393），有 1 371 373 户 7 656 009 口。大约过了 100 年，明中期弘治四年（1491），有 1 165 849 户 5 035 138 口，人口似乎并无增加，反减少了一些。又过了 80 多年，明后期万历六年（1578），有 1 580 467 户 6 524 935 口，增加了不少。

只是这组数字似乎并不可靠。王世贞曾批评明朝的人口统计："国家户口登耗，有绝不可信者……有司之造册。与户科户部之稽查，皆仅儿戏耳。"

总体而言，明代江苏的户数和口数，应在一百二三十万户、六七百万口之间，前、中、后期略有增减。

一、学童启蒙用书

明朝政府规定，每 35 户要设立一所"社学"，15 岁以下的儿童必须上学。不单是府、州、县要设"社学"，各个"卫所"也要设立学校。《明史·选举志》记载："天下府、州、县、卫所，皆建儒学，教官四千二百余员，弟子无算。"据《盐城市志》记载，在明代嘉万年间，盐城市内有社学 26 所，还有正学、建西、陆公 3 个学院。① 所谓学院，大概是相对高一级的学校。《明史·选举志》描述各地办社学的情况："盖无地而不设之学，无人而不纳之教，庠声序音，重规叠矩，无问下邑荒徼，山陬海涯。"

学童所需的图书便是社学的启蒙用书，其品种基本固定，历代变化不大。明代社学用书的情况，可参考元人程端礼《读书分年日程》一书的记载：

8 岁以前：读《三字经》《百家姓》《千字文》《千家诗》，或以《性理字训》代《千字文》，以《童子须知》补充。

---

① 盐城市地方志编纂委员会编：《盐城市志》，南京：江苏科学技术出版社，1998 年。

8—15岁：先读《小学》，次读《大学》《论语》《孟子》《中庸》《孝经刊误》。

15岁以后：先读《论语集注》《孟子集注》《中庸章句或问》《论语或问》《孟子或问》，次读《易经》《尚书》《诗经》《仪礼》《礼记》《周礼》、《春秋》（并"三传"）。以上几种读过之后，每五天中，三天读史，二天温习四书五经。读史的次序是先读《通鉴》，参看《纲目》，再读《史记》《汉书》《唐书》《唐鉴》，最后读诗词文、韩愈文和《楚辞》。

这份读书计划的作者程端礼是元朝人，这本"日程"原是为参加科举考试设计的。实际上，元明清三代的学校基本上都按这个"日程"安排教学。"日程"中提到的15岁之前的书目，也就是学童启蒙用书。

二、士人与科举用书

参加科举考试的士人们所需的图书，有一部分书和学童所需的相同，此外还有他们所特需的书，大概有以下三类：1. 各种考试规定科目的图书，如《四书大全》《五经大全》等，以及对四书五经的解释；2. 各级考试优秀答卷的汇编、评点，对下一届考试题目的揣摩猜测；3. 每次考试过后出版的《登科录》《会试录》。

编辑、刻印、销售以上三类图书，是科举时代出版市场的重大商机。苏松一带有一批专门的"选家"，他们的工作被称为"选政"。执选政牛耳者是复社和几社等党派，主要人物有陈子龙、夏允彝、艾千子、陈际泰、罗万藻等。影响最大的"选本"有：

《几社六子会义》，由夏允彝、杜仁趾、徐孚远、陈子龙等6人选编。

《复社国表》，张天如、周介生编，收2 500多篇作品。此书一印再印，"金阊书贾由之致富"。①

《壬申文选》，作者11人，仿《昭明文选》体例。

《几社会义》，从初集出至五集，在当时被誉为"天下第一书"。

此外，还有艾千子的《艾选》，陈名夏的《五十大家》等，这些书都"出于苏杭，而中原北方之贾人市买以去"。

① ［清］陆世仪：《复社纪略》，上海：上海古籍出版社，1996年。

三、市民与通俗读物

通俗读物是明中后期图书市场的大宗,特别是明后期,市镇迅速形成,市民大量增加,需求量猛增。以吴江为例,吴江在明弘治时只有 7 个镇,正德时还是 7 个镇,没有增加,但嘉靖时却增加到 14 个镇。吴江的县城松陵镇,元末时不足千户,成化、弘治间"增至二千余家"。八斥镇,明初时只有数十户,"嘉靖间二百余家"。黎里镇,元代只有聚落,成化、弘治间"居民千百家"。檀丘镇,明成化时只有四五十家,嘉靖时"数倍于昔"。震泽镇,元代时居民数十家,明成化时增加到三四百家,"嘉靖时倍之又过"。①

其中最值得注意的是盛泽镇。盛泽处于江浙交界处,"可吴可越""吴根越角"。春秋时吴越相争,盛泽是一块荒地,三国时还称"青草滩",南宋时开始发展起来,明代时已经热闹非凡,"舟楫塞港,街道肩摩",街道上"会馆旅邸,歌楼舞榭,繁阜喧盛,如一都会焉","其热闹与郡(苏州)阊门埒"。

新兴市民中识字的人比较多,需要有读物为他们提供生活常识、消遣娱乐,他们所需的图书品种主要有:1. 政策法令、时事新闻,如《仕民悬镜》等;2. 经商用书,如《士商必备》《商程一览》等;3. 文化常识,如《史学提要》《舆图指掌》等;4. 日常生活知识,如《万事不求人》《万宝全书》等;5. 小说、戏曲、杂唱等;6. 卜筮图书等。

第二节　多种多样的销售方式

一、图书定价

明代出版的图书一般都不标明定价,少数图书在出售时,由书商加盖一个朱红色木戳,标上定价,但也并不多见,仅查得几例:

1. 经史、佛藏、诗文集,定价都比较高。

《大明一统志》90 卷,万历十六年杨氏归仁堂刊,扉页上钤印"每部

---

① 此段引语俱见《(乾隆)吴江县志》卷三。

实价纹银三两"。

《李袁二先生精选唐诗训解》7卷,万历年间余献可居仁堂刊本,扉页钤"每部纹银壹两"。

《宋文文山先生全集》21卷,崇祯二年武林钟越跃庵刊本,扉页钤章"每部定价纹(银)壹两"。①

《南藏》636函,请经时付"板头银"纹银十二两,如果只要其中的"四经"《大般若》《宝积》《华严》《涅般》,则为一两八钱。②

《明史辑略》,明末清初印成,9 000多页,价银九两。

2. 小说、戏曲、日用小类书,定价比经史、诗文类低。

《新镌陈眉公先生批评春秋列国志传》12册,1 000多页,每部定价纹银一两。

《新刻艾先生天禄阁汇编采精便览万宝全书》5册,400多页,每部价银一钱。③

《书言故事大全》,世德堂刊本,上有购者所记语:"崇祯七年岁次甲戌十月汪宗师南宫县岁考买之,使皇钱七十文,共是四本。"

《新调万曲长春》,日本尊经阁文库藏,书名页上有木戳:"每部价银壹钱二分。"④

《月露音》,万历四十四年刻本,扉页的牌记:"静常斋藏版,不许翻刻,杭州丰乐桥三官巷李衙刊发,每部纹银八钱,如有翻刻,千里必究。"

这些有关图书定价的资料可以作为参考,如果与当时物价比照,可知图书还是比较贵的。

二、典型书坊

通常来说,文艺作品中的人、地、事、物不能当作信史。但是,现实主义的文艺作品往往来源于生活实践,不仅有艺术的真实,更有细节的真

---

① 以上三种均出自沈津:《美国哈佛大学哈佛燕京图书馆中文善本书志》,上海:上海辞书出版社,1999年。

② [明]葛寅亮:《金陵梵刹志》卷三十一,南京:南京出版社,2011年。

③ 以上两种书藏于日本内阁文库,资料摘自[日]大木康:《冯梦龙与明代刻书》,《冯梦龙学术讨论会论文集》,1986年。

④ 以上两例俱录自黄裳:《榆下说书》,北京:生活·读书·新知三联书店,1998年,第121页。

実。反映南明社会现实的《桃花扇》正是这样的作品。剧中写一家书店，因为出版一本复社成员编的文选，店家被逮捕。这场戏的开始是书店主人蔡益所的独白：

> 在下金陵三山街书客蔡益所的便是。天下书籍之富，无过俺金陵；这金陵书铺之多，无过俺三山街。这三山街书客之大，无过俺蔡益所。你看十三经、廿一史、九流三教、诸子百家、腐烂时文、新奇小说，上下充箱盈架，高低列肆连楼，不但兴南贩北，积古堆今，而且严批妙选，精刻善印。俺蔡益所既射了贸易诗书之利，又收了流传文字之功。凭他进士举人，见俺作揖拱手，好不体面。今乃乙酉乡试之年，大布恩纶，开科取士。准了礼部尚书钱谦益的条陈，要匡正文体，以光新治。俺小店乃坊间首领，只得聘请几家名手，另选新篇。今日正在里边删改批评，待俺早些贴起封面来。风气随名手，文章中试官。①

蔡益所贴出的"新选封面"是《复社文开》，左边一行小字"壬午、癸未房墨合刊"，右边是"陈定生、吴次尾两先生新选"。

剧本中的这一段说白，从出版业的角度看，至少说明以下几个问题：

1. 剧中描写的时代是甲申后一年（乙酉乡试之年），地点是南京三山街，即所谓的"图书一条街"。

2. 书客（店主）名蔡益所，开设的是一家比较大的书店，书店门市部陈列出售各种图书，从十三经到小说都有，是一家综合性书店。

3. 除了开店门市，还"兴南贩北"，兼营远途贩运。

4. 蔡益所善于揣测风气，得知南明政府采纳钱谦益的建议，当年乡试时将"匡正文体"，便聘请著名选家陈定生、吴次尾选编一本最新文选《复社文开》。

5. 吴、陈二人的工作地方就在书店的"里边"，大概是后屋安静的地方。

6. 店主很会做宣传工作，书还在编纂中，广告已经贴到店堂里了。

---

① ［清］孔尚任：《桃花扇》，上海：上海古籍出版社，2016年。

剧中所说的这一家书坊"蔡益所"并非杜撰,而是确有其店,全名是"金陵蔡益所书坊",店主的名字就叫"蔡益所",出版过两本书,一本是明杨以任辑的《读史集》4卷,另一本是明文翔凤撰的《文太史先生全集》53卷。①

三、书市、聚书地

许多综合性的书店大多编、印、发兼营,店主人就是刻书者。福建建宁地区的许多书坊也是如此,那里集中着上百家刻书者,同时开设着上百家书店,这些经营者往往通过"书市"销售图书。例如,福建建阳就有定期的书市,"书市在崇化里,比屋皆鬻书籍。天下客商贩者如织。每月以一、六日集,天下书商皆集"。② 南京和苏州未见有书市的记载,或许是因为南京的三山街和苏州的阊门两地,书店天天开门营业,便不用再采取定期集市的形式了。

胡应麟《少室山房笔丛》卷四《经籍会通》介绍了北京、南京、苏州、杭州四大书籍集散地的情况。北京、杭州两地的情况可供比照,所以下面一并做些介绍。

北京:"凡燕中书肆,多在大明门之右,及礼部门之外,及拱宸门之西。每会试举子,则书肆列于场前;每花朝后三日,则移于灯市;每朔望并下浣五日,则徙于城隍庙中。灯市极东,城隍庙极西,皆日中贸易所也,灯市岁三日,城隍庙月三日,至期百货萃焉,书其一也。凡徙,非徙其肆也,辇肆中所有,税地张幕,列架而书置焉,若綦绣错也。日昃复辇归肆中。惟会试则税民舍于场前,月余试毕贾归,地可罗雀矣。"

杭州:"凡武林书肆,多在镇海楼之外,及涌金门之内,及弼教坊,及清河坊,皆四达衢也。省试则间徙于贡院前;花朝后数日,则徙于天竺,大士诞辰也;上巳后月余,则徙于岳坟,游人渐众也;梵书多鬻于昭庆寺,书贾皆僧也。自于委巷之中,奇书秘简往往遇之,然不常有也。"

南京:"凡金陵书肆,多在三山街及太学前。"

苏州:"凡姑苏书肆,多在阊门内外及吴县前,书多精整,然率其地梓也。"

---

① 杜信孚、杜同书:《全明分省分县刻书考》,北京:线装书局,2001年。
② 《(嘉靖)建阳县志》,上海:上海古籍书店,1962年。

从上述记载可以看到,书商们的经营十分勤奋灵活,常常追逐有利时机和地点,采取多种多样的方式销售图书。

四、远途贩运、异地设店

图书的价格自有地区差别,图书的品种也有地区差异,因此图书的远途贩运具有一定的必要性。

图书远途贩运的重要原因是印刷成本的地区差别。长江上中游地区盛产雕版用的木材和纸张,沿江东下,十分方便,于是江浙一带造书的成本比北方低得多。据一些资料记载,在北方雕印一本书,在江浙可制三本,于是制书业主要集中到了江浙一带。

据《全明分省分县刻书考》记载,北京地区和今河北省境内,明代刻书机构只有139家,包括北京32家、天津2家、河北105家。而南京地区和今江苏境内却有1 372家之多,是前者的近10倍。

再看图书品种,更能说明问题:北方家刻、坊刻品种只有348种,而南方江苏地区刻书品种有2 814种。再进一步看一些十分重要的"大部头书"的出版情况,100卷以上的大型图书,北方只有4种:《史记》130卷,汪谅刻1种、任邱县田乐刻1种;《晦庵先生文集》100卷,北京寿无堂刻;《续文献通考》254卷,获鹿县刻。

而南京、苏州两地所刊刻的100卷以上的大书却有114种(家刻54种、坊刻43种、官刻17种),其中特出的几部大书如:

1. 汲古阁刻十七史1 574卷,十三经273卷;

2. 无锡、常熟、福建合作刊印《太平御览》1 000卷、《太平广记》500卷,活字本;

3. 《史记》130卷,至少有5家刻过;

4. 《山堂肆考》240卷,至少有3家刻过;

5. 《唐类函》200卷,至少有4家刻过;

6. 《记录汇编》224卷,至少有3家刻过;

7. 《经世八编类纂》285卷,阅帆堂刻;

8. 《文献通考》348卷,石渠阁刻;

9. 《资治通鉴纲目》431卷,大观堂刻;

10. 《十三经古注》291卷,永怀堂刻;

11.《历代名臣奏议》350卷,东观阁刻;

12.《古今事文类聚》246卷,富春堂刻;

13.《古今合璧事文类聚》326卷,会通馆活字本。

南北图书价格和品种有如此大的差别,必然会出现北人南下购书、南人载书到北方销售等商业活动。为了便于经营,一些规模比较大的刻印机构顺势到异地设店。徽州书林在南京设店的有汪云鹏的玩虎轩、郑思鸣的奎璧斋、汪廷讷的环翠堂、胡正言的十竹斋等。杭州刻书者胡文焕,用文会堂名义在南京刻书,另取别的名称,在常州也开设销售处。福建建阳的慎独斋在南京和北京都有营业处。

第三节 版权意识增强

一、牌记

现代图书有版权页,版权页上所记内容,由国家出版管理部门规定。古代图书没有版权页,但有"牌记",作用与版权页相似。这种做法从宋朝就开始了。

"牌记"又称"墨围""碑牌",位置或在首页、尾页,或在目录之后,内容可详可简。大多数牌记用墨围围成一个长方形,有些牌记还上覆莲叶,下托莲花,或画一个小孩,或画三个老人,以为美化。也有些书不用牌记,但把有关内容放到其他地方,如放到全书最后一行,或放到序跋、凡例中带上一笔。比较详细完整的牌记如《大明一统志》,位置在全书之末:"大明嘉靖巳(已)未孟秋吉旦书林杨氏归仁斋重梓行。"这个牌

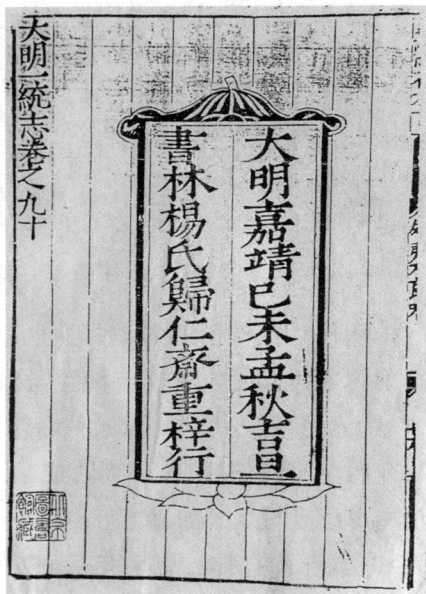

图 9-1 《大明一统志》牌记

记包含了出版时间、出版单位、版次三点内容。又如《重校正唐文粹》100卷，序文的后面有一行牌记："嘉靖甲申岁太学生姑苏徐焴刻于家塾。"这个牌记说明了刊行的时间、刻书者姓名以及其属于家刻。

简单的牌记如《脉经》一书，只在序言后面加一行"福建布政使司督粮道刊"，只记了出版的官衙。《周易本义》四卷附一卷记"书林周乐轩刻"，在最后一卷上有"周乐轩"三个字，就更简单了。

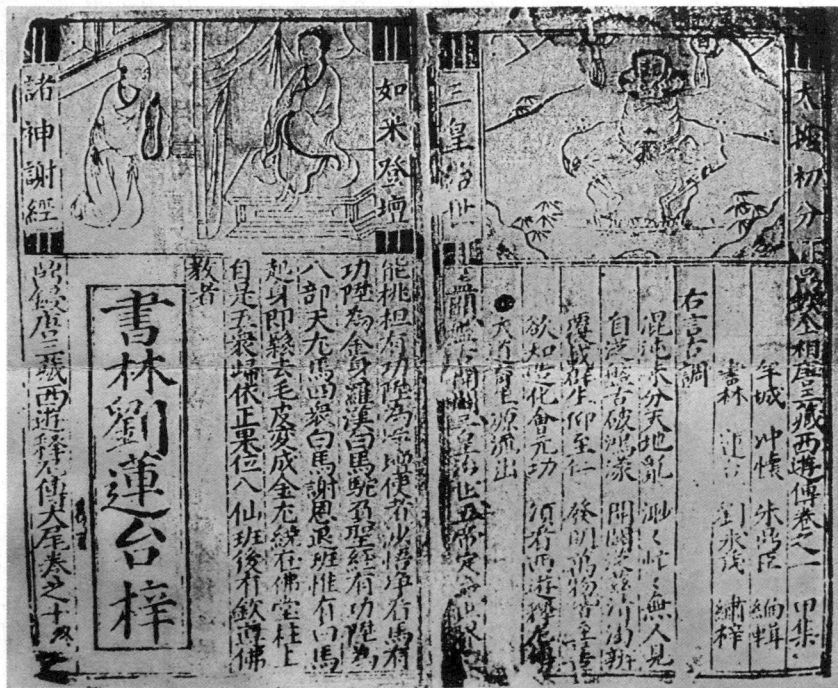

图 9-2　简单牌记一例

明代，由于刻书主持者增强了版权意识，这种牌记也增加了版权方面的内容。如记载版权转移的《吴越春秋音注》一书，最初是冯念祖刊本，牌记是"万历丙戌之秋武林冯念祖重梓于卧龙山房"。后来版片转给杨尔曾，杨将原来的牌记剜改成"万历辛丑之秋，杨尔曾重梓于卧龙山房"，继续发行。又如，传奇《东郭记》最早的明本是逐羽亭本，后来易主致和堂，再易主于映雪斋，但后面两种版本的版心仍是逐羽亭未改。

有些书的版本情况比较复杂。如《绣刻演剧》一书，是金陵唐鲤耀文林阁刊本,存 52 种、135 卷,牌记上记了世德堂、继志斋、富春堂、文秀堂、文林阁多家。原来唐氏是收购了这几家的版子,汇总起来,加了一个统一的书衣,变成"绣刻演剧第××套"这样一部丛书。

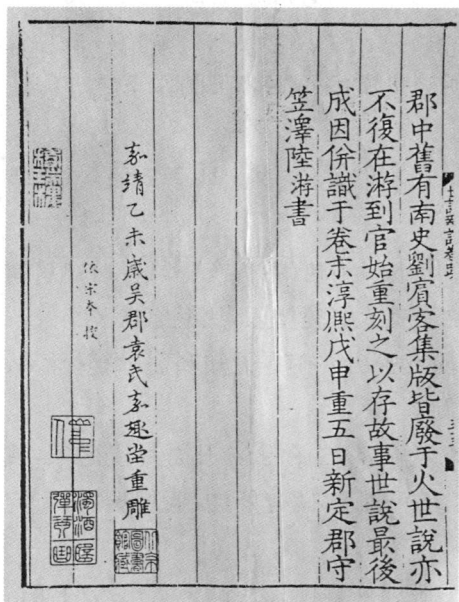

图 9-3　标注版权信息的牌记一例

图 9-4　《皇明经世文编》版权声明

二、版权声明

商业因素进入图书市场,种种假冒伪劣现象渐生,出版者的版权保护意识也逐渐增强。明代后期更为明显,图书上出现了对侵权者的种种警告语,有些措辞还十分严厉,如:

1.《新镌海内奇观》,万历三十七年出版,牌记上说:"武林杨衙夷白堂精刻,各坊不许翻刻。"

2.《唐诗类苑》,万历二十九年出版,牌记上说:"陈衙藏板,翻刻必究"。

3.《风俗通义》,天启郎奎金刻本,卷首有两个印章"杭城花市溪香馆发行""本衙鸠工绣梓,翻刻千里必究"。

4.《东西洋考》,万历四十六年出版,牌记:"本衙藏板,翻刻必究。”

5.《新镌出相乐府吴骚合编》，崇祯十年杭州张氏白雪斋刻本，上有朱印"虎林张府藏板，翻刻千里必究"。

6. 吴江人计成著《园冶》一书，于安庆刊行，印记云："安庆阮衙藏版，如有翻刻，千里必治。"

7. 明末陈子龙等编印的《皇明经世文编》，书名页的左下方有印记云："本衙藏版翻刻千里必究。"

有些书商觉得这样简单的警语还不够，便在书上印了大段告白，措辞也很严厉，如：

1.《皇明两朝疏抄》，贾三近万历十四年刊，卷首有一段告白："恳请郡中诸君子，幸相与坚持，勿令后之新贵人又复增入，致混原帙。"

2.《道元一气》，崇祯刻本，书前有告白："倘有无知利徒，影射翻刻，誓必闻之当道，借彼公案，了我因缘云。"

3.《骈枝别集》，天启苏州大来堂刊本，告白云："凡吾绅士之家，或才堪著述，或力足缮梓，雅能创起，绝不翻袭，倘有奸徒，假冒煽惑，重究不贷。"

4.《禅真逸史》，金陵翼圣斋出版。这是魏忠贤垮台后出版的通俗小说，万人争看，告白云："倘有无耻滥翻射利，虽远必究。"然而杭州爽阁也有一个这部小说的刻本，告白云："倘有棍徒滥翻射利，虽远必治，断不假贷。"竟不知是谁在"滥翻射利"。

此外，还有一个奇特的例子。俞安期，吴江人，久居金陵，编了多种类书，其中有一部《唐类函》200卷，内容是把多本唐以前的类书汇编成一部，可以免除写诗作文时多次翻查类书之烦。书商们得知消息，已经有翻刻的企图。为了预防翻刻，俞安期竟事先告了一个"虚状"："先出讼牒，谬言新印书若干，载往某处，被盗劫去，乞官为捕之。因出赏格，募盗书贼，由是《类函》盛行，无敢翻者。"刊者把防止盗版的工作做在了前面，实在令人叫绝。①

---

① 事见［明］冯梦龙：《智囊》，北京：中华书局，2010 年。

第四节　江苏特色——书船

书船是一种很有地方特色的图书贩运方式,发挥的作用不仅在图书销售这一方面,而且深入到出版业的各个方面。

江苏境内,长江、运河等河流纵横其间,太湖、洪泽湖等湖泊星罗棋布,水运发达。在图书流通的过程中,出现了江苏地区的特色——书船。书船的发源地是浙江湖州的织里乡,地处太湖南岸。最早的记载见于唐末徐夤的一首诗,中有一联云:"结社僧因秋朔吊,买书船近葬时归。"这一联说的是,主人是贫困的书生,死后有书籍将出卖,这时"买书船"就闻讯上门了。

再如,在明清方志《淮关统志》卷七《则例》中,列举了过境各种船只所载货物的纳税标准。"淮关"即今淮安,是运河中段的税收所,至今遗址仍在。书中有一条说:"南来书船,不纳分单。如应报正单之船,照前例报纳正单。"这说明书船从运河北上,经过淮安钞关时,可以享受免税的优惠。

图 9-5　书船模型

又如，明代苏州的书林中，有一家李氏善庆堂，所刻《艺圃球琅》一书，牌记是"吴航书林李氏善庆堂梓"。"吴航"两字或为"吴县的书船"之意。

上述史料可以说明书船确有其事，更有一些资料说明，书船不单是销售图书，而是渗透到出版业的各个环节中发挥作用。例如，为书林寻访刻印图书的善本，为藏书家寻求孤本，为破败的读书人寻找买书的下家，为私家刻书者之间组织交换，为作者代办刻印，为刻书者组织书源等。他们在出版界颇受欢迎和尊重，业内人士通常不称他们为"书贾""书估"，而称为"书船友""书船客"。下面举一些例子：

1. 被提及最多的是湖州书船为常熟汲古阁毛晋提供善本的事例。当年毛氏七星桥"书舶云集"，这件事在后文毛晋一章中有详细介绍。

2. 为钱谦益寻找孤本的事例。钱谦益是常熟藏书第一家，编有《绛云楼书目》，他曾买到一部宋版《后汉书》，但缺少前两册，便千方百计请"船友"为他补缺。有一位船友"停舟于乌镇，买面为晚餐。见铺主人于败簏中取书二本作包裹具，谛视则宋板《后汉书》也。贾心惊，窃喜，因出数枚钱买之，而首页已缺。贾向主人求之，主人曰：'顷为对邻裹面去，索之可也。'乃并首页获全，星夜来常，钱喜欲狂，款以盛筵，予之廿金。是书遂成完璧"①。这真是一个传奇式的故事。

3. 书船客为原稿联系到刊刻者却酿成大祸的事例。明亡后，遗民们在"国可亡，史不可亡"的思想指导下编写《明史》，一时成为风气。湖州人庄廷鑨从书船客手里买到前明内阁大学士朱国祯所著《皇明史概》的稿本，共九千几百页。当时，书船客一再怂恿庄氏买下这部书稿，说这部书可以"与坊间水客兑换书籍，其利无穷"。庄氏买到原稿后，很快刻印成书，更名为《明史辑略》，每部价银九两。这部书完全站在明朝的立场，不用清朝的年号，而且称清人为"奴酋""夷贼"，书中还记有清祖的隐私，被人告发。案发后问斩 70 余人，受到牵连的有数百家，刻书人、售书

---

① 《虞山钱牧斋先生遗事》，范景中、周书田编：《柳如是事辑》，杭州：中国美术学院出版社，2002 年。

人都被定罪,庄氏已死,被掘墓戮尸。

4. 清朝皇帝为编书要书船客出力的事例。乾隆三十八年(1773)三月,乾隆皇帝下谕旨,因编《四库全书》,要求湖州的贾客书船提供民间书源,获得积极响应。俞曲园曾有诗记此事:"吾湖书客各乘舟,一棹烟波贩图史。不知何路达宸聪,都在朝廷清问中。"

如今,太湖中早已没有书船往来,有关书船的印记也消散在了历史的烟海中。在湖州的博物馆里有两具书船的模型,一大一小,大的那艘有3层,估计载货在10吨以上。当历史远去,只有它们仿佛还是扬帆远航的姿态。

第十章　通俗读物的倡导人冯梦龙

　　明代后期,江苏出版界兴起了通俗读物的出版浪潮,引领这股浪潮的是著名文学家冯梦龙和一批出版商,还有一些开明的官员。这个浪潮是东南地区世风丕变的产物。明朝后期的东南地区,富庶繁华,富甲天下,城镇崛起,百业兴旺,市民增多,出现了一大批需求通俗图书的读者。

　　新的思想意识也在这时萌生,真诚的爱情、无私的友谊、觉醒的人性、新的伦理道德都受到关注,人们希望通过阅读获得新知,成为一个有新思想新道德的觉醒的人。

　　强大的出版能力也推动了这股出版浪潮,雕版印刷技术在这时已经十分成熟,刊印通俗读物在技术上没有任何困难。更重要的是,国家层面和各级官衙对这类图书没有严苛的禁令,有些高官还采取容许甚至倡导的态度。冯梦龙因编刊民歌受到传统文人攻击时,曾在南京任职的熊廷弼为之解围。

　　冯梦龙是这个时代的弄潮儿。通俗短篇小说流传已久,但单篇独章,未成气候。冯梦龙认为这种小说意义重大,收集了120篇,编成"三言",成为小说界的大观;由他改编的长篇历史演义《新列国志》,总结春秋战国500多年的历史,把"春秋大义"渗透到种种人际关系中去,具有高度的伦理价值和可读性、故事性;他收集整理的民歌俚曲,保存了东南民间的淳朴之声;他改编创作了大量剧本,东南地方剧坛乐于搬演;他还编纂了不少笔记小说、时事新闻、应举之书,受到当时出版界的看重和读者的欢迎。此外,冯梦龙的不少作品流传到日本和欧洲一些国家,经久不衰,产生了广泛的社会影响。①

第一节　冯梦龙生平概述

苏州是东南富庶之地，手工业、商业发达，明朝时兴起了一个令人注意的市民阶层。市民包括独立手工业者、手工业作坊的雇工、商店职员、小贩、船夫、官府隶役、下等官吏等，百行百业，人数众多，单是机工和染工，就各有数千人。他们受雇于人，社会地位低下，但又有一定技能，自食其力，靠工资吃饭，有相当的人身自由，生活也还过得去。劳动之外，也还有一点余暇，有一点积蓄，有一点文化生活消遣。市民中一部分人粗通文墨，喜欢看一些有趣的、实用的通俗读本，希望从中了解时事新闻，获得娱乐消遣，知道一点本地和外地发生的事，以及生活常识。

冯梦龙就出生在这样的时代背景中。冯梦龙（1574—1646），字犹龙，苏州府长洲人，生于明万历二年（1574）。他生长在一个读书人的家庭中，兄弟三人，都是文坛上的有名人物，哥哥冯梦桂是个画家，弟弟冯梦熊是太学生，有名的诗人。在三兄弟中，冯梦龙最有名，有"吴下三冯，仲者为最"的评价。

在青壮年时期，冯梦龙一面读书赶考，一面出入青楼酒馆，有点放荡不羁，过着"逍遥艳冶场，游戏烟花里"的生活。他曾经热恋过一个歌妓侯慧

图 10-1　冯梦龙塑像

① 本章内容参考缪咏禾：《解读〈三言〉》，侯忠义主编：《名家解读古典名著·话本与文言小说》上，沈阳：辽宁教育出版社，2013 年。

娘,后来分手,从此绝迹冶游生活。

在这段读书冶游时期,冯梦龙接触了一些下层人物,收集汇编了一些民歌、小调、时曲、博戏、笑话之类的材料,印刷成书,受到下层人民的欢迎。但此举遭到传统文人的诟病,特别是《挂枝儿》这部书出版后,冯梦龙受到了猛烈的攻击,颇为窘迫,幸亏赏识他的高官熊廷弼为他圆转,才脱离了困境。

中年冯梦龙的社会职业主要是做塾师,同时也到外地讲学、编书,留下了一段丰富多样的生活记载。他交游相当广泛,当时东南地区的一些名儒和慷慨之士都和他有交往。中年时期,他完成了最有价值的几部书:三部短篇小说集"三言",《情史》《智囊》等四部笔记小说,以及十多部戏剧的改编和创作,奠定了他在文学史和出版史上的地位。

直到56岁那年,冯梦龙才考取了贡生,具备了担任县官的资格,四年后被任命为福建寿宁知县。当地崇山峻岭,交通不便,文化落后,他虽然想舒展宏图,却未能大有作为。据地方志记载,他"政简刑清,首尚文学,遇民以恩,待士有礼",算得上是一位好官。在任上,他编了一部地方志《寿宁待志》,这是寿宁县的第一部方志。"待志"的意思是并不完善,有待来者。这部书后来失传,直到1982年才从日本返传回国,由福建人民出版社出版。

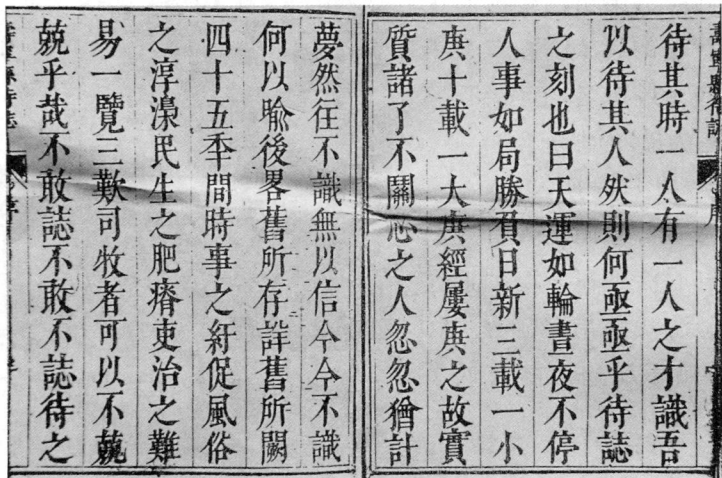

图 10-2 《寿宁待志》

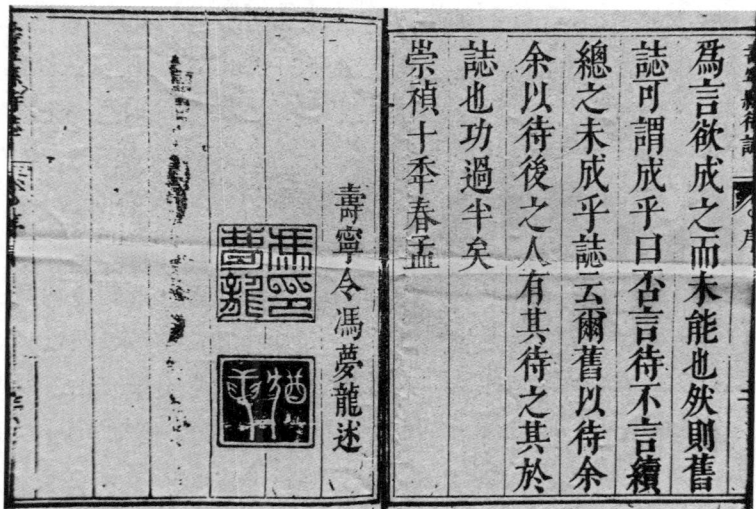

图 10‑3　《寿宁待志》小引

　　崇祯十七年(1644)，李自成攻陷北京，福王朱由崧在南京成立南明朝廷。但是南明皇帝在国家危亡的时刻，依然歌舞升平，不思振作。次年，清兵挥师南下，攻克南京，后活捉了福王。

　　在这"天崩地裂"的岁月里，冯梦龙已经 70 岁高龄，他从南下避祸的难民中收集口讯、塘报等材料，像今天的新闻记者一样，编了《甲申记事》和《中兴伟略》两部时事快书，期待中兴，可惜已经回天乏术。《中兴伟略》于顺治三年(1646)在日本刊印。

　　冯梦龙死于清顺治三年(1646)，享年 73 岁。有人说他是参加明朝流亡政府唐王政权后殉难；有人说是流落到日本后老死；也有人说是唐王政权败亡后，冯步行还苏，蛰居苏州忧愤而死。不过这些说法都没有得到确证。

第二节　冯梦龙的文学观和出版观

　　冯梦龙有大量著作传世，在这些出版物上，他大多要写上序跋、凡例，或加上评论、注释、批语。这些文字有数十万字之多，其中既有对人性、人情的探讨,对文学功能的论述等宏观方面的见解,也有对情节、用词、造句等微观方面的商酌,这些都反映了冯氏的文学观。往往在出版某一本图书的时候,他强调某一方面的问题;换了一本书,又强调另一方面的问题。在《古今小说》中,他强调小说的作用;在《智囊》中,又说智慧最为重要,如地之有水;在《山歌》中又说天籁是最宝贵的。这些反映了冯氏对于文学各方面的观点。

图10-4 中国古代文学家邮票——冯梦龙

综合冯氏的各种文学观和出版观,举其要者,大致有三个方面:一是对人性和文学本源方面的论说,二是对文学社会功能的论述,三是有关文学出版通俗化方面的论说。

一、情是决定一切的根本

冯梦龙认为,人之有别于草木,有别于禽兽,就是因为人是有"情"的;情生万物,万物有情,情最真实;情就是至善,情就是道德;五伦之中,男女之情,夫妻之情,是一切情中最可贵的,由此产生出情欲观、爱情观、婚姻观。冯氏甚至想要建立一个"情教",来代替已有的"三教"。冯氏说:

> 天地若无情,不生一切物;一切物无情,不能环相生。生生而不灭亡,由情不灭故。四大皆幻设,惟情不虚假。有情疏者亲,无情亲者疏,无情与有情,相去不可量。我欲立情教,教诲诸众生。[①]
>
> 六经皆以情教也,《易》尊夫妇,《诗》有关雎,《书》序嫔虞之文,《礼》谨聘奔之别,《春秋》于姬姜之际详然言之。[②]

二、文学有巨大的教化作用

冯氏认为,文学作品可以使人了解历史,了解社会,懂得伦理道德,

---

① [明]冯梦龙:《情史》龙子犹(冯梦龙化名)序,长沙:岳麓书社,1986年。
② [明]冯梦龙:《情史》詹詹外史(冯梦龙化名)序,长沙:岳麓书社,1986年。

懂得如何做人,如何做事,起导愚、化俗、劝善、警世的作用。冯氏说:

> 野史尽真乎? 曰:不必也。尽赝乎? 曰:不必也。然则去其赝
> 而存其真乎? 曰:不必也。……里中儿代庖而创其指,不呼痛,或怪
> 之,曰:"吾顷从玄妙观听说《三国志》来,关云长刮骨疗毒,且谈笑自
> 若,吾何痛为?"①

> 试令说话人当场描写,可喜可愕,可悲可涕,可歌可舞,再欲捉
> 刀,再欲下拜,再欲决胆,再欲捐金。怯者勇,淫者贞,薄者敦,顽钝
> 者汗下。虽小诵《孝经》《论语》,其感人未必如是之捷且深也。②

三、文学必须通俗化

冯氏认为,底层民众比士人群体人数多,要想使"里耳"看得懂,必须
通俗明白,一切读物都应通俗易懂。冯氏说:

> 大抵唐人选言,入于文心;宋人通俗,谐于里耳。天下之文心少
> 而里耳多,则小说之资于选言者少,而资于通俗者多。③

> 六经国史而外,凡著述皆小说也。而尚理或病于艰深,修词或
> 伤于藻绘,则不足以触里耳而振恒心。此《醒世恒言》四十种,所以
> 继《明言》《通言》而刻也。④

冯梦龙关于文学和出版方面的见解,在他所著作品的序跋中明白揭
示,不胜枚举,而更为深刻的道理则深藏在其作品内容之中。

第三节　冯梦龙作品的总体面貌

一位文学家或出版家的总体特色,是由其全部作品共同呈现出来
的。纵观冯氏的 60 多部作品,其总体风格是通俗化。

除冯氏外,明代还有两位"多产作家",风格各异。

---

① [明]冯梦龙:《警世通言》叙,长沙:岳麓书社,2019 年。
② [明]冯梦龙编:《古今小说》叙,北京:人民文学出版社,1958 年。
③ [明]冯梦龙编:《古今小说》叙,北京:人民文学出版社,1958 年。
④ [明]冯梦龙:《醒世恒言》叙,长沙:岳麓书社,2006 年。

一位是杨慎（1488—1559），字用修，号升庵，四川新都人，正德间状元，授翰林修撰。世宗间，因议大礼事，谪云南永昌。曾与何景明为友，其诗富于才情，又能文、词、散曲，对民间文学也很重视。在谪永昌后，他写了不少论古考证之作，范围很广，但因为当地找不到足够的文献资料，所以常有疏失之处。杨慎一生著作有100多种，主要著作有《升庵集》，《明史·杨慎传》中说他的著作"全明第一"，指其数量最多。杨慎的作品涉及许多方面，但他的总体特色可以用"论古考证"四个字来概括。

再有一位是陈继儒（1558—1639），字仲醇，号眉公，江苏华亭人。他自幼聪明好学，成年后考取秀才，与董其昌齐名，三吴名士，争相为友。他淡薄功名，29岁时焚去儒士衣冠，绝意仕进，隐居昆山之南，成了一位清高的"山人"。经史诸子、佛道经藏、杂技稗官，无不涉足，尤好收集刊布秘籍，与秀水沈氏合作刻成《宝颜堂秘笈》226种457卷。但他的编书态度有点随意，或改或删，往往不作说明。他编著的图书总体特色是"秘籍奇书"。

与上述两位文学家相比，冯氏的总体特色可以用"通俗化"三个字来概括。简单罗列几部冯氏代表作如下：

1. 话本短篇小说《古今小说》等3种，简称"三言"；

2. 浅近文言笔记小说《情史》等4种，还有宋代笔记小说的精选本《太平广记钞》1种；

3. 长篇历史演义《新列国志》《平妖传》等4种；

4. 创作传奇《双雄记》等2种，改编传奇《新灌园》等17种；

5. 科举考试指导书《春秋衡库》等5种；

6. 民歌、小调、儿歌、杂曲《挂枝儿》《山歌》等2种；

7. 明清易代的时事快书《甲申记事》《中兴伟略》等2种。

由此观之，对冯氏作品的总体风格作出"通俗化"的概括，是比较确当的。除上述40种作品以外，有关书目上还有10多种署名"冯梦龙"的书，或无实物传世，或虽有实物传世，但实际上并非冯氏作品，而是假托之作，这里不作深论。

第四节 "三言"的编辑和出版

一、"三言"的出版经过

冯梦龙最重要的贡献是他编辑的"三言"。"三言"的出版,是作者和出版商通力合作的产物。

从宋朝开始,一些大城市的热闹去处,出现了一种称作"瓦棚"的地方,集聚着艺人、商贩和大量观众,"说话"是其中很能吸引人的表演活动。所谓"说话",就是"讲故事"。说话人讲说前朝或当朝发生的事,有声有色,十分动听。故事的脚本初步记写下来,供人阅读或传授徒弟之用,这就是"话本"。长篇连续的话本被写定为长篇白话小说,如《三国》《水浒》之类;短篇的则以单篇形式流传。最早把这种短篇话本结集出版的是洪楩编的《清平山堂话本》,收录小说 60 篇,颇为流行。

图 10 - 5 《古今小说》插图

冯梦龙意识到这种话本小说的魅力,大事收集。这事被苏州出版商人知道,兴趣相投,就建议冯梦龙整理出版。冯梦龙应出版商之请,整理出 120 篇,以《古今小说》为名,共出三本,这就诞生了出版史上有名的"三言"。

冯梦龙和出版商这段合作的经过,在《古今小说》第一版的扉页上,有一段珍贵的记载,署名是"天许斋"主人,从口气看应是书商:

　　小说如《三国志》《水浒传》,称巨观矣。其有一人一事可资谈笑

者,犹杂剧之于传奇,不可偏废也。本斋购得古今人演义一百二十种,先以三分之一为初刻云。　天许斋藏板

在这本小说中,冯梦龙没有具真实姓名,化名"绿天馆主人",在序言中,也约略有一二语谈及他和出版商打交道的经过:

茂苑野史氏,家藏古今通俗小说甚富,因贾人之请,抽其可以嘉惠里耳者,凡四十种,畀为一刻。余顾而乐之,因索笔而弁其首。①

从这两段话可以知道,《古今小说》共选 120 篇,先以三分之一出版,是冯梦龙和出版商的共同协议。这位出版商"天许斋主人"是谁,不能确知。《古今小说》出版后不断再版,受人欢迎,接着出版了后续两部,但再也没有看到"天许斋"的名义,而是用"衍庆堂"等名义了。所以,这"天许斋"也许是一个化名,这在"三言"的出版中是一个不解之谜。

"三言"的出版过程,简况如下:

1.《喻世明言》 明泰昌、天启年间初刊,原题《全像古今小说》,之后,有天启刊本《喻世明言》。

2.《警世通言》 明天启四年金陵兼善堂刊本,之后有天启七年衍庆堂刊本,又有王振华三

图 10－6 《警世通言》插图

桂堂刊本。

3.《醒世恒言》 明天启七年金阊叶敬池初刻本,之后有明末金阊叶敬溪刊本,又有衍庆堂刊本。

---

① ［明］冯梦龙编:《古今小说》叙,北京:人民文学出版社,1958 年。

二、"三言"内容简析

"三言"共 120 篇小说,题材十分丰富。当时称白话小说题材为"名目",当时的用语和现今不同,根据当时的用语惯例表列于下:

表 10 - 1 "三言"小说名目统计表

名目	篇数	占比(%)
烟粉	10 篇	8.3
灵怪	9 篇	7.5
传奇	34 篇	28.3
公案	15 篇	12.5
朴刀	4 篇	3.3
杆棒	3 篇	2.5
神仙	17 篇	14.2
妖术	7 篇	5.8
发迹	8 篇	6.7
变泰	4 篇	3.3
其他	9 篇	7.5

这些故事有的是春秋战国时事,有的是秦汉时事,有的是唐宋时事,还有明朝时事。根据所记故事的年代,可分类如下:

表 10 - 2 "三言"小说故事年代统计表

名目	篇数	占比(%)
春秋战国事	4 篇	3.3
秦汉事	6 篇	5
两晋南北朝事	2 篇	1.7
隋唐五代事	23 篇	19.2
宋代事	50 篇	41.7
元代事	4 篇	3.3
明代事	28 篇	23.3
时代不明	3 篇	2.5

至于故事发生的年代和话本写作的年代,不是完全一致的。

这些故事的出处,或出于正史,或出于杂著,也有很多是当时社会上刚刚发生的新鲜事,说话人立刻抓住作为"说话"材料,并写成了话本。出于正史的并不太多,《喻世明言》出于正史 9 篇,出于杂著 30 篇,出处不详 1 篇;《警世通言》出于正史 2 篇,出于杂著 26 篇,出处不详 12 篇;《醒世恒言》出于正史 3 篇,出于杂著 30 篇,出处不详 7 篇。

这些话本小说中写的事,有的是真人真事,有的是作者虚构的。迄今为止,已经大体查考清楚。①

"三言"120 篇故事,涉及的人物很多,帝王将相、才子佳人、贩夫走卒、普通百姓都有,特别值得注意的是,不少市井小民成为这些小说中的主角,人物总数达 1 100 多人。例如,《喻世明言》中有市民人物 402 人,其中主角 142 人;《警世通言》中有市民人物 369 人,其中主角 129 人;《醒世恒言》中有市民人物 382 人,其中主角 152 人。

至于这 120 篇作品的原始作者是谁,则难以考证,总之是一个复杂的群体:有的是说话人的讲说,被别人记录下来,后来又有艺人不断加工;有的完全是文人的模拟创作,难于一一坐实,可以说,绝大部分作品难于署上一个确切的原始作者姓名。所以,这 120 篇作品都没有署原作者的姓名。在"三言"出版时,冯梦龙做的是收集、整理、加工、润饰的工作,还加上一些眉批,也可能对某些情节作了改编,但并没有任何可靠的证据。至于冯梦龙自己的创作,一般认为只有一篇《老门生三世报恩》,还有其他几篇都不能确证。所以,冯梦龙对"三言"是"编纂",而不是"创作""著撰"。

三、"三言"的特色

"三言"受到人们的喜欢,有"东方十日谈"之誉。文学界认为,其艺术魅力主要在两个方面:

1. 高度的伦理道德要求

"三言"提出了许多道德伦理命题,不是一般的泛泛说教,而是通过

① 谭正璧:《三言两拍资料》,上海:上海古籍出版社,1980 年。

震撼人心的故事来展示。正如笑花主人在《今古奇观》序中所说："《喻世》《警世》《醒世》三言,极摹人情世态之歧,备写悲欢离合之致,可谓钦异拔新,洞心骇目,而曲终奏雅,归于厚俗。"这里所说的"歧"和"致",就是"不平常"和"极致"的意思。

例如,朋友之间要有信义。"三言"中,有关这方面的篇什有《俞伯牙摔琴谢知音》,讲述朋友间要心灵相通;《老门生三世报恩》意在讲朋友的滴水之恩,也要涌泉相报。最令人感动的一篇是《吴保安弃家赎友》,这篇小说中的主人公吴保安,和他的朋友郭仲翔从来没有见过面,只是因为郭曾经表示愿意帮助他,就为这一点恩谊,当郭被蛮子当作人质扣押时,吴保安竟耗尽家财,把郭从蛮洞中解救出来。

再如,"三言"中有不少爱情故事,十分动人。这些故事告诉人们,一旦成为知心就要矢志不渝,如《钱舍人题诗燕子楼》;所爱者如果沦为贫贱也不应该抛弃,如《单符郎全州佳偶》;始乱终弃、得新弃旧是不可恕的罪恶,如《王娇鸾百年长恨》。

爱情故事中,《金玉奴棒打薄情郎》和《杜十娘怒沉百宝箱》两篇提出了令人深思的妇女观、爱情观、人生观问题。这两个故事的共同点是:女方都出身低下,金玉奴是乞丐之女,杜十娘是妓女。故事中的男方都有一定社会地位,莫稽先是不得志,后来有了功名;李甲则是高官之子。男方地位有了改变时,嫌弃前爱,认为女方出身不好,于己不利,便要加害女方。莫稽把金玉奴推下船去,李甲则把十娘卖给孙富。但故事的结局却大不相同。金玉奴把薄情郎一顿棒打后,仍言归于好,以喜剧结束。杜十娘则是手捧百宝箱沉江自尽。金玉奴故事是一种委曲求全的取向,杜十娘故事则是一种宁为玉碎、不为瓦全的刚烈精神,一旦心碎,就不要财宝,也不要生命。这两种迥不相同的人生取向,提出了震撼人心的有关生命价值的命题。

2. 离奇曲折的故事情节

"三言"追求离奇曲折的故事情节,常采用巧合这一文学表现手法,其中最有代表性的一篇是《沈小官一鸟害七命》。

故事主人翁沈小官,养了一只画眉鸟,一天晨出遛鸟,忽腹痛,便到堤外去大便。有个箍桶匠张公经过,看到鸟笼很好,起意夺取,杀了沈小官,把头颅丢在一棵空心柳树洞里。后来,鸟笼被客商李吉买得,献给皇室。沈小官之父见儿子被杀,头颅不见,告到官里,悬赏找儿子的头。有个贫民黄老狗,想让儿子大保、小保得到厚赏,便叫他们割下自己的头去领赏,两个儿子居然如此做了,得到厚赏千金。但头颅虽得,而凶手未获。一天,沈小官之父到东京经商,在御马房中发现儿子的鸟笼,查知是李吉进贡的,便告到官里,李吉屈打成招,处死刑。李吉的两个同伴不服,找到真凶张箍桶匠,并在树洞中起出沈小官的头颅,于是真相大白。但这时却多出了一个头颅,黄老狗的两个儿子杀父冒赏之事败露。箍桶匠、大保、小保都判死刑。行刑之日,黄老狗之妻失惊而死。这样,为了一只鸟,前后死了七个人。

对于这个故事,文学评论家有截然不同的评价,一说是"成功地运用了偶然巧合的手法",一说是"滥用偶然巧合的失败之作",引起了争论。

在文学作品中,偶然巧合的手法早已有之。中国戏剧评论家李渔说:"古人呼剧本为传奇者,因其事甚奇特,未经人见而传之,是以得名,可见非奇不传。新,即奇之别名也。若此等情节,业已见之戏场,则千人共见,万人共见,绝无奇矣,焉用传之。"①俄国车尔尼雪夫斯基也说得很清楚,他说:"偶然是两条必然线的相交。"沈小官的故事也是如此,但这个故事不是两条线相交,而是四条线相交:沈小官提鸟笼出行遇害是一条线;张箍桶匠谋财害命,最后败露是第二条线;黄老狗父子贪财,以头颅骗赏金,后来败露,是第三条线;李吉从张箍桶匠手里买得鸟笼,遭冤杀,是第四条线。这四条线相交,才出现了这个离奇曲折、难以置信的"一鸟七命"的故事。

"三言"中有不少作品,都有这种离奇曲折的情节,有的起到推进故事情节的作用,有的起到使矛盾鲜明突出的作用,有的起到忽生波澜、出人意料的作用,如《杨八老越国奇逢》《苏知县罗衫再合》《陆五汉硬留合色鞋》《钱秀才错占凤凰俦》等,都是脍炙人口之作。

---

① [明]李渔:《闲情偶寄》,扬州:江苏广陵古籍刻印社,1991年。

第五节　冯梦龙其他作品简述

一、笔记小说

笔记小说始于南北朝,内容分为志人、志怪两大类。志人以《世说新语》为代表,志怪以《搜神记》为代表。冯梦龙编纂了四本笔记小说,都属于志人一类。笔记小说用文言叙写,不用白话文,这是白话话本小说和笔记小说的区别所在。

1.《智囊》

初版于明天启六年(1626),出版后立即风行,两次增订重印,崇祯七年(1634)正式定稿。以后,有多种增广本,日本有影刻本。

冯梦龙认为,人的智慧好比大地的水,土没有水,就变成焦土,人的智慧一定要开发才能涌流出来。编纂《智囊》的目的便是辑录自古以来运用智慧解决大小困难的事例,给人参考。全书分为 10 部、28 卷,共收录故事一千余则:

上智部(卷 1—4):见大、远犹、通简、迎刃;

明智部(卷 5—8):知微、亿中、剖疑、经务;

察智部(卷 9—10):得情、诘奸;

胆智部(卷 11—12):威克、识断;

术智部(卷 13—15):委蛇、谬数、权奇;

捷智部(卷 16—18):灵变、应卒、敏悟;

语智部(卷 19—20):辩才、善言;

兵智部(卷 21—24):不战、制胜、诡道、武案;

闺智部(卷 25—26):贤哲、雄略;

杂智部(卷 27—28):狡黠、小慧。

《智囊》由一篇篇知识性、趣味性很浓的故事组成。每一则都先提出困难,然后摆出智者如何运用智慧排除困难,取得成功。一些官衙老吏,甚至政府官员们,常把此书作为箧中秘宝,在遇事时参考。《四库全书总目提要》说此书"佻薄",意思是不大正经严谨,未免责之失当。

2.《情史》

初版时间不详,存世最早的是明东溪堂本,署名"詹詹外史",即冯梦龙的化名。

冯梦龙认为,世界上最重要的是一个"情"字,"天地若无情,不生一切物;一切物无情,不能环相生"。书中的故事,从周代一直到明末,汇集了两千多年中许多男女的爱情故事,有青年男女忠贞的爱;有神鬼妖物与人的恋情;有男女不幸的悲惨遭遇;还有对统治者荒淫无度的揭露。有些作品为后来的白话小说、戏剧提供了素材或启示。《情史》有多种版本,全书共 902 则故事,分为 24 卷:

1. 情贞 2. 情缘 3. 情私 4. 情侠 5. 情豪 6. 情爱

7. 情痴 8. 情感 9. 情幻 10. 情灵 11. 情化 12. 情媒

13. 情憾 14. 情仇 15. 情芽 16. 情报 17. 情秽 18. 情累

19. 情疑 20. 情鬼 21. 情妖 22. 情外 23. 情通 24. 情迹

3.《谈概》

初刻本为明天启年间苏州阊门叶昆池刊本,原题《古今谭概》。

本书实际上是一部辛辣的讽刺杂文集,富有冷峻的幽默感。书中的事绝大多数来自正史或笔记,故事中的地点、人名、事件经过,都确有其事。有些事荒唐可笑至极,却偏偏是真人真事,经过冯氏之手,从文献堆里拎出来,赤裸裸地展示在读者面前。文学家李渔为这本书的删节本《古今笑》作序时说,这部书"述而不作,仍古史也",指出其白描手法的力量。全书共 932 则故事,分为 36 部:

1. 迂腐 2. 怪诞 3. 痴绝 4. 专愚 5. 谬误 6. 无术

7. 苦海 8. 不韵 9. 癖嗜 10. 越情 11. 佻达 12. 矜嫚

13. 贫俭 14. 汰侈 15. 贪秽 16. 鸷忍 17. 容悦 18. 颜甲

19. 闺诫 20. 委蜕 21. 谲知 22. 儇弄 23. 机警 24. 酬嘲

25. 塞语 26. 雅浪 27. 文戏 28. 巧言 29. 谈资 30. 微词

31. 口碑 32. 灵迹 33. 荒唐 34. 妖异 35. 非族 36. 杂志

4.《笑府》

原刻本情况不详,各种版本内容都不同。1989 年,日本岩波书店出版过 13 卷本的日译本全本,书中称中文原本《笑府》藏于日本内阁文库。

冯氏在署名"墨憨斋主人"的《广笑府》序中说:"古今世界一大笑府,我与若皆在其中供话柄,不话不成人,不笑不成话,不笑不话不成世界。"他认为古今天地无非都是笑话。

《笑府》和《谈概》最大的区别是,《笑府》来源于民间,是口头的编造,而《谈概》来源于正史、笔记等文献材料。《笑府》这本书后来被改编、节写成多种笑话书,最有名的一本是《笑林广记》,流传很广。

《广笑府》分为 13 卷,收笑话 406 则,13 卷的内容是:

1. 儒箴　2. 官箴　3. 九流　4. 方外　5. 口腹　6. 风怀

7. 贪吞　8. 尚气　9. 偏驳　10. 嘲谑　11. 讽谏　12. 形体

13. 附录:隐语①

日本内阁文库所藏《笑府》也是 13 卷,名目不同,所收笑话 599 则,和上述《广笑府》相差很大。

除上述四本笔记小说外,冯梦龙还编有一本《太平广记钞》。《太平广记》是宋代编撰的一本笔记小说集,全书 500 卷,篇幅很大,难于全部刊刻,故冯氏精选成《太平广记钞》,使该书得到较广流传。"钞"即"节选本",如《史记钞》等书。

二、长篇历史演义

冯梦龙对长篇历史演义的贡献主要是《新列国志》的"再创作"。

正史,从"四史""九史""十七史",到明朝时,已经续写到"二十一史"。正史的普及工作,口头的有"讲史"活动,文字的则有"通俗历史演义"。明末,通俗历史演义已经从古到明连贯了起来。最古的有《盘古演义》,最近的有搬演明代开国事的多种演义,如《英烈传》等。在古代的演义中,最有价值的一部是冯梦龙的《新列国志》。

春秋战国历时很长,史事复杂,头绪纷繁。思想、伦理、道德、政治等方面的问题,在这段时间里得到充分讨论。宋元时期,已经有好几部讲说春秋战国的话本小说。当时流行比较广的一种是余邵鱼编写的《春秋列国志传》8 卷,约 28 万字。冯梦龙认为此书有不少缺点,内容过于简

---

① 各种版本的《笑府》,13 卷的名称均不同,笑话的总数也不一样。此据江苏古籍出版社 1993 年版《冯梦龙全集》第 11《广笑府》著录。

单,便重新增订、改写、加工,使其面貌全新,成为《新列国志》一书。

冯氏所做的工作是:纠正前书的史料错误,删除于史无证、荒诞不经的描写,简化不重要的情节,重新安排故事结构,增添疏漏的内容。据《新列国志》的凡例称,该书采纳的历史文献有《左传》《国语》等17种之多。经过一番增订改写,《新列国志》完全改变了原来的面貌,篇幅增加到76万字、108回。其中最重要的贡献是,新志把儒家有关国家和个人的核心观念"春秋大义"通俗生动地融入演义的章回中,教育了世世代代的君臣子民。所以,文献学家认为,冯梦龙所做的工作不是一般的"改编",而是一种"再创作"。

在《新列国志》扉页上有一段话:"墨憨斋向纂《新平妖传》及《明言》《通言》《恒言》诸刻,脍炙人口,今复订补二书,本坊恳请先镌《列国》,次当及《两汉》。"由此可知,冯梦龙还著有《两汉》,即《西汉演义》和《东汉演义》,但这两书没有存世。至于《新平妖传》一书,是改编罗贯中的《三遂平妖传》而成的。新传丰富了内容,完整了人物形象,提高了文学价值,篇幅从20回增加到40回,当时人称赞冯氏"青出于蓝"。

三、创作和改编传奇

明代,北方流行杂剧,南方流行传奇。南北两个戏种,只是唱腔曲调不同,故事情节往往类似。冯梦龙是戏剧的爱好者,他创作的传奇有两种:《墨憨斋重定双雄记传奇》,古吴龙子犹编,松陵沈伯明校;《墨憨斋订定万事足传奇》,姑苏龙子犹新编,同邑袁幔亭乐句。《双雄记》所写是当时发生的一件轰动大案,反映了社会风气的堕落;《万事足》是冯梦龙在福建任知县时的创作。戏剧界对冯梦龙创作的评价是"上下品",属于上等中的下品,大体上是公允的。

冯梦龙改编的传奇有12种:

1.《新灌园》,张伯起原著,龙子犹更定;

2.《酒家佣》,陆无从、钦虹江原著,龙子犹更定;

3.《女丈夫》,张伯起、凌初成原著,龙子犹审定;

4.《量江记》,聿云氏原著,龙子犹评定;

5.《精忠旗》,李梅实原著,龙子犹详定;

6.《梦磊记》,史叔考原著,龙子犹详定;

7.《洒雪堂》,梅孝已原著,龙子犹窜定;

8.《西楼楚江情》,袁白宾原著,龙子犹重定;

9.《三会亲风流梦》,玉茗堂原著,龙子犹更定;

10.《邯郸梦》,汤若士原著,龙子犹更定;

11.《人兽关》,一笠庵原著,龙子犹窜定;

12.《永团圆》,一笠庵原著,龙子犹窜定。

冯氏在改编时,对原著的思想内容、情节结构、唱词说白都有修改调整。他的改笔颇受人欢迎,现场演出时往往采用他的改定本。例如,汤显祖的《牡丹亭》(即上述《风流梦》)中的《春香闹学》《游园惊梦》《拾画叫画》三折,在演出时大多用冯梦龙的改定本。

四、民歌集

冯梦龙编集的民歌集有两种传世:《童痴一弄:挂枝儿》《童痴二弄:山歌》。

《挂枝儿》在万历三十七年(1609)出版,共收民歌 435 首,分为 10 部:私部、欢部、想部、别部、隙部、怨部、感部、咏部、谑部、杂部。

《山歌》的出版年代已不可考,大约是在《挂枝儿》之后两三年出版,久已失传,1934 年在徽州发现重印。该书共收民歌 385 首,分为 10 卷:卷一至四私情四句,卷五杂歌四句,卷六咏物四句,卷七私情杂体,卷八私情长歌,卷九杂咏长歌,卷十桐城时兴歌。

两本书中所收的绝大部分是爱情歌曲,粗放热烈、纯真朴素,反映了自由恋爱、自由婚姻、个性解放的强烈要求。《挂枝儿》出版后风行一时,"浮薄子弟,靡然倾动,致有覆家破产者"。当地学界强烈反对,掀起轩然大波,对冯氏群起而攻之。冯梦龙不得不"千里求援",到湖广请赏识他的熊廷弼帮忙,熊为他飞书当道,向苏州地方官打招呼才解了围。[①]

这两本民歌大量运用各种修辞手法:顶真、复沓、谐音、双关,灵活多样,颇有天真妙趣。

冯梦龙喜欢这些民歌,是因为它的"真",是因为世上"但有假诗文,无假山歌"。遗憾的是,在冯梦龙之后,有些文人拟作的山歌有不少出

① [清]钮琇:《觚剩续编》,上海:上海古籍出版社,1996 年。

版，但这些拟作真情不多，真正变成了"假山歌"。

五、时事快书

冯梦龙经历了明清易代的重大变故。当时，他从北方逃到南方的臣民中收集口讯和书面材料，记下了这场事变中的若干史实，编成了《甲申纪事》和《中兴伟略》两本时事快书。在《甲申纪事》的序文中，冯氏说：

> 甲申之变，天崩地裂，悲愤莫喻，不忍纪亦不忍不纪。余既博采北来耳目，草《纪事》一卷。①

序文的署名是"七一老人草莽臣冯梦龙述"，这一年正是甲申年（1644）。全书 13 卷，共 109 篇材料。其中署名冯梦龙的材料 7 篇，如《甲申纪闻》《绅志略》《理财议》等；署名史可法的材料 4 篇，如《南都公檄》《出师檄》等；署名陆世仪的材料 6 篇，如《屯守议》《禁卫议》等。书中的第六卷记述了清兵攻陷淮城、扬州、京口的经过，都是目击者亲历的记录。书中尤多关于御边、练军、治政、理财方面的建议，希望南明政府奋发有为，恢复中原。该书体现了东南士人在国事巨变时的激奋心态。

但南明小朝廷抵不住清兵南下的锋芒，第二年，南明被清兵摧垮。鲁王朱以海在绍兴、唐王朱聿键在福建，相继成立了两个朝廷。冯梦龙以曾在福建任职的关系，参加了唐王的政权。在此期间，他编集了一部《中兴伟略》，署名"七十二老臣冯梦龙恭撰"。这一年已经是清顺治二年（1645）了。在这本书的"引"中，冯氏说：

> 《中兴伟略》者，为南北变故而辑也。……仝诸故老元勋朱公继作、黄公道周等恭迓唐王监国，固守闽广一隅，诏谕彰明，招贤纳士，待天下之清，协扶幼主中兴大务，恢复大明不朽之基业。②

大概因为时局日急，这本书不再像《甲申纪事》那样篇幅浩大，材料丰富，体例周全，而是不分卷次，仅仅收录了 20 篇材料（现存本只有 11 篇），其中有《弘光皇帝登极诏》《崇祯皇帝血诏》《唐王监国纪略》《史相公死节报》《监国唐王令谕》等，一片血泪斑斑的惨痛之情。

---

① ［明］冯梦龙：《冯梦龙全集·甲申纪事》叙，呼和浩特：远方出版社，2005 年。
② ［明］冯梦龙：《冯梦龙全集·中兴伟略》引，呼和浩特：远方出版社，2005 年。

这本书在国内未能刊印,1646 年在日本由风月宗智刻印成书,后返传回国。

六、通俗解经读物

明朝的书肆中充满了科举考试之书。这类书大致有三种内容:一种是对四书五经的解释和分析;第二种是应举作文的写法指导,包括八股章法、四六句法、典故辞藻等;第三种是中试者的试卷范例评介,如"十进士卷"等。冯梦龙所编的有关图书大多是解经方面的书,他比较熟悉的是《春秋》,计有:

《麟经指月》12 卷,万历四十八年开美堂刊本,"麟经"即《春秋》,"指月"是传授经义之意。冯梦龙的弟弟冯梦熊为此书写了序。

《春秋衡库》30 卷,天启五年出版,冯梦龙的门人对此书名"衡库"二字的解释是"衡喻精神,库喻广储"。

《春秋定旨参新》30 卷,是《春秋衡库》的修改版,出版年月不详。

《别本春秋大全》30 卷,与永乐年间官修《大全》不是一本书。此书供捃摭材料之用,出版年月不详。

除有关《春秋》的解读书以外,冯梦龙还有一本《四书指月》,原书不存,残本有《论语》6 卷、《孟子》7 卷,其中好几卷是冯氏的门人订定的,出版年月不详。

第六节　冯梦龙作品的流传和影响

冯梦龙的作品有长远而广泛的影响,可以从以下几个方面来说明。

一、强大而长久的生命力

冯梦龙的"三言"在当时就表现出强大的生命力。第一种《喻世明言》(即《古今小说》)由天许斋出版后不久,就有另一种"天许斋"、衍庆堂、又一种"衍庆堂",一共四种版本;第二种《警世通言》由金陵兼善堂出版后,又有三桂堂、衍庆堂等三种版本,印刷四次;第三种《醒世恒言》由金阊叶敬池初版后,同一年就有叶敬溪、衍庆堂等四种版本出版。以上情况说明,这三部小说在当时是受人欢迎的畅销书。

整个清代,"三言"似乎湮没不闻,有人认为是清朝文禁造成的,有人认为是有了《今古奇观》这部精选本后被自然淘汰了,两种说法都有一定道理。

当五四新文化运动兴起,文化界关注白话小说的时候,人们不禁惊呼,"三言"只剩下了"一言"。鲁迅在 1930 年撰《中国小说史略》时,中国只有《醒世恒言》一种,一直到 1946 年才收集齐全,到了 20 世纪 50 年代,由人民文学出版社排印出版。到了 70 年代,国内有好几家出版社出版"三言",印数累计数十万册,成为我国古典白话短篇小说中最有生命力的作品之一。

冯梦龙的笔记小品《智囊》《情史》和长篇历史演义《新列国志》,也是长销的古典文学作品。

二、带动了一大批读物的出版

"三言"带动了话本的收集和"拟话本"的创作。第一个出来模仿的是冯氏同时代人凌濛初。凌濛初(1580—1644),字玄房,号初成,别号即空观主人,浙江乌程人。他模仿"三言"编写《初刻拍案惊奇》和《二刻拍案惊奇》,分别在明崇祯元年(1628)和崇祯五年(1632)出版,在《初刻》的序中凌氏说:

> 独龙子犹氏所辑《喻世》等诸言,颇存雅道,时著良规,一破今时陋习,而宋元旧种,亦被搜括殆尽。肆中人见其行世颇捷,意余当别有秘本图出而衡之。不知一二遗者,皆其沟中之断芜,略不足陈已。因取古今来杂碎事,可新听睹、佐谈谐者,演而畅之,得若干卷。其事之真与饰,名之实与赝各参半,文不足征,意殊有属。①

这段话明白地告诉我们,凌氏的"二拍",主要是"取古今杂碎事","演而畅之"得来的,是"拟话本",与"话本"是大异其趣的。后者来自民间,大多是事实;前者来自文人拟作,是杜撰。

"三言"和"二拍"共 200 篇作品,约 250 万字,"卷帙浩繁,观览难周",于是便有姑苏抱瓮老人从"三言二拍"中选出 40 篇,都是明代的作

---

① [明]凌濛初:《初刻拍案惊奇》序,长沙:岳麓书社,2010 年。

品,编成《今古奇观》一书,在明末大为流行。

明末清初出版的拟话本还有不少,如《石点头》《醉醒石》《照世杯》《幻影》《豆棚闲话》《连城璧》《十二楼》《西湖二集》《五色石》《美人书》等30多种,但质量都不如"三言二拍"。

冯梦龙的《山歌》《情史》等书,也有一些作者受其启发,编写出版了类似的图书。

三、改编成其他文艺样式

"三言"的出版不仅引起了短篇白话小说的创作热潮,同时也与其他文艺样式互相渗透影响,特别是与戏剧的关系更为密切。"三言"的一些故事,早就有戏剧搬演。如《陈希夷四辞朝命》,早就有杂剧《陈抟高卧》;《庄子休鼓盆成大道》,元人有《庄子梦蝶》等多种杂剧。

"三言"中的故事不少在后来被改编成传奇,如杜十娘、玉堂春、白娘子、金玉奴、唐伯虎的故事。据统计,有60多篇被改编成各种剧本。鲁野在《三言与戏剧》一文中说,当代东北地区的评剧上演的节目中,半数出自"三言",其中影响较大的有数十种。[1]

"三言"120篇故事,三分之一以上被改编为其他艺术样式,改编的类型有三种:第一类是被敷演为长篇小说,如《杜十娘》有长篇小说;第二类是被改为讲唱文学,如白娘子故事被改成评弹《义妖传》等;第三类是被改编成电影、电视剧等,如《灌园叟》《乔太守》《杜十娘》等改编有电影、电视连续剧。

四、蜚声国际文坛

东亚国家与我国有长远的文化交流渊源,"三言"出版后很快传到日本、朝鲜等国,其中在日本影响最大。《智囊》《情史》都有影刻本、选刻本、日译本。"三言"传到日本后有两个流传系统,一个是直译系统,一个是"翻案"系统。

直译系统是在18世纪,由冈田白驹、泽田一斋师徒二人,从"三言二拍"和《西湖佳话》等书中选出一部分作品译成日文,称"日本三言",即

---

[1] 鲁野:《三言与戏剧》,全国第二次冯梦龙学术讨论会交流论文,1988年。

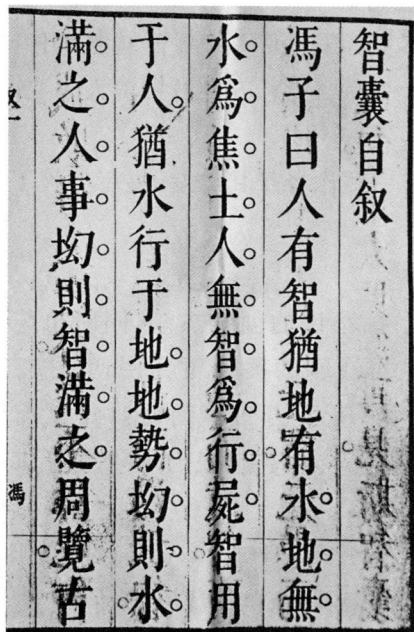

图 10-7 日本翻刻本《智囊》

《小说精言》《小说奇言》《小说粹言》三种。

《小说精言》，日本宽保三年（1743）刊行，收小说 4 篇：《十五贯戏言成巧祸》《乔太守乱点鸳鸯谱》《张淑儿巧智脱杨生》《陈多寿生死夫妻》。

《小说奇言》，日本宝历三年（1753）刊行，收小说 4 篇：《唐解元一笑姻缘》《刘小官雌雄兄弟》《滕大尹鬼断家私》《钱秀才错占凤凰俦》。

《小说粹言》，日本宝历八年（1758）刊行。收小说 4 篇：《王安石三难苏学士》《转运汉遇巧洞庭红 波斯胡指破鼍龙壳》《吕大郎还金完骨肉》《张员外义抚螟蛉子包龙图智赚合同文》。

除上述"日本三言"外，在日本还有一种用所谓"翻案"的形式刊印的"三谈"，以都贺庭钟为主。他在"三言"中选出 30 篇，分成 3 辑，从 1736 年至 1749 年出版了三本小说集，书名《古今奇谈·英草纸》《古今奇谈·繁野话》《古今奇谈·莠句册》。在这三种翻案小说中，人名、地名、年代都被改成日本的了，情节和主旨则不变，这是日本在吸纳外来文化时采用的一种特别的方法。

在当代，日本不但影印、翻译"三言"全部作品，还有一些专门研究"三言"的学者，多次来中国交流研究成果。近 20 余年，日本关于"三言"的学术论文有数十篇。

"三言"传入英国的情况：出版过《今古奇观》《中国的十日谈》《中国爱情故事集》《中国传统故事集》《明代短篇小说选》《胶与漆》《寡妇·尼姑·老妓》等白话小说，每部书选入"三言"中的故事或三五篇，或七八篇。

　　"三言"传入法国的情况：早期有《庄子休鼓盆成大道》《吕大郎还金完骨肉》、《豹子复仇·猎物的故事》（即《大树坡义虎送亲》）、《家庭图画》（即《滕大尹鬼断家私》）。20世纪出版的有《乔太守乱点鸳鸯谱》《吴衙内邻舟赴约》、《羊角哀：不愉快的愉快》（即《羊角哀舍命全交》)等。①

　　"三言"中有不少篇章还被译成俄文、德文、意大利文、拉丁文、荷兰文等版本，在国际文坛上产生了广泛影响。

---

① 王丽娜编著：《中国古典小说在国外》，上海：学林出版社，1988年。

第十一章　毛晋和汲古阁

　　在明代后期的出版史上，毛晋汲古阁是一个十分重要的文化现象，值得认真记述和评析。

　　说汲古阁是重要的文化现象，是因其出书数量很大，远超当时其他出版机构。明末，商业性的书坊刻书数一般只有三五种，多的也才一二十种，很少有超过百种的；私家刻书更少一点，一般不过刻书两三种。官方的出版机构，如国子监、经厂，出书也只有两三百种，而毛氏的汲古阁刻书达 606 种之多，版片 11 万张，这个数字是很令人吃惊的。

　　毛晋汲古阁不单出书数量多，而且质量也好，所刻图书如十三经、十七史、各代文学总集和别集等，差不多囊括了我国古代图书的所有精品重典，而且还有一些有价值的丛书。在版本选择、内容校勘、刻工装帧上，也十分精审认真。因此，"毛氏之书走天下"，传布地域广阔，留存时间久远。

　　毛晋生长在江苏常熟，那里是先贤仲雍的归隐处，"南方夫子"孔子弟子言偃的家乡，文化沃土，涵泳浸润，才孕育出了汲古阁这样的优秀出版机构。

　　毛晋汲古阁刻书事业前后约有四十余年历史，留下的有关文献资料比较丰富齐全，有师友写的诗文笔记；有好几种有关的书目；有朋友绘制的图画；有后人编写的传记、年谱；有许多酬应诗文，数量不少，足资考证。特别是汲古阁出版的图书，民国时期书店里"插架皆是"，现在比较大型的图书馆和一些私人手里所藏也不少，这些实物为研究毛晋的出版事业提供了很好的条件。

在出版史上,有些论者把汲古阁列为坊刻,有些论者把毛氏列为家刻,其原因是毛氏的汲古阁兼有二者的特点。这种分歧只是学术观点之论,并不影响对毛晋和汲古阁的分析与研究。

第一节　毛晋生平概述

毛晋生于明万历二十七年(1599),初名凤苞,字子久,晚年改名晋,号潜在,世居常熟。据钱谦益《隐湖毛君墓志铭》上说,毛晋的父亲毛清"孝弟力田,为乡三老"。荥阳悔道人郑德懋在《汲古阁主人小传》中说:"当杨忠愍公为常熟令时,察知邑中有干识者十人,遇有灾荒工务,倚发集事,清其首也。"这说明毛晋有很好的家庭教养。

毛晋青年时考取秀才,但一直没有考中举人。据考,他至少考过两次,一次是在天启丁卯,另一次是在崇祯壬午。毛晋自叙《重镌十三经十七史缘起》中有"天启丁卯,初入南闱"之句,可证。又,释苍雪《南来堂诗集》中有《赋赠毛子晋壬午赴试南闱》一首,记毛晋考试不中后回家从事出版之事。

毛晋共有五子四女。五个儿子是:襄、褒、衮、表、扆,其中襄、衮早亡。存活的三个儿子中,毛扆继承父业,从事汲古阁刻书事业。扆生于崇祯十三年(1640),当时毛晋已经41岁。毛晋完成十三经、十七史的出版时,毛扆年龄还小。毛晋60岁去世时,毛扆19岁,毛晋生前的出版事业,得力于毛扆似并不太多。

毛晋刻书大约有三个时期。第一段是万历末年到天启年间,毛晋的青年时期。当时他刚喜爱上刻书事业,有记载的第一、二本书是《离骚》和《陶靖节集》,刻于万历四十一年(1613),当时毛晋只有14岁。稍后刻的书有《才调集》《东坡外纪》《米元章志林》《剑南诗稿》《二家宫词》《三家宫词》。第二段是崇祯年间,毛氏刻书最盛的时期,十三经、十七史、《津逮秘书》等,都是这段时间刻印的。李毅《隐湖题跋》序中说:"子晋自甲子以来,校刻经史子集及唐宋元名人诗词凡二百余种。"

这就是说,从天启四年(1624)到崇祯六年(1633)约 9 年间,毛晋刻书达 200 余种,平均每年刻书 20 余种,这个数字是很惊人的。第三段是入清到毛晋去世,约 15 年时间。由于明清易代,烽火遍地,刻书事业十分艰难。毛晋在这段时间主要是辑补完成十七史和其他一些书。

入清以后,汲古阁出书的环境比较艰苦。毛晋在《重镌十三经十七史缘起》中说:"甲申春仲,史亦衰然成帙矣。岂料兵兴寇发,危如累卵,分贮版籍于湖边岩畔茆庵草舍中,水火鱼鼠,十伤二三,呼天号地,莫可谁何。犹幸数年以往,村居稍宁,扶病引雏,收其放失,补其遗亡,一十七部连床架屋,仍复旧观。"①

在这段时间里,还有一件清廷特派"绣衣使者"到常熟召见毛晋的事。这位"绣衣使者"是谁,史无记载。使者写了个便条,召见毛晋,毛晋的亲友都为他担心,不知吉凶如何。召见时,使者"但问书史,握手劳苦,不及他事"。这大概是局势稍定时的事了。②

毛晋在清顺治十六年(1659)病逝,终年 60 岁。

汲古阁的破败是清乾隆年间的事,原因主要是经营不善,耗尽了资金田产,版片四处流落。《汲古阁刻板存亡考》详细列举了各书版的下落,书版分别到了常熟东门鲍氏等十几个人家或书坊,篇幅最多的《十七史》卖给了苏州扫叶山房,得以继续翻印出版。曾经盛况空前的毛晋汲古阁,其书版就这样星流云散,零落四方。③

第二节　汲古阁刻书概况

汲古阁主人毛晋自己编有一份《汲古阁校刻书目》,每种书还记下了"叶"数,后人又把这本书目作了补充、校正,最后统计数字是"刻成六百种有零",存世"得五百四种零"。

---

① [明]毛晋:《汲古阁书跋》,上海:上海古典文学出版社,1958 年。
② 钱大成:《毛晋年谱稿》,《国立中央图书馆季刊》1947 年第 1 卷第 4 号。
③ 陶湘编:《书目丛刊》1,沈阳:辽宁教育出版社,2000 年。

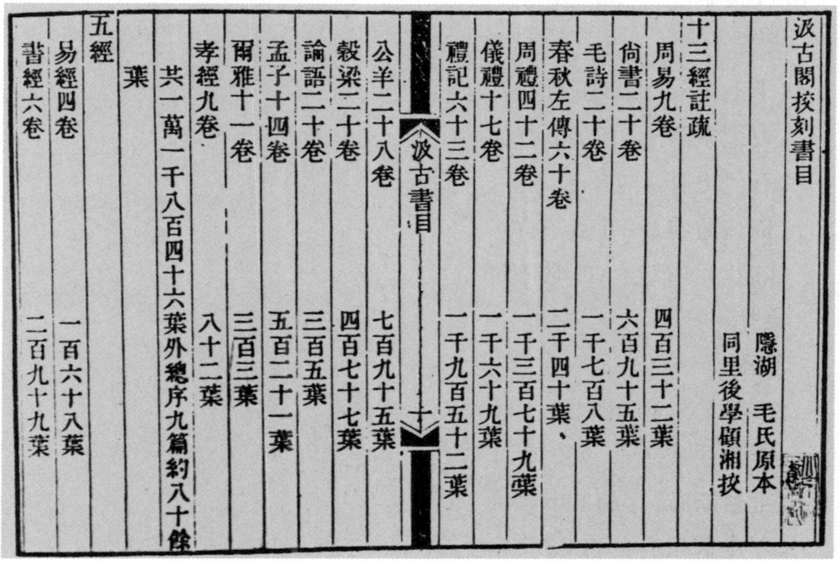
汲古閣挍刻書目
隱湖 毛氏原本
同里後學顧湘挍
十三經註疏
周易九卷 四百三十二葉
尚書二十卷 六百九十五葉
毛詩二十卷 一千七百八葉
春秋左傳六十卷 二千四十葉、
周禮四十二卷 一千三百七十九葉
儀禮十七卷 一千六十九葉
禮記六十三卷 一千九百五十二葉
汲古書目 十
公羊二十八卷 七百九十五葉
穀梁二十卷 四百七十七葉
論語二十卷 三百五葉
孟子十四卷 五百二十一葉
爾雅十一卷 三百三葉
孝經九卷 八十二葉
共一萬一千八百四十六葉外總序九篇約八十餘
葉
五經
易經四卷 一百六十八葉
書經六卷 二百九十九葉

图 11-1 《汲古阁校刻书目》

汲古阁所刻书目一一罗列如下：

经类

《十三经注疏》 11 926 叶①

《五经》 2 019 叶

《四书》 451 叶

《三元四书》 451 叶

《高头四书》 451 叶

《孔子家语》 226 叶

《读易便解》 199 叶

《春秋左传》 1 111 叶

《左概》 218 叶

《大学衍义》 叶数不详

《说文解字》 545 叶

《小学析疑》 115 叶

---

① 书名后面的“叶”是指一块版片，一“叶”可能是一面刻，也可能是两面刻，原材料上没有注明。

《汉隶字源》 362 叶

史类

《十七史》 22 319 叶

《史记索隐》 162 叶

《五代史补》 58 叶

《资治通鉴》 叶数不详

《陆状元通鉴》 叶数不详

集类

总集

《离骚》 140 叶

《李善注文选》 980 叶

《玉台新咏》 243 叶

《郭茂倩乐府》 1 338 叶

《乐府补》 90 叶

《丽则遗音》 88 叶

《汉魏六朝百三家集》 7 304 叶

《列朝诗集》 3 087 叶

《复古诗》 49 叶

唐朝（及唐以前）

《陶渊明集》 203 叶

《唐诗类苑》 6 306 叶

《唐人选唐诗》 784 叶

《盛唐二大家》 1 605 叶

《三唐人文集》 313 叶

《四唐人集》 206 叶

《五唐人集》 434 叶

《六唐人集》 508 叶

《八唐人集》 547 叶

《松陵集》 297 叶

《浣花集》 115 叶

《唐三高僧诗集》 784 叶

《宏秀集》 113 叶

《严维诗》 叶数不详

唐以后

《诗词杂俎》 453 叶

《苏门六君子集》 1 056 叶

《元人十集》 1 880 叶

《元四大家诗》 671 叶

《词苑英华》 1 030 叶

《陆放翁全集》 4 335 叶

《宋名家词》 2 695 叶

《六十种曲》 7 986 叶

《杨铁崖乐府》 393 叶

《滑耀篇》 409 叶

丛书

《津逮秘书》 16 637 叶

《山居小玩》 246 叶

乡邦文献

《琴川志》 321 叶

《吴郡志》 655 叶

《吴郡图经续记》 叶数不详

《吴地记》 叶数不详

佛藏、道藏

　　毛晋刻书后期,自刻或为他人刻了多种佛道图书,如佛经《本相猗致经》《尊上经》《寂志果经》《禅法要解经》《末罗王经》《达摩国王经》《涅般经本有今无偈论》《遗教经论》《百子论》《佛为海龙王说法印经》《外道向圣大乘法无我义经》。此外,还有高僧撰著的佛学书,如《补续高僧传》《懒斋别集》《病游草》《梦游全集》等。

　　以上所列书目版片共计 103 502 叶,叶数不详的未统计在内。

第三节　汲古阁代表性图书的编刊

一、十三经和十七史

十三经和十七史是我国传统文化中最重要的典籍,篇幅比较大。历来不论是家刻还是坊刻,都没有独立完成的。明初开国不久,南京国子监印制的十七史,是利用宋元旧版补刻印成的。毛晋以一人之力完成这样浩大的工程,实在是很不容易。

为了刻印这些经典,毛氏父子首先访求最好的底本。魏禧在《元人标点五经记》中记载了毛氏寻求好本子的过程:"常熟毛君扆承其家学,好收辑古椠书,……于是顿首告先圣,愿得五经古本训正世俗。未几,得元本《春秋胡传》于书贾丁氏已,从钱君颐得元板《诗集传》,从冯君班得元板《易传义》,从陆君廷宝得元本《书传辑录纂注》,而《礼记》旧板求访百端,终不能得。久之,在震泽叶君树廉处,见架上有旧本,随手抽览,则元板《礼记集说》也,然止八卷,余悉逸去。扆乞以归,且喜且恨。……曾见陆君贻谟有《礼记》旧本,……折柬索之,来则适合前书九卷以下,标志皆出一手,于是五经咸具。"①这段话记载了毛氏上下求索的经过。

关于十三经、十七史的刊印,毛晋在《重镌十三经十七史缘起》中记载了经过:天启丁卯,毛晋连做了三个奇怪的梦,梦见一条龙吐出双珠,化成十三经和十七史,"焕然一新,红光出户"。毛晋把这梦告诉他母亲,母亲说,这是神明要你读尽经史,劝他赶快还乡,掩门谢客读书。于是毛晋下决心还乡,毕生记住"读尽经史"四个字。

毛晋给自己定了一个"每岁订正经史各一部"的计划。这件事传出去,"同人闻风而起,议联天下文社,列十三人任经部,十七人任史部,更有欲益四人,并合二十一部者"。每部经史都要聘请专人负责校订,这实在是个好主意。这件事虽然没有完全实现,但的确聘请了一些东南的名士参与校订。最后,费了十三年工夫,十三经终于完成,又用了十年工夫,十七史也继之完成。最后一部分即《汉书·艺文志》和《后汉书》是毛

---

① [清]魏禧:《魏叔子文集》,北京:中华书局,2003年。

晋 56 岁时完成的。

这两部书耗尽了毛晋的精力和家财。印十三经时，"弃负郭田三百亩"；印十七史时，"较之全经，其费倍蓰，奚止十年之田而不偿也"。这里所说的"倍蓰"，是"五倍"的意思。而这时毛晋则已"头颅如雪，目睛如雾"了。

二、《津逮秘书》

毛晋汲古阁刻书中的丛书有《津逮秘书》《宋六十家词》《六十种曲》等，其中以《津逮秘书》最有价值。

《津逮秘书》的基础是胡震亨的《秘册汇函》。胡震亨（1569—1642），浙江海盐人，万历时举人，官兵部员外郎。家多藏书，专门收集诗文资料，辑有《唐音统签》等书。他把家中所藏的秘籍辑成丛书《秘册汇函》，但略印了几种后，遭遇火灾，无以为继，将残版出售给毛晋。毛晋便在这个基础上，大体上仍按照胡氏的思路，增补自己所藏的书，编成《津逮秘书》。凡是胡氏的原版，书名都在鱼尾之下；毛氏新刻的，书名都在鱼尾之上，鱼尾之下则有"汲古阁"三个字。根据上述识别方法，可知《津逮秘书》使用胡氏旧版 24 种，毛氏新刻 121 种，约占五分之四。

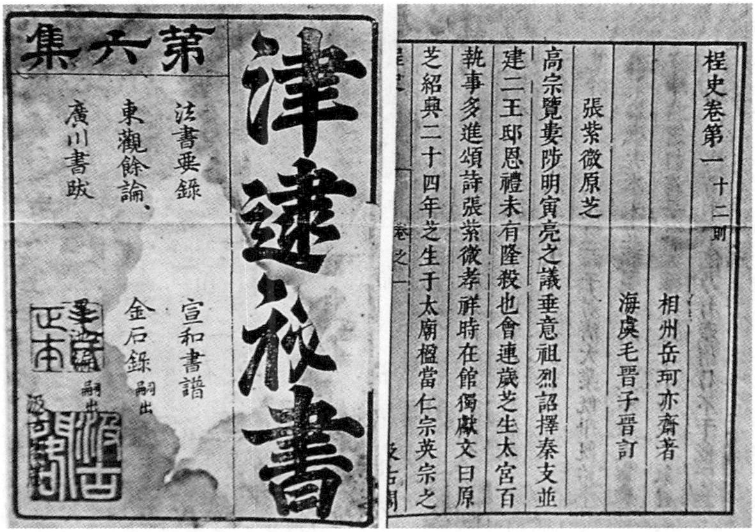

图 11-2　《津逮秘书》

《津逮秘书》共有 15 集，收图书 145 种，16 637 叶。各种书目所列的种数略有出入。据毛氏自订的《汲古阁校刻书目》，15 集的内容如下：

第一集：8 种，有关《诗经》著作的序、跋、传、考。

第二集：10 种，有关《易经》著作的集解、传、释文。

第三集：6 种，通鉴、小学、制度等。

第四集：16 种，术数、纬书、农书等。

第五集：11 种，诗话。

第六集：4 种，书论。

第七集：10 种，画论。

第八集：12 种，笔记。

第九集：10 种，笔记。

第十集：12 种，笔记。

第十一集：6 种，神异。

第十二集：10 种，题跋。

第十三集：10 种，题跋。

第十四集：10 种，乐府词曲。

第十五集：10 种，笔记。

从以上内容可知，《津逮秘书》所收书目大体上在儒学的范畴内。

三、校刻《说文解字》

《说文解字》30 卷，东汉许慎撰，是中国文字学史上第一部有系统的创作，也是解读经书的重要工具书。成书之后的几百年时间里，一直靠手抄流传。唐朝的李阳冰在传抄时对它作了修改，以致"错误遗脱，违失本真"。宋雍熙三年(986)，宋太宗命徐铉等校订，付国子监雕版印行，称"大徐本"，开始流传于世。

元代到明代早期，都不大重视文字学，没有重新校订出版《说文》。毛晋时流行的是二徐本，即徐锴的景钞本、徐铉的宋椠本。主要是徐铉的本子，有大字、小字两种，传世的是小字本。毛氏父子决意校刊《说文》，依据的底本是徐铉的小字本，但用大字雕刻，前后一共校改五次，终于成书，第五次改得最多，根据的本子是徐锴《说文解字系传》。

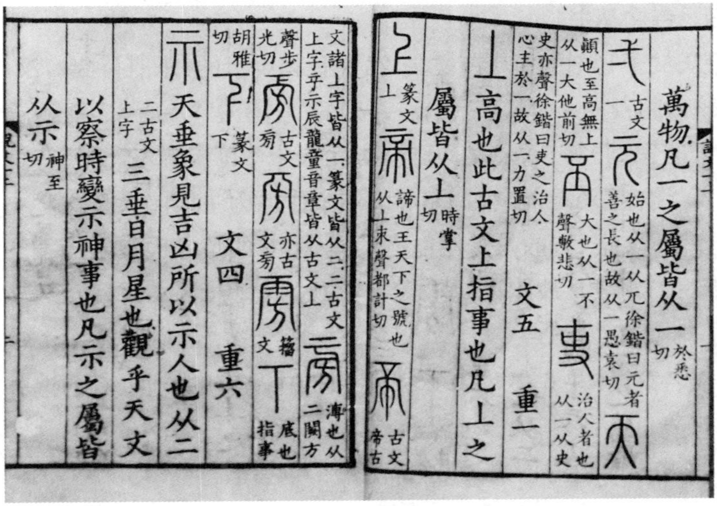

萬物凡一之屬皆从一 於悉切
弌 古文一 元 始也从一从兀徐鍇曰元者善之長也故从一愚袁切 天
顚也至高無上从一大他前切 丕 大也从一不聲敷悲切 吏 治人者也从一从史
史亦聲徐鍇曰吏之治人心主於一故从一力置切 文五 重一
丄 高也此古文上指事也凡丄之
屬皆从丄 時掌切
上 篆文上 帝 諦也王天下之號也从丄朿聲都計切 帝 古文帝 古
文諸丄字皆从一篆文皆从二二古文上字辛示辰龍童音章皆从古文上 旁 溥也从二闕方
聲步光切 旁 古文旁 㫄 亦古文旁 雱 籀文 丅 底也指事
胡雅切 下 篆文下 文四 重六
示 天垂象見吉凶所以示人也从二
二古文上字 三垂日月星也觀乎天文
以察時變示神事也凡示之屬皆
从示 神至切

图 11－3 《说文解字》

对于毛晋所刻的《说文》，后人颇有非议。叶德辉在《书林清话》中说：

> 段玉裁《汲古阁说文订自序》略云："毛晋及其子扆，得宋小字本，以大字开雕。周锡瓒出初印本，有扆亲署云'顺治癸巳汲古阁校改第五次本'。卷中旁书朱字，复以蓝笔圈之。凡其所圈，一一剜改。考毛氏所得小字本，四次以前微有校改。至五次则校改特多，往往取诸小徐《系传》，亦间用他书。今世所存小徐本，乃宋张次立所更定，而非小徐真面目。而据次立剜改，又识见驽下，凡小徐佳处，少所采掇，而不必从者，乃多从之。学者得之，以为拱璧，岂知其谬戾多端哉。"略举黄、顾、陈、段诸家所纠，则其刻书之功，非独不能掩过，而且流传谬种，贻误后人。①

这段话对毛氏批评颇重。在数百年没有刊印《说文》的情况下，毛氏父子做了刊印工作，校改五次，虽然产生了一些错误，毕竟也改正了不少讹误，是功不可没的。入清以后，多种《说文》出版，如额勒布刻本、丁少山刻本等，质量都很好，这正是后出转精，符合学术发展的规律。

① 叶德辉：《书林清话》，北京：中华书局，1957 年。

四、诗文丛书

毛氏父子刊刻的历代诗文集,汉代有郭茂倩的《乐府诗集》,汉魏六朝有《汉魏六朝百三家集》,唐代有一系列的"三唐人""八唐人"等50余家,宋代有《宋名家词》等90余家,元代有《元人十集》10余家,明朝有《六十种曲》等。综合起来看,俨然是一部以作家作品为主线的大型文学史丛书。

这些诗文集,有的是采用已有的本子,有的是毛氏父子选编的,编后大多撰写了题跋。最能说明毛氏文学观的是《宋名家词》和《六十种曲》两书。

《宋名家词》共6集,收61家,各人的作品有的全收,有的选收,篇幅不一,如辛弃疾有205叶,苏轼有107叶,姜白石只有18叶,周必大只有6叶。一些作品少的词人,靠这部丛书得以留名。

《六十种曲》与臧懋循的《元曲选》齐名,所收除《西厢记》是元杂剧外,其余都是明传奇,有些后来失传的传奇,因《六十种曲》而得到保存。

五、其他图书

在这一节的最后,还应该介绍两类图书。

一类是毛氏为他的师友刊刻的书,用汲古阁的刊刻设备印制,但没有标明"汲古阁"的名头。如余怀的《七歌》《甲申集》,胡世安的《龙乘》,王象晋的《二如亭群芳谱》,郑瑄的《昨非庵杂俎》,张之象的《唐诗类苑》,

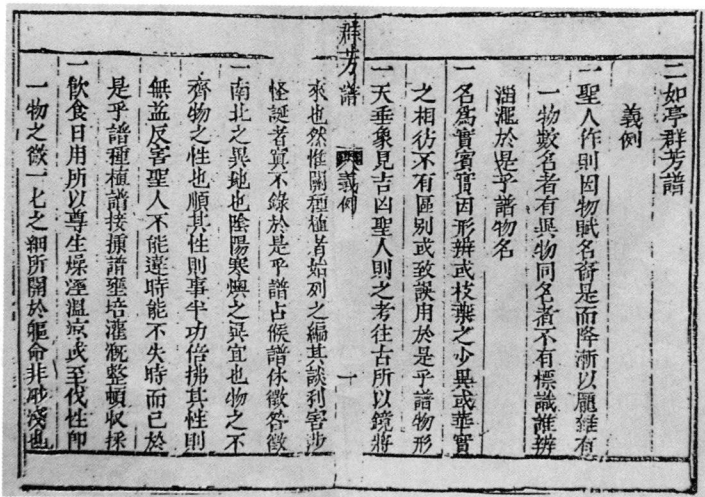

图11-4 《二如亭群芳谱》

李延寿、李遐龄的《南史》，缪希雍的《神农本草经疏》，冯班的《冯定远全集》，钱谦益的《列朝诗集》，杨补的《怀古堂诗选》等。

另一类是毛晋自著的作品，如《明四秀集》《明诗纪事》《海虞古今文苑》《明方舆胜揽录》《明词苑英华》《虞乡杂记》《昔友诗存》《救荒四说》《隐湖小志》等。

第四节　汲古阁图书的刻印和销售

一、收藏图书

古代的出版家往往首先是藏书家，因为只有藏书丰富，才可以选取各种版本进行比照，确定底本，校正文字。

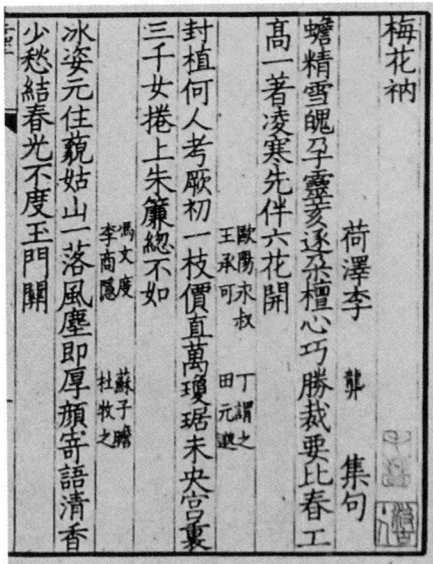

图 11-5　毛抄本《梅花衲》　　**图 11-6　《汲古阁珍藏秘本书目》**

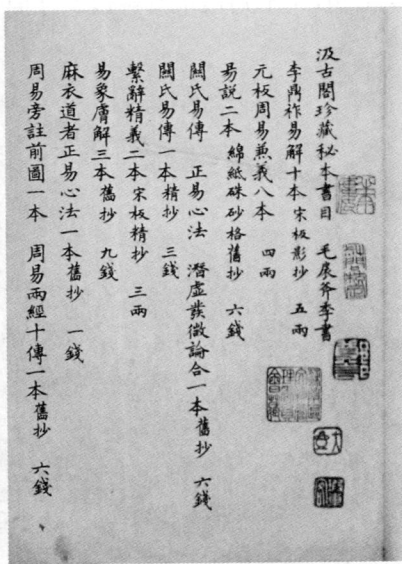

毛晋收集图书的故事史料多有记载。荥阳悔道人在《汲古阁主人小传》中说，毛晋曾在他七星桥家宅的门上贴出告示："有以宋椠本至者，门内主人计叶酬钱，每叶出二百。有以旧抄本至者，每叶出四十。有以时下善本至者，别家出一千，主人出一千二百。于是湖州书舶云集于七星桥毛氏之门矣。邑中为之谚曰：三百六十行生意，不如鬻书于毛氏。"①
毛晋不单善价求购，还千方百计向人借书抄录。不少和毛晋交游的文人
有记载说，毛晋得到善本后，往往立即动手，连抄带校，达到了痴迷的程
度。王文进《明毛氏写本书目》著录毛氏抄书 240 种，瞿冕良《常熟先哲
藏书考略》则著录有 447 种，以至于在版本界有"毛抄本"这样一个专名。

很快，毛晋积聚到八万四千册书。于是便造了两座藏书楼，一座名
汲古阁，一座名目耕楼（一说还有一座双莲阁），这两座藏书楼竟成了常
熟的胜景，和唐市的凤基楼、白茆的红豆庄并成为常熟的三景，"江干车
马，时时不绝"。

关于汲古阁的房屋情形，曾有长洲人王咸在崇祯十五年（1642）画过
一幅《虞山毛氏汲古阁图》，这幅图现藏于中国国家图书馆。作者王咸在
题词中提到藏书时说："次以甲乙，分以四库，非宋元绣梓不在列焉。牙
签玉题，风至则琅琅有声也。"江熙《扫轨闲谈》提到汲古阁的房屋用途时

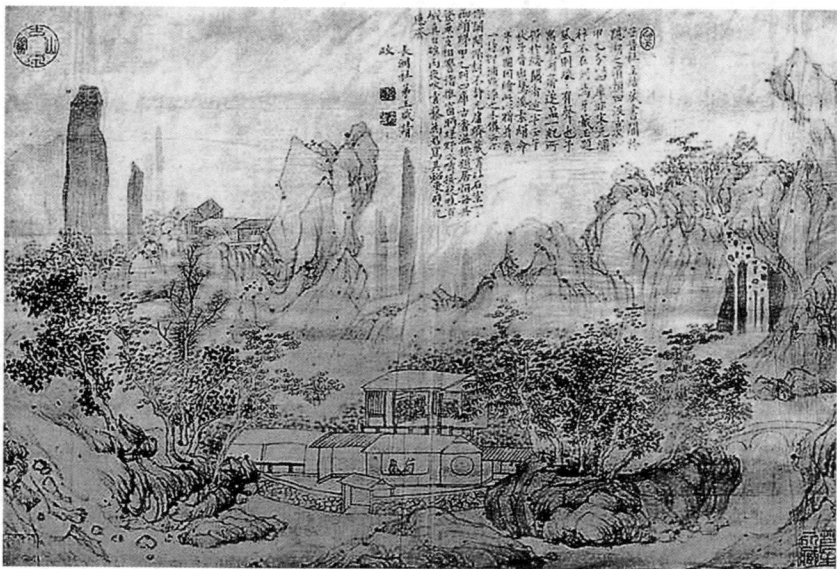

图 11-7 《虞山毛氏汲古阁图》

---

① ［明］毛晋：《汲古阁书跋》，上海：上海古典文学出版社，1958 年。

说："中为阁,阁后有楼八间藏书板者。楼下及厢廊俱刻书所。"李清《汲古阁观书记》也提道："毛子晋汲古阁藏书十三经与十七史,皆不以藏,以刊,所尤难者则购斯摹,摹斯梓,必宋本是准,其他野乘家集未易枚举。……子晋又云金本尤工,亦购致数种。"可见毛晋所藏的书有各种内容、各种版本。

陈瑚在《为毛潜在隐君乞言小传》中说到人们登汲古阁时的精神震撼："登其阁者,如入龙宫蛟肆,既怖急,又踊跃焉。"陈瑚把汲古阁比作龙王的水晶宫,登阁的人产生既"怖急"又"踊跃"的特殊心态,只有渴求图书、视书如宝的人,才会有这种心态。

二、选题和校勘

有了丰富的藏书,就可以从中选出要刻印的书。选择什么书刻印,取决于主办人的学术造诣和价值取向,像毛晋这样的儒学之人,选择的书目必然是传统的正经、正史和诗文精品。毛晋所刻的书,大多是久已流传的重典,在编纂方面的价值,主要表现在版本的选定和校勘功夫上,在这方面,毛晋做了大量工作。

毛晋校勘图书大多亲自动手,同时也延请名士协助。汲古阁的绿君亭、二如亭就是专门"延天下名士校书于中"的场所。帮他校过书的有"江阴老儒"周荣起,校经史古籍;释道源帮他校佛经《径山藏》;毛晋的舅父戈汕校《神农本草经》;毛晋的女婿冯武校《元十人集》《元四名家诗》;学者陆贻典校《冯氏小集》;释明同校《牧潜集》;闵元衢校《癸辛杂识》;诗人陈瑚被聘到毛家,专门选书

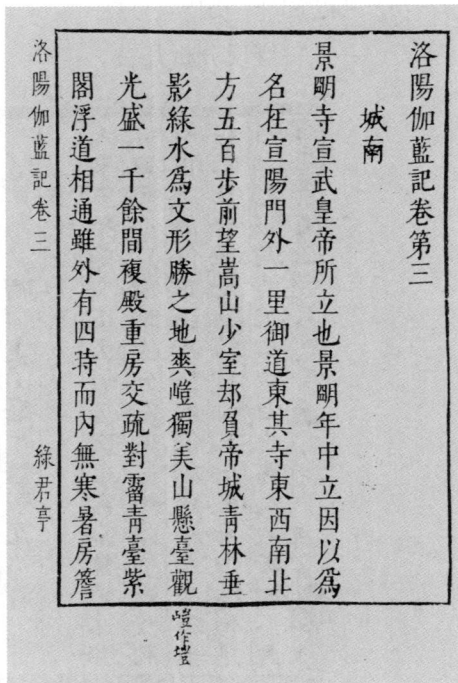

图 11-8 绿君亭版《洛阳伽蓝记》

校书。

江熙《扫轨闲谈》中引许吟亭的话说："毛氏本有三阁：汲古阁在载德堂西，以延文士；其双莲阁在问渔庄，以延缁流；一失名，俗呼为关王阁，在曹溪口，以延道流者。今俱废。"这段话说毛氏在三个堂阁分别请儒佛道三教人士校书，具体情况则未详。

毛氏校书的成就以《唐诗纪事》为例可以说明。《唐诗纪事》81卷，1 675叶，篇幅较大。原书错误较多，毛氏用"本集"、《御览》《英华》等多种书参校，改正了七类差错：

1. 一人重见，如十三卷、十九卷王熊之类；

2. 一诗重见，如第四卷、第九卷《凌潮浮江旅思》之类；

3. 脱去本诗，如贺知章"江皋闻曙钟"、赵东曦"上月今朝减"之类；

4. 误入他诗，如虞世南"豫游欣胜地"、韦承庆"万里人南去"之类；

5. 几人混作一人；

6. 几题溷作一题；

7. 一人一诗反分析几首。

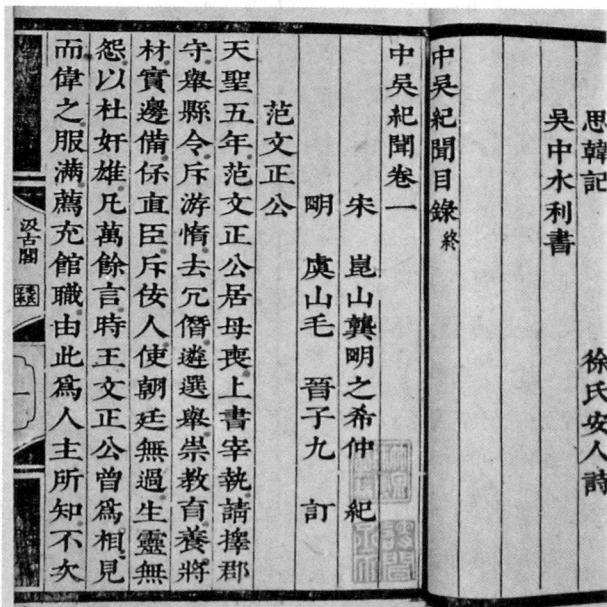

图 11-9　汲古阁本《中吴纪闻》

毛晋还举出了长期以来以讹传误的例子。如綦毋潜"钟声扣白云"向误作"和白云";王摩诘"兴阑啼鸟换"向误"啼鸟缓";"种松皆老作龙鳞"向误"皆作老龙鳞"等。①

毛晋汲古阁刊本的校刊质量，一般认为是好的，但也颇有责难的。王欣夫对此有比较公允的评价。他认为，汲古阁所刻图书之所以有错误可能是：一、原书刊刻在先，善本收得在后，不能一一重刻，只能选择几本重刻，如陆游《南唐书》；二、毛氏另有所本，没有看到宋本，当然不能用宋本去要求了，如毛氏得《李群玉集》，并为三卷，做了整理，倘若他看到宋本《李群玉集》，当然不会多此一举了。②

三、撰写题跋

古代学者在整理校读古籍后，往往要撰写一篇题跋，这种做法始于汉代刘歆《七略》。题跋文字虽短小，却必须综览全书，具有识见，对此书的作者、写作经过、版本流传有所了解。陈继儒说："盖胸中有全书，故本末具有脉络，眼中有真鉴，故真赝不爽秋毫。"

在编刊图书时，毛晋为一部分书写了题跋，介绍版本渊源、编纂经过、内容特色、学术评析，是很有价值的图书短评。当时士人很喜欢看这种文字，认为无缘看到全书时，读读题跋也可以知道此书的大概，便建议毛晋把题跋集中起来编成一册。毛晋应请编了《隐湖题跋》，共收 110则，后来又续编入 42 则，共 152 则。

下文是他为《沧浪诗话》写的题跋：

> 诸家诗话，不过月旦前人，或拈警句，或拈瑕句，聊复了一段公案耳。惟沧浪先生诗辨、诗体、诗法、诗评、诗证五则，精切简妙，不袭牙后。其与吴景仙一书，尤集大成。真诗家金针也。故其吟卷百余章，如镜中花影，林外莺声，言有尽而意无穷。自谓参诗精子，岂虚语耶。③

这段题跋虽然简短，却精确中肯地指出了《沧浪诗话》的价值。

① ［明］毛晋：《隐湖题跋》，"序《唐诗纪事》"条，上海：上海古典文学出版社，1958 年。
② 王欣夫：《古文献要略》，南京：南京大学中文系印，1970 年。
③ ［明］毛晋：《隐湖题跋》，"沧浪诗话"条，上海：上海古典文学出版社，1958 年。

四、刻印、装帧

关于毛氏汲古阁刻书的工场、设备、工人等,有一些零星的资料,可以得知大致的情况。

雕版前的缮写出于何人之手,大多已不可考,后期图书《径山藏》上有书写署名的有于起龙、于从龙、陈兆熊、罗章、黄铭等。书写的字体基本上是当时已经成熟的宋体字,端正清楚,字距、行距、版面都很得当,方便阅读,并没有刻意追求变化创新。

据江熙《扫轨闲谈》记,刻书的工场就在汲古阁后楼楼下的厢廊间,刻好的版子放在后楼楼上。刻书工人大多来自陶洪、湖熟、方山、溧水等地,即所谓的南京帮。刻工的署名,见于早期图书的如《神农本草经》上有"汪、徐、台、范、杨"等 6 人;见于后期的《径山藏》上有"潘守城、李如科、范应时"等,大多数书上都没有刻工署名。

刻工的人数,据毛扆在《五经文字》的跋文中说:"吾家当日有印书作,聚印匠二十人,刷印经籍。""二十人"这个数字,是有关汲古阁资料中很少见到的确切数字。按照雕版印刷各道工序的工人比例,可以大致推算:如果有 20 个刷印工人,就要同时配备编校人员 20 人、缮写人员 40 人、雕版工人 80 人、装订 80 人,共计 240 人。工人不必都专职,印刷工人在印务完成时也可以做装订工,所以全部工人数大约是 200 人。装订这道工序的人数,要看装订要求而定,如果像经厂图书那样用绫缎牙签为函,装订工人数就要大大增加。

毛晋的出版事业基本上是家庭经营式的。陈瑚《为毛潜在隐君乞言小传》中说:"家蓄奴婢二千指。"二千指就是 200 人。又有雷雨津赠毛晋的诗中说"入门僮仆尽抄书"。雇工连同僮仆等人一共 200 人左右,这个数字大概比较接近事实。

汲古阁印书用纸是到江西订购的毛边纸。较厚而白的一种叫"毛边纸",较薄而黄的一种叫"毛太纸",现存汲古阁印书用纸都是这两种。这并不是专门为汲古阁制造的,当时全国各地不少书都用这两种纸印。明刘若愚《酌中志·内板经书纪略》中说经厂印的佛藏、道藏用纸就是黄毛边纸、蓝毛边纸,可见在明代初年就有了毛边纸。毛边纸纸面光洁,吸墨性好,书坊都乐于采用。

五、经营销售

关于汲古阁在经营销售方面的资料甚少。诸如图书如何定价,每种书印数多少,是否在苏州、南京设店,和当时湖州的书船有没有打交道,经营盈亏如何,为什么最后会败散。这些都没有详细确切的资料,给人们留下了诸多疑问。

汲古阁的书在当时是很受欢迎的。著名学者钱谦益说:"毛氏之书走天下。"藏书家钱曾也说过类似的话:"启祯年间,汲古之书走天下。"毛晋友人夏树芳则说:"海内悉知有毛氏书。"云南丽江的土司木增,与毛晋有深厚的友谊,曾派人到常熟买书,"捆载越海而去",还曾委托汲古阁刻印过几本图书。汲古阁的书还畅销到朝鲜,陆世仪《赠毛子晋诗》中说"名传海外鸡林识",吴梅村《汲古阁诗》中说"鸡林巨贾争摹印"。两人诗中所说的"鸡林"就是朝鲜的别称。

毛氏图书印量很大,传布的区域很广,流存的时间也很久。清光绪年间,京师、江苏、湖南等地的图书摊还"插架皆是"。[①] 新中国成立前,江苏苏州护龙街、南京夫子庙的旧书店中,还可以买到汲古阁的书。

---

① 叶德辉:《书林清话》,"汲古阁刻书"之三,北京:中华书局,1957 年。

江苏出版史大事记（明代）

　　洪武元年(1368)　三月，诏儒臣修《女诫》，戒后妃毋预政。这是明朝建立后第一次编书。八月，下诏除书籍田器税。徐达入元都，封府库图籍，守宫门，禁士卒侵暴，后运去南京。

　　洪武二年(1369)　二月，命曾鲁、梁寅等6人至京编《礼书》。第二年书成，书名《大明集礼》。二月，开馆修《元史》，八月书成，159卷，因有缺漏，于次年再开史局，七月编成，十月印成刊行，210卷。命魏俊民等6人类编天下州郡地理形胜及降附始末，于次年编成《大明志书》，命秘书监刊行。赠朝鲜《六经》《四书》《通鉴》。

　　洪武四年(1371)　赠日本王怀良《大统历》。

　　洪武五年(1372)　集众僧校刊《大藏》。至永乐元年完成，称《洪武大藏》，6331卷。

　　洪武六年(1373)　命刑部尚书刘惟谦等详定《大明律》30卷、606条。诏禁四六文词，取韩愈《贺雨表》、柳宗元《代柳公绰谢上任表》为文式。颁《正定十三经》于天下，摒《战国策》及阴阳谶卜诸书，不许列于学宫。命各州府绘《山川险易图》进呈。由陶凯、张筹等初修，文原吉等续修的《昭鉴录》成，该书集汉唐以来藩王善恶事，赐诸王。《御制道德经注》书成刊行。

　　洪武七年(1374)　命詹同、宋濂等修《大明日历》，自临濠起兵至洪武六年，每日记事，100卷，又从中辑出40类，成《皇明宝训》。俞良甫在元末到日本刻书，江南人陈孟荣等参与。这一年，俞氏自费所刻《李善注文选》完成。

洪武八年（1375） 杭州所有宋元旧版 20 余万片，运送至南京国子监。命乐韶凤编《洪武正韵》刊行，后又于洪武二十三年修订成《韵会定正》。明朝政府颁除书籍税金。

洪武九年（1376） 诏天下郡县纂修《志书》，后又于洪武十一年命修《图志》。

洪武十二年（1379） 因官府文移烦冗，命改繁文，著为定式，名《行移繁减体式》，颁行全国。

洪武十三年（1380） 因胡惟庸案，命纂辑《臣戒录》，列历代悖逆212 人。又命辑《相鉴》一书，列萧何、文天祥等贤相 82 人，田蚡、贾似道等不肖相 26 人，太祖作序。

洪武十四年（1381） 命礼部颁书籍于北方学校。

洪武十五年（1382） 翰林院火源洁等编成《华夷译语》。从杭州、集庆路儒学等处集中到南京的书版运达，由儒臣考补，工部督匠修治，陆续刊印成。

洪武十六年（1383） 命令大学士吴沉等修《精诚录》书成，论述敬天、忠君、孝亲等事。

洪武十七年（1384） 编成《大明清类天文分野之书》24 卷。

洪武十八年（1385） 颁发《洪武大诰》，次年颁发《大诰续编》《大诰三编》，又次年颁发《大诰武臣》。

洪武十九年（1386） 刘三吾编《志戒录》2 卷，一名《历代奸臣备传》，集唐李克用、宋刘正彦等奸臣百余事。

洪武二十二年（1389） 命礼部遣使购求天下遗书，由书坊刊行。

洪武二十五年（1392） 命儒臣辑文武官员岁给禄米数，折算成农民劳作之数，编成《省贪简要录》，颁发中外。

洪武二十六年（1393） 命编《诸司执掌》，颁中外。是年，诛蓝玉，见其器用僭越，命考前代功臣封爵制度，成《稽制录》，颁示功臣，太祖作序。编制历代诸王宗室之悖逆者，成《永鉴录》，赐诸王。

洪武二十七年（1394） 修《寰宇通衢书》，计横 11 750 里，纵 10 900里。景泰中又重修。命刘三吾汇集历代对《书经》的阐述，成《书传会选》6 卷。

洪武二十八年(1395) 增删洪武六年所订《大明律》,成《更定大明律》30 卷。颁《皇明祖训》,先是,命陶凯等编《祖训录》,书写在右掖门西庑,随时损益,是年,裁定为《皇明祖训》,由礼部刊行,颁示内外诸司。

永乐元年(1403) 永乐帝命解缙等编大型类书,次年书成,赐名《文献大成》,因内容不完善,命姚广孝等重编。

永乐二年(1404) 印《列女传》一万册,分赠各国。

永乐三年(1405) 从这一年开始,到宣德八年,郑和七次下西洋,赠给所到国家和地区《历书》和《列女传》。

永乐四年(1406) 因文渊阁所藏书不完备,尤少子集类书,命礼部遣使四出购求遗书。命张宇初纂辑《道藏》,至正统十年完成。共 1 426 种、5 305 卷,称《正统道藏》。万历三十五年又重修重刻,增 50 种、180 卷。

永乐五年(1407) 成祖命礼部于国子监成立四夷馆,选 38 名太学生参加,学习译书,有鞑靼、女真、西番、西天、回回、百夷、高昌和缅甸八馆。万历八年又增暹罗馆。《永乐大典》编成,正文 22 937 卷,永乐七年誊写完毕,存南京文渊阁。赠日本使臣《劝善书》《内训》各百册。

永乐七年(1409) 永乐帝手纂《圣学心法》,赐太子,其纲为君道、臣道、父道、子道。

永乐十年(1412) 颁《修志凡例》17 条、25 目,命各地依式修志。

永乐十一年(1413) 命编纂藏文朱印本《大藏经》108 帙,是年编印完成,名《永乐版藏文大藏经》。

永乐十二年(1414) 命胡广、杨荣、金幼孜等编《四书大全》《五经大全》《性理大全》,至永乐十五年完成。

永乐十四年(1416) 命黄淮等编《历代名臣奏议》,书成 350 卷。

永乐十六年(1418) 《太祖高皇帝实录》经三修后完成,第一次于建文元年修,第二次于永乐初重修,第三次于永乐九年由姚广孝领衔修,于是年修成 217 卷。重颁《纂修志书凡例》21 条,与永乐十年所颁略有分合。

永乐十七年(1419) 遣侍讲陈敬宗从南京文渊阁运所藏书至北京,

自一至百部各取一部。《永乐大典》亦运北京。安南遣监生唐义来中国，明帝赠予《五经大全》《四书大全》《性理大全》《为善阴骘》《孝顺事实》等书。

永乐十八年（1420） 郑和先后多次印佛经多种，舍南北各寺。

永乐十九年（1421） 司礼监依《洪武南藏》开雕《永乐北藏》，收佛典1 625种、6 331卷，正统五年完成，万历五年又增41卷。

宣德元年（1426） 御制《外戚事鉴》5卷、《历代臣鉴》37卷。

宣德二年（1427） 赠朝鲜《五经大全》《四书大全》《性理大全》《通鉴纲目》等书。

宣德十年（1435） 朝鲜使臣到京，赠给《资治通鉴》《原委》《通鉴前编》《历代笔记》《宋史》等书。

正统六年（1441） 杨士奇等编《文渊阁书目》成20卷，共著录图书7 297种。

正统七年（1442） 国子监祭酒李时勉上奏，请禁止《剪灯新话》《剪灯余话》二书，礼部议论后准奏，命全国禁毁。

正统十三年（1448） 命采集经传子史中嘉言善行，成《五伦书》62卷，书成刊行。

景泰七年（1456） 大学士陈循等修《寰宇通志》，书成119卷。

天顺二年（1458） 命李贤等为总裁，将永乐年所修《天下郡县志》、景泰中所修《寰宇通志》等书，汇合成《大明一统志》，书成90卷。天顺五年刊行，于成化四年颁行天下，命司礼监及福建刊行，各地翻印。

成化十一年（1475） 日本足利义政向明政府请求永乐钱、勘合符、书籍三物。

成化十三年（1477） 日本使臣请求《佛祖统纪》一书，赠予《法苑珠林》。

成化十九年（1483） 御制《文华大训》书成28卷，教皇太子。

弘治三年（1490） 无锡华燧会通馆用铜活字印《宋诸臣奏议》150卷，此为我国传世第一本铜活字书。

弘治十六年（1503） 苏州金兰馆铜活字本《石湖居士集》出版，34卷，被认为是明代活字书中的精品。

正德元年（1506） 林世远、王鏊等纂修《姑苏志》刊行，60 卷，嘉靖间增修。

正德七年（1512） 至嘉靖十三年，无锡安国桂坡馆以铜活字摆印图书十数种。

正德十年（1515） 南京礼部给事中徐文溥上疏禁毁八股选本书。

正德十一年（1516） 无锡华氏活字书最后一本《春秋繁露》17 卷出版。

正德十二年（1517） 自是年至嘉靖十一年，无锡顾元庆刊行《顾氏文房小说四十种》《顾氏明朝小说四十种》《广四十家小说》。

正德十五年（1520） 诏取天下志书。

正德年间 施耐庵写定《水浒传》刊行，以多种繁本、简本行世。

嘉靖元年（1522） 罗贯中写定《三国演义》刊行，这是《三国演义》最早的本子。

嘉靖三年（1524） 诏命各地修郡国志书，送呈史局。无锡安国铜活字本《吴中水利通志》17 卷出版。

嘉靖四年（1525） 吴江王延喆翻刻宋本《史记集解索隐正义》书成。

嘉靖七年（1528） 自是年至嘉靖三十四年，南京国子监大规模重刻二十一史。

嘉靖十三年（1534） 闻人诠修《南畿志》64 卷刊行。黄省曾刻印《水经注》40 卷。

嘉靖十七年（1538） 闻人诠获两部《旧唐书》残本，合二为一，校勘 4 年，基本恢复原貌，是年刊行。

嘉靖二十年（1541） 罗洪先据元朱思本《舆地图》增修成《增广舆地图》2 卷，图 42 幅、图副 68 幅，采用“计里画方”比例，图例 24 种。

嘉靖二十二年（1543） 黄佐在吴节所纂《南雍旧志》基础上撰成《南雍志》24 卷，详载南京国子监藏书刻书事。

嘉靖二十三年（1544） 陆楫等编《古今说海》142 卷，由俨山书院、云山书院刊行。

嘉靖二十八年（1549） 袁褧刻《六家文选》，经 16 年校勘，于是年完成。金坛县衙刊《诸史会编大全》120卷。

嘉靖四十一年(1562)　命高拱等重抄一部《永乐大典》,是年开始,至隆庆元年完成。郑若曾撰《筹海图编》13卷刊行,以后又有隆庆、天启刊本。

嘉靖四十五年(1566)　无锡谈恺刊《太平广记》500卷成。

嘉靖年间　吴承恩撰《西游记》初刊,明代有四种刊本,其中《新刻出像官板大字西游记》为其后通行本所据。俞安期编成《唐类函》200卷。

隆庆五年(1571)　俞宪编《盛明百家诗》324卷刊成。

隆庆六年(1572)　谢廷杰编《王文成公全书》38卷刊行。

万历二年(1574)　福建人游廷桂、饶世仁,常熟人周光审,无锡人赵秉义、刘冠等合力印成铜活字《太平御览》1 000卷,印100部。此为明代活字书中工程最大的一种。

万历五年(1577)　金陵富春堂刊《校梓注释图证蔡伯喈》,注、图、正文各占一部。程嗣功主修、王一化等纂《(万历)应天府志》刊行,32卷。

万历七年(1579)　僧人紫柏真可发起用民间力量刊刻《佛藏》,是年在山西五台山开雕,后转至浙江嘉兴,江苏不少僧俗参加,收佛经1 900余部、9 000多卷,该书奠定了方册线装的基础。茅一桂刊茅坤编《唐宋八大家文钞》144卷。

万历十年(1582)　高石山房刊《新编目莲救母劝善戏文》,插图47幅,是插图具有转折意义的代表作。南京国子监编《后汉书》补刊本。

万历十八年(1590)　潘季驯刻《河防一览》14卷,详论治黄经过。

万历二十年(1592)　程荣编刊《汉魏丛书》35种、208卷,其后有何允中编《广汉魏丛书》76种、439卷。

万历二十二年(1594)　开馆修当朝国史,后因火事罢,焦竑编其中的《经籍志》书成,著录图书16 279种,为明代官修书目最完备的一种。

万历二十四年(1596)　李时珍所撰《本草纲目》于万历六年完成后未刊印,是年南京书商胡承龙刊刻成书,称"金陵祖本",至万历三十一年江西巡抚夏良心重刻成,称"江西本"。

万历二十五年(1597)　沈一贯辑、王文俯校明代地理图集《大明一统舆图广略》出版,图35幅。南京拔贡李登用木活字印其所著《冶城真寓存稿》8卷。

万历二十七年（1599） 焦竑于南京刊李贽《藏书》,礼部给事中张问达上疏弹劾,书毁,李贽被执。天启五年皇帝再次下诏销毁该书。

万历二十八年（1600） 金陵书林傅昌辰版筑居刊陆应阳所撰地理专著《广舆记》,24卷。利玛窦来南京,南京吏部主事吴中明请利氏修改重绘世界地图,名《山海舆地全图》,印成,大幅彩色,有多种摹本。

万历三十四年（1606） 沈氏尚白斋刊行《陈眉公秘笈》《续秘笈》《广秘笈》《普秘笈》《汇秘笈》等,共217种、426卷。

万历三十五年（1607） 皇帝命五十代天师张国祥校刊《续道藏》,收书50种、180卷,连《正藏》共收书1476种、5485卷,颁全国名山宫观。

万历三十七年（1609） 冯梦龙编民歌集《挂枝儿》出版,收民歌435首,稍后,又一部民歌集《山歌》出版。

万历三十九年（1611） 利玛窦与徐光启合作译出的《几何原本》前6卷刊行。

万历四十年（1612） 熊三拔、徐光启合译《泰西水法》刊行。约在隆庆二年至万历三十年间写定的《新刻金瓶梅词话》先以抄本流行,约于是年刊行。稍后,又有肖像本,图101幅。

万历四十一年（1613） 毛晋开始刻书,《离骚》《陶靖节集》为最早的两种。

万历四十三年（1615） 潘是仁自刻所编《宋元诗》208卷,后又于天启二年重修成273卷。

万历四十四年（1616） 南京吏部侍郎沈㴶等上疏建议驱逐西方传教士,徐光启上疏反驳,后有"南京教案"事件,译书事受挫。

万历四十七年（1619） 法国传教士金尼阁等在欧洲募集图书七千种,运抵澳门,因"南京教案"事件影响,未能北运译出。

万历年间 金陵书林名肆富春堂、万卷楼、文林堂、师俭堂、继志斋等出版多种戏剧、小说、实用生活常识、科举指导等图书。

天启元年（1621） 约在是年,冯梦龙《古今小说》(即《喻世明言》)刊行,其后,于天启四年《警世通言》刊行;天启七年,《醒世恒言》刊行,合称

"三言"。茅元仪在南京编成《武备志》。

天启初年　意大利传教士艾儒略用中文写成世界地理专著《职方外纪》5 卷刊行。

天启六年(1626)　冯梦龙辑笔记小品集《智囊》出版。吴发祥编印饾版、拱花彩色书《萝轩变古笺谱》2 册在南京出版。法国传教士金尼阁撰中西语言工具书《西儒耳目资》出版。方尚祖编纂《淮安府志》24 卷。

天启七年(1627)　胡正言编印饾版、拱花彩色书《十竹斋画谱》在南京出版,图 160 幅。

崇祯元年(1628)　毛晋汲古阁开始刻十三经、十七史,约至清顺治十三年完成。凌濛初撰《初刻拍案惊奇》出版。五年后,《二刻拍案惊奇》出版。

崇祯二年(1629)　李之藻编《天学初函》出版。陈仁锡评本《资治通鉴纲目》431 卷,由吴县书林大观堂刊行。

崇祯三年(1630)　曹学佺自刊《大明一统名胜志》208 卷出版。

崇祯七年(1634)　徐光启、李天经主纂的《崇祯历书》是年编制成,分五次奏进,103 卷,崇祯时未付梓,清康熙间续成。

崇祯九年(1636)　张国维刊行《吴中水利全书》28 卷。

崇祯十年(1637)　南京主事涂伯聚刊行其友宋应星所著《天工开物》,18 卷,图 160 余幅。

崇祯十一年(1638)　陈子龙等辑《皇明经世文编》成,504 卷,收文3 145 篇。苏州巡抚张国维助其刊成。是年大旱,苏州承天寺枯井中出宋遗民郑思肖所撰《心史》。

崇祯十二年(1639)　徐光启所撰《农政全书》60 卷于陈子龙私宅平露堂刊成。

崇祯十五年(1642)　《徐霞客游记》由其友人季梦良等整理完成,以抄本流行。

崇祯十七年(1644)　胡正言编绘饾版彩色书《十竹斋笺谱》在南京开雕,图 284 幅,南明弘光元年完成。冯梦龙辑《甲申纪事》,记明失国之事,书成刊行。

崇祯年间　　毛晋辑刻《六十种曲》刊行。苏州三多斋《忠义水浒传》120 回本刊行,刘君裕插图。安徽、杭州、福建等地多家书林在南京设店经营,有徽州玩虎轩、奎璧斋、环翠堂、十竹斋,杭州文会堂,福建慎独斋等。

主要参考文献

一、史书、史论、史料

1. ［清］张廷玉等编：《明史》，北京：中华书局，1995 年。

2. ［明］宋濂等编：《元史》，北京：中华书局，1974 年。

3. 《中国史稿》编写组编：《中国史稿》第 6 册，北京：人民出版社，1987 年。

4. ［清］谷应泰：《明史纪事本末》，北京：中华书局，1977 年。

5. 吴晗：《明史简述》，北京：中华书局，1980 年。

6. 孟森：《明史讲义》，上海：上海古籍出版社，2002 年。

7. 洪焕椿：《明清史偶存》，南京：南京大学出版社，1992 年。

8. ［清］黄宗羲：《明儒学案》，北京：中华书局，1985 年。

9. ［清］龙文彬：《明会要》，北京：中华书局，1956 年。

10. 钱茂伟：《明代史学的历程》，北京：社会科学文献出版社，2003 年。

11. 中国社会科学院历史研究所明史室编：《明史资料丛刊》，南京：江苏人民出版社、江苏古籍出版社，1981—1986 年。

12. 叶再生主编：《出版史研究》1—6 辑，北京：中国书籍出版社，1995—1999 年。

13. 宋原放主编：《中国出版史料（古代部分）》，武汉：湖北教育出版社、济南：山东教育出版社，2004 年。

14. 张秀民：《中国印刷史》，上海：上海人民出版社，1989 年。

15. 王春瑜主编：《明史论丛》，北京：中国社会科学院出版社，1982 年。

16. 缪咏禾：《中国出版通史（明代卷）》，北京：中国书籍出版社，2008 年。

17. 缪咏禾:《明代出版史稿》,南京:江苏人民出版社,2000 年。

18. 江苏社会科学院《江苏史纲》课题组:《江苏史纲(古代卷)》,南京:江苏古籍出版社,1993 年。

19. 江苏省地方志编纂委员会编:《江苏省志·出版志》,南京:江苏人民出版社,1996 年。

20. 江澄波、杜信孚、杜永康编著:《江苏刻书》,南京:江苏人民出版社,1993 年。

21. 俞洪帆、穆纬铭主编:《江苏出版人物志》,南京:江苏人民出版社,1995 年。

22. 张志强:《江苏图书印刷史》,南京:江苏人民出版社,1995 年。

23. 江澄波:《江苏活字印书》,南京:江苏人民出版社,1997 年。

24. 邹振环:《江苏翻译出版史略》,南京:江苏人民出版社,1998 年。

25. 赵国璋主编:《江苏艺文志》,南京:江苏人民出版社,1995 年。

26. 洪焕椿:《明清苏州农村经济资料》,南京:江苏古籍出版社,1988 年。

27. 谢国桢:《明代社会经济史料选编》,福州:福建人民出版社,1981 年。

28. 王利器辑录:《元明清三代禁毁小说戏曲史料》,上海:上海古籍出版社,1981 年。

二、书目、书话

1. 叶德辉:《书林清话》,北京:中华书局,1957 年。

2. 叶昌炽:《藏书纪事诗》,上海:上海古籍出版社,1989 年。

3. [清]黄虞稷:《千顷堂书目》,上海:上海古籍出版社,2001 年。

4. [清]黄虞稷等:《明史艺文志·补编·附编》,北京:商务印书馆,1959 年。

5. 冯惠民、李万健等选编:《明代书目题跋丛刊》,北京:书目文献出版社,1994 年。

6. 杜信孚:《明代版刻综录》,扬州:江苏广陵古籍刻印社,1984 年。

7. 杜信孚、杜同书:《全明分省分县刻书考》,北京:线装书局,2001 年。

9. [明]杨士奇等编:《文渊阁书目》,上海:商务印书馆,1937 年。

10. [明]孙能传等编:《内阁藏书目录》,北京:文物出版社,1992 年。

11. 〔明〕焦竑辑:《国史经籍志》,北京:中华书局,1991 年。

12. 〔明〕高儒:《百川书志》,上海:上海古籍出版社,2005 年。

13. 〔明〕晁瑮:《晁氏宝文堂书目》,上海:上海古籍出版社,2005 年。

14. 〔明〕赵用贤:《赵定宇书目》,上海:上海古籍出版社,2005 年。

15. 〔明〕赵琦美:《脉望馆书目》,上海:商务印书馆,1918 年。

16. 〔明〕祁承爜:《澹生堂书目》,上海:上海古籍出版社,2015 年。

17. 〔明〕周弘祖:《古今书刻》,上海:上海古籍出版社,2015 年。

18. 傅惜华:《明代传奇全目》,北京:人民文学出版社,1959 年。

19. 沈津:《美国哈佛大学哈佛燕京图书馆中文善本书目》,上海:上海辞书出版社,1999 年。

20. 陶湘编:《书目丛刊》1、2,沈阳:辽宁教育出版社,2000 年。

21. 郑振铎:《西谛书跋》,北京:文物出版社,1998 年。

22. 郑振铎:《西谛书话》,北京:生活·读书·新知三联书店,1983 年。

23. 黄裳:《榆下说书》,北京:生活·读书·新知三联书店,1982 年。

三、专著

1. 〔明〕沈德符:《万历野获编》,北京:中华书局,1980 年。

2. 〔明〕余继登:《典故纪闻》,北京:中华书局,1981 年。

3. 〔明〕焦竑:《玉堂丛话》,北京:中华书局,1981 年。

4. 〔明〕李清:《三垣笔记》,北京:中华书局,1982 年。

5. 〔明〕何良俊:《四友斋丛说》,北京:中华书局,1983 年。

6. 〔明〕顾起元:《客坐赘语》,北京:中华书局,1984 年。

7. 〔明〕王锜:《寓圃杂记》,北京:中华书局,1984 年。

8. 〔明〕于慎行:《谷山笔麈》,北京:中华书局,1984 年。

9. 〔明〕黄瑜:《双槐岁钞》,北京:中华书局,1999 年。

10. 〔明〕郑晓:《今言》,北京:中华书局,1984 年。

11. 〔明〕张瀚:《松窗梦语》,上海:上海古籍出版社,1986 年。

12. 〔明〕陈洪谟:《治世余闻·继世纪闻》,北京:中华书局,1997 年。

13. 〔明〕陆粲:《庚巳编》,北京:中华书局,1997 年。

14. 〔明〕叶盛:《水东日记》,北京:中华书局,1997 年。

15. ［清］王弘撰：《山志》，北京：中华书局，1999年。

16. ［明］胡应麟：《少室山房笔丛》，上海：上海书店出版社，2001年。

17. ［明］郎瑛：《七修类稿》，上海：上海书店出版社，2001年。

18. ［明］谢肇淛：《五杂俎》，上海：上海书店出版社，2001年。

19. 鲁迅：《中国小说史略》，北京：人民文学出版社，1973年。

20. 谢国桢：《明清之际党社运动考》，北京：中华书局，1982年。

21. 戴不凡：《小说见闻录》，杭州：浙江人民出版社，1980年。

22. 胡士莹：《话本小说概论》，北京：中华书局，1980年。

23. 王欣夫：《古文献要略》，南京：南京大学中文系印，1970年。

24. 陈登原：《古今典籍聚散考》，上海：商务印书馆，1932年。

25. 陈登原：《国史旧闻》，北京：中华书局，2000年。

26. 任继愈：《中国科学技术典籍通汇》，郑州：河南教育出版社，1994年。

27. 韩大成：《明代社会经济初探》，北京：人民出版社，1986年。

28. 刘尚恒：《古籍丛书概说》，上海：上海古籍出版社，1989年。

29. 刘叶秋：《类书简说》，上海：上海古籍出版社，1980年。

30. 上海新四军历史研究会印刷印钞分会编：《活字印刷源流》，北京：印刷工业出版社，1990年。

31. 柳诒徵编著：《中国文化史》，北京：中国大百科全书出版社，1988年。

32. 李致忠：《历代刻书考述》，成都：巴蜀书社，1990年。

33. 李瑞良：《中国古代图书流通史》，上海：上海人民出版社，2000年。

34. 肖东发：《中国图书出版印刷史论》，北京：北京大学出版社，2001年。

35. 曹之：《中国古籍编撰史》，武汉：武汉大学出版社，1999年。

36. 罗树宝编著：《中国古代印刷史》，北京：印刷工业出版社，1993年。

37. 张元济：《校史随笔》，上海：上海古籍出版社，1998年。

38. 程千帆、徐有富：《校雠广义》，济南：齐鲁书社，1998年。

39. 庄一拂：《古典戏曲存目汇考》，上海：上海古籍出版社，1982年。

40. 王永健：《明清传奇》，南京：江苏教育出版社，1989年。

41. 杨一帆：《明大诰研究》，南京：江苏人民出版社，1988年。

42. 张忱石：《永乐大典史话》，北京：中华书局，1986年。

43. 黄苇等：《方志学》，上海：复旦大学出版社，1993年。

44. 仓修良：《方志学通论》，北京：方志出版社，2003 年。

45. 张国淦：《中国古方志考》，北京：中华书局，1962 年。

46. 张英聘：《明代南直隶方志研究》，北京：社会科学文献出版社，2005 年。

47. 李希泌、张椒华编：《中国古代藏书与近代图书馆史料》，北京：中华书局，1982 年。

48. ［明］冯梦龙评辑：《冯梦龙全集》，南京：江苏古籍出版社，1993 年。

49. 容肇祖、汪正禾：《冯梦龙著述考》，苏州：苏州博物馆油印本，出版年份不详。

50. 陆树仑：《冯梦龙研究》，上海：复旦大学出版社，1987 年。

51. 聂付生：《冯梦龙研究》，上海：学林出版社，2002 年。

52. 程国赋：《三言二拍传播研究》，北京：中国社会科学出版社，2006 年。

53. 谭正璧：《三言两拍资料》，上海：上海古籍出版社，1980 年。

54. 沈福伟：《中西文化交流史》，上海：上海人民出版社，1988 年。

55. 彭斐章主编：《中外图书交流史》，长沙：湖南教育出版社，1998 年。

56. 王勇主编：《中日汉籍交流史论》，杭州：杭州大学出版社，1992 年。

57. 王宝平主编：《中国馆藏和刻本汉籍书目》，杭州：杭州大学出版社，1995 年。

58. 王勇、［日］大庭修主编：《中日文化交流史大系（典籍卷）》，杭州：浙江人民出版社，1996 年。

59. 王宝平主编：《中国馆藏日人汉文书目》，杭州：杭州大学出版社，1997 年。

60. ［日］大庭修：《江户时代中国典籍流播日本之研究》，戚印平等译，杭州：杭州大学出版社，1998 年。

61. 李锐清编：《日本见藏中国丛书目初编》，杭州：杭州大学出版社，1999 年。

62. 陈尚胜：《中韩交流三千年》，北京：中华书局，1997 年。

63. ［意］利玛窦、［法］金尼阁：《利玛窦中国札记》，何高济等译，北京：中华书局，1983 年。

64. ［法］费赖之：《在华耶稣会士列传及书目》，冯承钧译，北京：中华书

65. 黄时鉴、龚缨晏:《利玛窦世界地图研究》,上海:上海古籍出版社,
　　2004 年。

66. [葡]曾德昭:《大中国志》,何高济译,上海:上海古籍出版社,
　　1998 年。

67. 张铠:《庞迪我与中国》,北京:北京图书馆出版社,1997 年。

68. 北京图书馆编:《中国版刻图录》,北京:文物出版社,1960 年。

69. 王伯敏:《中国版画史》,上海:上海人民出版社,1961 年。

70. 周芜编:《中国版画史图录》,上海:上海人民美术出版社,1988 年。

71. 方骏、尚可编:《中国古代插图精选》,南京:江苏人民出版社,
　　1992 年。

72. 周芜编著:《金陵古版画》,南京:江苏美术出版社,1993 年。

73. 周芜等编著:《日本藏中国古版画珍品》,南京:江苏美术出版社,
　　1999 年。

四、论文

1. 胡道静:《道藏的编辑与出版》,《出版史料》1987 年第 11 期。

2. 顾廷龙、冀淑英:《套印和彩色印刷的发明与发展》,《出版史料》1987
　　年第 3 期。

3. 巴兆祥:《明代方志纂修述略》,《文物》1988 年第 3 期。

4. 潘天祯:《明清之际南京的彩色套印版画集》,《江苏出版史志》
　　1990 年总第 3 期。

5. 王三庆:《〈万锦情林〉初探》,《海峡两岸明清小说研究会论文集》,南
　　京:河海大学出版社,1991 年。

6. [美]W. J. 裴德生、朱鸿林:《徐光启、李之藻、杨廷筠成为天主教徒
　　试释》,《明史研究论丛》,南京:江苏古籍出版社,1991 年。

7. 方豪:《明季西书七千部流入中国考》,《民国丛书》第 40 卷,上海:上
　　海书店出版社,1992 年。

8. 张秀民:《中国活字印刷简史》,《中国印刷》1992 年第 23—27 期。

9. 袁逸:《中国古代的出版权保护》,《出版史料》1992 年第 1 期。

10. 吉少甫:《明代苏松几社的选家》,《出版史料》1992 年第 1 期。

11. 袁逸:《明末私人出版业的伪盗之风》,《出版史研究》第 1 辑,北京:中国书籍出版社,1995 年。

12. 范凤书:《中国藏书概说》,《天一阁论丛》,宁波:宁波出版社,1996 年。

后　记

　　江苏人民出版社约我撰写《江苏出版史》的明代卷。乍听到这个题目，觉得这个课题的内容和时间范围都很清楚，况且江苏是一个出版大省，材料丰富，实绩辉煌，应该可以写成一部丰富厚实的专著。但是，深入想想，又觉得并不容易。

　　首先，拿内容取舍这个基本问题来说，就有不少难以处理的情况。

　　例如，明初定都南京的 50 多年时间里，洪武朝出版了五六十种像《大诰》这样的"帝皇之书"；永乐朝出版了多达两万卷的特大类书《永乐大典》，还有三部在意识形态领域影响五六百年的"三大全"。这些事情都发生在江苏境内，但又是全国性的大事，不是江苏一省之事。这在以往的全国出版史等书中，早已记之甚详，现在要写江苏出版史，该如何落笔呢？

　　再如，一些出版史事，如汲古阁之大量出版经史重典、冯梦龙之倡导通俗读物，无锡华、安两家之活字印书，完全是江苏之人、江苏之事、江苏之书，完全可以敞开来充分写。而另有很多出版史事，却和全国或邻省糅合在一起，你中有我，我中有你，江苏不过是参与而已。例如，《本草纲目》和《天工开物》这两部巨著的出版，南京的书商或官员曾经帮助刊印，接力赛中传接过一棒；利玛窦北上传布天主教、面见万历皇帝，其译著活动主要在北京，南京只是一个中转站，但他在南京也进行了一些译介活动。

　　以上种种情况，如果处理不好，很可能使写出来的《江苏出版史·明代卷》有"掠美"之嫌，同时也可能产生"缺失"的情况。历来编撰地方志书的先贤们也碰到过类似困难,对于如何处理全局和局部的关系,总结过不少经验。本书在撰写时,尽量吸收前人的经验和教训,但恐怕问题仍有不少。

其次,编写史书还有采用"体式"的问题。史书最早的体式都是逐年、逐月、逐日把发生的事情记下来,这便是所谓母式——编年体。后来又派生出纪事本末体和纪传体,成为"史书三式"。

21世纪初,中国出版科学研究所编撰《中国出版通史》,确定的体式是"朝代为经,要素为纬"。在《江苏出版史》的启动论证会上,在讨论总体结构体例时,认为《中国出版通史》采取的结构体例比较合理,《江苏出版史》也应以朝代为经,以出版事业的要素为纬,突出江苏的特色,以此设计每一卷的内容。

本书在编写过程中,采用了前人先贤的成果,得到师友们的许多帮助,在此谨致诚挚的谢意。